NAPOLEON HILL

Su Derecho
a Ser Rico

Una publicación de
FUNDACIÓN NAPOLEON HILL

Published and Distributed by
SOUND WISDOM
PO Box 310
Shippensburg, PA 17257-0310
717-530-2122
info@soundwisdom.com
www.soundwisdom.com

While efforts have been made to verify information contained in this publication, neither the author nor the publisher assumes any responsibility for errors, inaccuracies, or omissions. While this publication is chock-full of useful, practical information, it is not intended to be legal or accounting advice. All readers are advised to seek competent lawyers and accountants to follow laws and regulations that may apply to specific situations. The reader of this publication assumes responsibility for the use of the information. The author and publisher assume no responsibility or liability whatsoever on the behalf of the reader of this publication.

ISBN 13: 978-1-64095-254-6

ISBN 13 eBook: 978-1-64095-255-3

For Worldwide Distribution, Printed in the U.S.A.

1 2 3 4 5 6 / 25 24 23 22 21

INTRODUCCIÓN

Bienvenido a esta magnífica serie de audios que conforman la obra *Su Derecho a Ser Rico*, de Napoleón Hill, un programa que estamos seguros le ayudará a alcanzar todas sus metas y sueños. ¿Cualquier meta? ¿Cualquier sueño? ¡Claro que Sí! Ya que esta notable filosofía, cuyos elementos sin duda le resultaran familiares a todos aquellos que estén identificados con la histórica obra del Dr. Hill, *Piense y Hágase Rico*, no restringe el concepto de la riqueza a parámetros tan estrechos como la fortuna y la fama. Usted se merece y tiene el derecho a ser rico en todos los sentidos. Estos audios, junto con las tarjetas de referencia y guías de estudio que les acompañan, conforman toda una filosofía integral que le guiará a una mayor satisfacción en todos los aspectos de su vida personal, espiritual y financiera. Lo cual es muy importante, ya que el Dr. Hill descubrió que aquellos hombres y mujeres que solamente lograban beneficios económicos de la vida, sin importar lo grande que pudieran ser estas recompensas, eran personas muy infelices e insatisfechas. Lo que es entendible, pues para ser verdaderamente rico, se debe ser en todos los aspectos de la vida.

A lo largo de estos audios, escuchará al Dr. Hill referirse a esta filosofía como "La Ciencia de la Realización

Personal", o la "Ciencia del Éxito"; lo que posiblemente lleve a preguntarse en este momento, ¿el éxito puede ser realmente una ciencia? ¿Acaso se pueden sintetizar los pasos que nos guían hacia la riqueza, cuantificarlos, y someterlos a un riguroso análisis sin ninguna falla, como si fuera un experimento confiable de laboratorio? ¡Claro que sí! En una de las conferencias, escuchará la definición de la ciencia como "el arte de organizar y clasificar hechos." Precisamente lo que está a punto de escuchar son hechos, o principios probados, cuidadosamente organizados y explicados, que cuando se llevan a cabo escrupulosamente, y sin falla alguna, los conducirá a esas riquezas que tan ardientemente ha deseado.

Es de hacer notar acerca de estas brillantes conferencias, que nunca antes este material había estado disponible para el público en general. Los audios de este programa son parte de material grabado originalmente en la primavera de 1954. Nunca antes el Dr. Hill había grabado personalmente su excepcional filosofía de tan impactante manera. En general, las cintas originales son de una increíble alta calidad, no obstante, habrá momentos en que percibirá pequeñas interferencias electrónicas, sobre todo, cuando se producen comentarios de entusiastas estudiantes que son difíciles de percibir con claridad. En lugar de eliminar esos pequeños detalles editando el material, se optó por dejar intacto el audio original para no afectar el impacto ambiental de las conferencias.

¿Qué es lo que escucharon estas audiencias en Chicago? ¿Qué está usted a punto de escuchar? Ni más ni menos que los 17 Principios del éxito de Napoleón Hill, desarrollados durante décadas de estudio e investigación. Antes de introducirlo a estos principios, analizaremos un par de puntos a los que el Dr. Hill le presta especial énfasis ante sus estudiantes. Al escuchar estas conferencias, tenga a la mano un cuaderno para tomar notas generosamente. No espere hasta que comience a escuchar las conferencias. Empiece ahora mismo. Consiga un cuaderno o libreta y empiece a tomar notas a partir de este momento. Al escribir la información que se le proporciona, asumirá el mismo papel como si fuera usted un estudiante sentado en la clase del Dr. Hill; viéndolo y escuchándolo hablar, le ayudará a impregnarse de esta filosofía con mayor fuerza en su mente consciente y subconsciente y de este modo lo pondrá a trabajar para usted de manera más inmediata y eficaz.

Mientras escuche en casa estos audios, una buena opción es utilizar una carpeta con hojas sueltas y separadores con pestañas. Si lo piensa escuchar mientras maneja, considere comprar alguna libretita de notas que son fácilmente adheribles a su tablero de instrumentos o al parabrisas. Por razones de seguridad, también puede recurrir a la posibilidad de tomar notas electrónicas mientras conduce. Utilice una grabadora de mano para grabar sus propias ideas en sus propias cintas. Por supuesto, mientras esté conduciendo y escuchando, asegúrese siempre de hacerlo con seguridad. Nunca enfoque toda su atención en el audio que está escuchando, ya que lo desconcentrará del tráfico a su alrededor.

A medida que avance en el curso, amplíe sus notas. Aliméntelas con sus propias ideas personales y con ideas relevantes que recoja de periódicos, revistas, radio y televisión. Y es importante que no solo escuche estos audios sólo una vez. Tampoco lea solo una vez las tarjetas y guías de estudio. Escúchelos y léalos en repetidas ocasiones, una y otra vez, reforzando sus pensamientos a través del poder de la repetición de sus mensajes hasta convertirlos en acción. Cuanto más trabaje con este curso, más intensamente éste trabajará para usted.

Pasemos a describir ahora los 17 principios del Éxito.

1. Definición de Propósito. El punto de partida de todo logro. Usted aprenderá a determinar su principal objetivo y hacer planes específicos para alcanzarlo.
2. Trabajo en Equipo. El proceso que nos permite aprovechar la experiencia, la formación, la educación y el conocimiento especializado y la influencia de los demás.
3. Fe Aplicada. Poner en acción el poder del alma para convertir en realidad nuestros objetivos, deseos, planes y propósitos.
4. Recorrer un Kilómetro Más. Las recompensas que se pueden obtener al prestar un mayor servicio y de mejor calidad por lo que se nos paga por hacerlo, y haciéndolo con total disponibilidad y una actitud agradable.
5. Una Personalidad Agradable. Entender los rasgos mentales, espirituales y físicos que conducen al éxito y fortalecer esos rasgos para aprovechar al máximo el potencial que poseemos.
6. Iniciativa Personal. La parte activa y de acción de esta filosofía. Este principio es necesario para el liderazgo en cualquier ámbito de la vida.
7. Una Actitud Mental Positiva. Es el medio que permite la implementación de toda la filosofía, y el camino para desarrollar la actitud correcta hacia el éxito.

8. Autodisciplina. Aprender la importancia de lidiar con nuestras emociones y controlarlas. Equilibrar nuestra cabeza y corazón para coordinar nuestras razones y emociones.

9. Entusiasmo. Es la dinamo de todo logro individual. Su uso eficaz y responsable permite desarrollar la confianza en nosotros mismos y nos ayuda a eliminar los pensamientos negativos, preocupaciones y miedos.

10. Concentración o Atención Controlada. Nos ayuda a organizar la mente para enfocarla al éxito, nos dice como coordinar y controlar el inmenso poder mental y aprovechar la poderosa herramienta de la autosugestión.

11. Precisión de Pensamiento. Es el proceso de obtener todos los datos que tenemos disponibles, ponderando su importancia relativa, y usando nuestro propio juicio para analizar un asunto especifico, para tomar decisiones correctas sobre una base de ideas sólidas en lugar de vagas opiniones o emociones.

12. Aprender de la Adversidad y la Derrota. Comprender y eludir las causas del fracaso y sacar el máximo provecho de los inevitables reveses, fracasos, y adversidades que inevitablemente todos debemos enfrentar.

13. Cooperación. La forma de coordinar esfuerzos con los demás y trabajar juntos para lograr un objetivo común, y la mejor manera de utilizar el trabajo en equipo para nuestro beneficio personal y en nuestras actividades de negocios.

14. Visión Creadora, o Imaginación. El taller mental de trabajo en donde se desarrolla el poder mental, para darle forma a los objetivos del cerebro y los ideales

del espíritu.

15. La Conservación de Una Buena Salud. Un elemento esencial para mantener el éxito continuo, y mejorar las actitudes y procedimientos que le ayudarán a mantener una perspectiva sana y feliz de la vida.

16. Presupuestar Tiempo y Dinero. Cómo obtener el máximo provecho de estos recursos esenciales.

17. La Ley de la Fuerza del Hábito Cósmico. El conocimiento de la dinámica y poder de la fuerza que controla a todas las leyes naturales del universo, incluyendo a todas las relaciones humanas.

Ahora ya tenemos los 17 principios que lo guiarán a la riqueza. Sin embargo, no está de más una palabra de advertencia: no se enfoque solamente en uno, dos o tres principios, y vaya a excluir a los demás. Cada principio, por sí mismo, es de gran importancia. No obstante, y paradójicamente, cada uno de ellos, es de un valor limitado. Lo que se debe a que se trata de una filosofía sinérgica, en la que todos los elementos al trabajar juntos tienen un efecto general mayor que la suma de sus efectos individuales. Es por eso que notará que conforme el Dr. Hill habla de cada principio, constantemente lo escuchará aludiendo a cualquiera de los demás principios. Esta repetición no es simplemente por cuestión de énfasis para ayudar a sus estudiantes a que asimilen su filosofía, sino también sirve como recordatorio constante de que todos estos principios están íntimamente interrelacionados. Cada una de ellos mantiene una relación intrínseca con los demás. Es en cierto modo parecido a un pastel: en donde cada ingrediente es necesario para obtener los resultados deseados. No se puede hacer un pastel solamente usando harina o polvo de hornear o saborizante, se requiere de todos los ingredientes de la receta.

También es de hacer notar que una palabra la escuchará repetirse en numerosas ocasiones. La palabra es transmutar. En cualquier diccionario, seguramente encontrará la definición como: "cambiar una forma, condición, naturaleza o sustancia en otra, o, transformar o convertir." Esta definición es esencial para la comprensión y aplicación de esta filosofía. Lo que la transmutación significa en este caso, es la afirmación de que usted tiene el control absoluto sobre sus pensamientos y sentimientos. De tal modo que si son negativos, puede transformarlos en positivos. Si son restrictivos, puede convertirlos en expansivos. Transformándolo a usted de una persona reprimida en una persona liberada. Solo usted tiene la capacidad de transmutar o cambiar los hábitos y patrones que lo han derrotado en la vida.

Ahora que ya estamos a punto de incorporarnos a las conferencias del Dr. Hill, hay una cosa más por mencionar antes de comenzar. Escuchará en los audios referencias a nueve motivos básicos. También llamado el "alfabeto de éxito." Tome nota y recuérdelos siempre, ya que son las emociones y deseos que inspiran a todas las acciones voluntarias que causan todos los logros individuales. También son la base sobre la que está construida esta filosofía, y las piedras angulares del carácter humano. Es información vital para comprender a los demás y a sí mismos, pues son parte de todos nosotros. Siendo estos motivos los siguientes:

La Emoción del Amor
La Emoción del Impulso Sexual
El Motivo de las Ganancias Financieras

El Motivo de la Autopreservación
El Deseo de Libertad de Cuerpo y Mente
El Deseo de Autoexpresión y Reconocimiento
El Deseo de Vida después de la Muerte
El Deseo de Venganza
La Emoción del Miedo

Como se puede ver, esta lista refleja verdaderamente la naturaleza humana, algunos son positivos y otros negativos. En conjunto, son fuerzas que nos motivan, y que debemos comprender y trabajar con ellos si aspiramos a alcanzar la riqueza que deseamos.

DEFINICIÓN DE PROPÓSITO
(PRIMERA PARTE)

Hasta este punto hemos esbozado brevemente las fuerzas dinámicas básicas de la humanidad y los principios que conforman esta filosofía, como preámbulo del emocionante e inspirador viaje que le espera. Nos queda ahora invitar hasta este escenario al personaje que desarrolló esta filosofía. El hombre que ha motivado a más hombres y mujeres para lograr el éxito como ningún otro en la historia. El mayor productor de millonarios de Estados Unidos, que está a punto de compartir sus secretos del éxito con usted. Señoras y señores, tenemos el orgullo de presentarle al ¡Dr. Napoleón Hill!

Pues bien, desmenucemos la lección sobre la definición de propósito y veamos exactamente lo que significa. ¿Por qué este principio es el punto de partida de todo logro? Debido a que es el punto de inicio de todo logro al que aspira un individuo y siempre debe ir acompañado de un plan definido para su realización mediante la acción. Así que, a partir de ahora ustedes tienen que tener un propósito, establecer un plan, y empezar a poner ese plan en acción. Y señoras y señores, debo aclarar que no es demasiado importante que su plan sea sólido. De hecho, no es un aspecto de gran relevancia, ya que si encuentran que su plan no es el adecuado o que no funciona, siempre está la posibilidad de poderlo cambiar. Pueden modificarlo. Lo que si es muy importante es que tengan bien definido lo que van a hacer después, o sea, tener bien determinado su propósito. En este aspecto si se debe ser muy claro. No deben existir dudas ni vacilaciones al respecto, y antes de que concluya esta lección verá porque afirmo que deben definir bien su propósito.

Ahora bien, entender esta filosofía, leerla, o escucharla de mis labios, no será de ningún valor para ustedes, excepto cuando empiecen a formar sus propios patrones de ella y la pongan en práctica en su vida diaria, en su negocio, en su profesión, en su trabajo o en sus relaciones humanas. Ahí es donde los beneficios se reflejarán realmente.

Segunda premisa: los logros individuales son el resultado de un motivo o una combinación de motivos. A este respecto, quiero recalcarles que ninguno de ustedes tiene derecho a pedirle a nadie que haga algo en cualquier momento, sin que antes exista - ¿Qué cosa?

¡Sin antes justificar ante esa persona un motivo adecuado! Y por cierto, ese suele ser el truco y la trama en el arte de las ventas, ser capaz de sembrar en la mente del comprador potencial un motivo suficiente para persuadirlo a comprar. Aprender a tratar a la gente, sembrando en sus mentes motivos suficientes para que los demás hagan lo que ustedes quieren. Ahora bien, hay muchas personas que se llaman a sí mismos vendedores, pero que nunca han oído hablar de los nueve motivos básicos y que además ignoran que no tienen ningún derecho a gestionar una venta sin antes no haber sembrado un motivo en la mente del comprador para motivarlo a comprar.

Tercera premisa: toda idea dominante, plan o propósito, que se tenga en mente mediante la repetición del pensamiento, acompañado de emoción y de un ardiente deseo para su realización, lo capta el subconsciente y actúa en consecuencia con la ayuda de los medios naturales y lógicos de que disponga. Esto constituye una gran lección de psicología. Si desean que su mente capte una idea y forme un hábito automático actuando sobre esa idea, tiene que decirle a su mente lo que quiere una y otra vez constantemente y sin dejar de hacerlo. Cuando el Sr. Coué vino aquí hace unos años con su famosa fórmula: "Día tras día, en todos los sentidos, estoy cada vez mejor y mejor", pudo mediante la repetición de esta frase curar a miles de personas, sin embargo, no pudo curar a un número mayor, y ¿me pregunto si saben ustedes la razón de ese fracaso?

¡Pues porque no había ningún deseo, ni sentimiento en ese enunciado! Todo lo que digan se lo lleva el viento a menos que ¡su declaración esté respaldada por el sentimiento! Deben creer en lo que afirman. Si ustedes se dicen algo a si mismo con la suficiente frecuencia, llegarán a creerlo. ¡Aún cuando se trate de una mentira!

Es curioso, ¿no? Pero sucede que es verdad. Ustedes saben que hay personas que dicen mentiras blancas, y algunas veces no tan blancas, hasta que llegan ellos mismos a creérselas. La mente subconsciente no sabe distinguir la diferencia entre lo correcto y lo incorrecto, no sabe la diferencia entre lo positivo o negativo, ni la diferencia entre un centavo o un millón de dólares. No distingue la diferencia entre el éxito y el fracaso. Simplemente acepta cualquier declaración que se repita constantemente mediante la acción del pensamiento, palabra o por cualquier otro medio. De ahí que ustedes, en quien recae la responsabilidad de determinar el propósito a lograr, necesitan escribirlo de manera que se pueda entender, memorizar, y repetir día tras día hasta que su mente subconsciente lo tome y reaccione automáticamente en consecuencia. Ahora bien, esto requiere algo de tiempo. No esperen erradicar de la noche a la mañana su hábito de años de alimentar de ideas negativas a su mente subconsciente. No esperen que esto cambie repentinamente. Sin embargo, se sorprenderá saber que si ustedes inyectan emoción a cualquier plan que envíen a su mente subconsciente y lo respaldan con entusiasmo y un espíritu de fe, su subconsciente no sólo actuará más rápidamente, sino que lo hará de manera más definitiva y positiva.

Cuarta premisa: ningún deseo dominante, plan o propósito que no esté respaldado por un estado de ánimo conocido como fe, podrá ser tomado por la mente subconsciente para actuar en consecuencia. Ese estado de ánimo, señoras y señores, es el único estado mental que obliga a la acción inmediata del subconsciente. Y cuando hablo de la fe, no me refiero al simple deseo, esperanza y mediana creencia. No me refiero a nada de eso, sino al estado mental que lo lleva a ustedes a ver cristalizado ese propósito al que aspiran incluso antes de empezar a trabajar en conseguirlo. Tener una perspectiva así es muy positivo, ¿no lo creen? Personalmente, les puedo afirmar que nunca en toda mi vida me he comprometido a hacer algo que no haya hecho antes, sin que ponga mi mayor deseo en lograrlo, y sin apartarme de esa meta por cambios de opinión o de actitud. He sido firme y nunca he fracasado al llevar a cabo algo que haya decidido hacer, por eso les digo que todos ustedes pueden lograr lo que se propongan, siendo firmes en su propósito, a menos que se dejen vencer por la adversidad a medida que avancen. Así lo ha hecho mucha gente. Ahora volvamos a esta cuarta premisa nuevamente.

Ningún deseo dominante, plan o propósito que no esté respaldado por un estado de ánimo conocido como fe, podrá ser tomado por la mente subconsciente para actuar en forma inmediata. No sé a ciencia cierta, damas y caballeros, pero sospecho que es relativamente pequeño el número de personas en el mundo que entiende el principio de la fe, que realmente lo entiende y sabe cómo aplicarlo. Incluso si ustedes creen entenderlo, pero no lo respaldan mediante la acción, haciéndolo parte de su vida cotidiana, entonces realmente no lo han entendido aún, ya que la fe sin acciones consecuentes es fe muerta. La fe sin acción está muerta y lo mismo sucede con la fe sin la creencia positiva absoluta. No pueden obtener resultados a través de creer simplemente, excepto que emprendan algún tipo de acción posterior a esa creencia. Por cierto, si le dicen a su mente con frecuencia que no tienen fe en nada, llegará el momento en que la mente subconsciente así lo aceptará, aún cuando a menudo mentalmente digan que tienen fe en sí mismos. ¿Alguna vez se han imaginado lo bueno que sería tener fe total en ustedes mismos hasta el grado de no dudar en absoluto en llevar a cabo todo lo que quisieran hacer en la vida? ¿Se imaginan lo beneficioso que sería para ustedes ser así? ¿Saben cuántas personas existen que se valoran y se venden por tan poco en su camino por la vida, simplemente por no tener la confianza necesaria y carecer de fe? Calculen cuanta gente hay así.

Modestamente entre el 98 y 100 por ciento. El margen tan pequeño de gente que es la excepción a esta regla, es tan mínimo que no me atrevo a adivinar exactamente cuantos son, pero a juzgar por las miles de personas con las que he entrado en contacto – diría que los asistentes a mis clases y conferencias estarían por encima de ese promedio – aproximadamente un 98 por ciento de las personas nunca en toda su vida llegan a desarrollar la suficiente confianza en sí mismos para salir y realizar todas esas cosas que quieren hacer en la vida. Aceptan de la vida lo que la vida les entrega. ¿No le parece que es algo extraño cómo funciona la naturaleza? Ella nos dota de un conjunto de herramientas. Nos proporciona todo lo que necesitamos para obtener todo lo que requiramos o aspiremos a tener en este mundo, nos proporciona un conjunto de herramientas adecuadas para cada necesidad, y finalmente nos recompensa generosamente por aceptar y usar esas herramientas. Eso es todo lo que tenemos que hacer, sólo aceptarlas y usarlas. Pero también nos hacemos acreedores a una penalización por no aceptarlas y utilizarlas. La naturaleza aborrece los vacíos y la ociosidad. Ella quiere que todo se traduzca en acción. Y sobre todo, desea que la mente humana esté siempre activa. La mente no es diferente de cualquier otra parte del cuerpo: si no se utiliza, si ustedes no confían en ella, se atrofia y se marchita hasta llegar a la inmovilidad total. En esas condiciones, muchas veces se llega a carecer de la fuerza de voluntad para resistir o protestar, incluso aún cuando la gente trate de motivarlo.

Quinta premisa: el poder del pensamiento es lo único sobre lo que cualquier ser humano tiene un completo e incuestionable control, un hecho tan asombroso que connota la estrecha relación entre la mente del hombre y la Inteligencia Infinita. Existen sólo cinco cosas conocidas en todo el universo, señoras y señores, sólo cinco que engloban toda forma de existencia, desde los electrones y protones de materia más pequeñas hasta los soles más grandes que flotan allá afuera en los cielos, incluidos usted y yo mismo. Sólo cinco cosas. Existe el tiempo y el espacio. Existe la energía y la materia. Pero esas cuatro cosas serían nada sin el quinto elemento, sin él, todo sería caos, ni usted ni yo nunca podríamos haber existido. ¿Qué creen que es?

En efecto, es la inteligencia universal, aquella que se refleja en cada trozo de hierba, en todo lo que crece de la tierra, y en todos los electrones y protones de la materia. Que también se refleja en el espacio y en el tiempo. En todo lo que existe, ahí está la inteligencia infinita operando todo el tiempo. La persona exitosa es aquella que encuentra la forma de obtener el mayor provecho posible de esta inteligencia a través de su cerebro y de ponerlo en acción. La inteligencia permea todo el universo, el espacio, el tiempo, la materia, la energía, y todo lo demás. Y todos nosotros tenemos el privilegio de aprovecharnos de esta inteligencia como elijamos. Lo único que requerimos es utilizarla en nuestro propio beneficio. Pero, no basta con solo entender que existe y creer en ella, debemos usarla de forma especializada para sacarle el máximo provecho. Y es precisamente la responsabilidad de este curso proporcionarle un patrón y un plan mediante el cual puedan apropiarse de su propia mente y ponerla a trabajar. Todo lo que tendrán que hacer es seguir el plan, pero no sólo escogiendo una parte de ella, lo que más les guste y descartando el resto, sino apropiándose de ella en forma total, tal y como debe ser.

Sexta premisa: la mente subconsciente parece ser la única puerta de comunicación del individuo con la Inteligencia Infinita. Quiero que presten especial atención a que enfaticé las palabras: parece ser, debido a que no tengo la seguridad que así sea. Incluso dudo que alguien lo sepa en forma concluyente. Mucha gente tiene diferentes opiniones al respecto, pero a partir de la mejor información que he podido obtener, de acuerdo a observaciones que he podido hacer a través de miles de experimentos, he concluido que el subconsciente de la mente es la única puerta de enlace del individuo con la Inteligencia Infinita y además el subconsciente puede ser influenciado por el individuo a través de los medios descritos en esta lección y en las siguientes lecciones. Esta afirmación está basada en la fe que se tenga en un propósito definido.

Hay una frase clave en este párrafo anterior. La fe basada en un propósito definido. ¿Tienen idea por qué no tienen la confianza en sí mismos que debieran tener? ¿Alguna vez han pensado en ello? ¿Se han puesto a pensar por qué razón siempre que surge una oportunidad, inevitablemente empiezan a cuestionarse su capacidad para aprovecharla y aceptar el desafío? ¿Acaso no les ha ocurrido eso en muchas ocasiones? ¿Acaso no les sucede todos los días? Y si ustedes han tenido la oportunidad de convivir con personas exitosas, seguramente se habrán dado cuenta que esas dudas e inseguridades no es algo que caracterice a esas personas. Si quieren hacer algo, nunca se les ocurra que no podrán hacerlo. Espero que como Asociados de Napoleón Hill lleguen a conocer bien a mi socio, el distinguido Sr. W. Clement Stone, porque si alguna vez he conocido a alguien que conoce el potencial de su mente y confíe a plenitud en su poder, es precisamente el Sr. Stone. El Sr. Stone no permite que lo agobien las preocupaciones. No creo que él toleraría una preocupación, pues sería un insulto a su inteligencia reconocerlo. ¿Por qué? Porque él tiene confianza en su capacidad de utilizar su mente y hacer que ella genere las condiciones que él quiere crear. Y ese es el estado y el funcionamiento de cualquier mente exitosa. Y será la misma condición mental que tendrán todos ustedes cuando finalice el estudio de esta filosofía. Serán capaces de proyectar su mente en el objetivo que deseen alcanzar, y nunca más hacer a sus mentes victimas de la inseguridad y la duda en cuanto a aprovechar las oportunidades para llevar a cabo un proyecto. Nunca más transitar en la inseguridad.

Séptima premisa: cada cerebro es a la vez un aparato receptor y una estación de radiotransmisión de las vibraciones del pensamiento. Un hecho que explica la importancia que tiene poder moverse con una definición de propósito en lugar de ir a la deriva, pues de ese modo imbuimos en nuestro cerebro el objetivo que nos hayamos propuesto y atraemos el equivalente físico o material de nuestro propósito. Nunca olvidemos que el primer equipo de radiotransmisión y recepción es el que existe en el cerebro del hombre. Y no sólo existe en el cerebro del hombre, sino también en el cerebro de muchos animales. Tengo un par de perros pomeranios que saben exactamente lo que estoy pensando, y a veces, mucho antes de que yo mismo me de cuenta. Son tan inteligentes, que pueden sintonizarse con mis pensamientos, y saben con anticipación cuando los vamos a llevar a un paseo en automóvil o los vamos a dejar en casa. No tenemos que decir ninguna palabra al respecto, porque están en sintonía constante con nosotros.

Nuestras mentes envían vibraciones constantemente, por esa razón si alguien de ustedes fuera un vendedor y estuviera a punto de llamar a un posible comprador, la venta tendría que hacerse antes de siquiera estar en presencia del comprador. ¿Alguna vez han pensado en algo así? Si van a hacer algo que requiera de la cooperación de otras personas, prepárense mentalmente como si ya fuera un hecho que las otras personas cooperarán con ustedes. ¿Por qué? En primer lugar, porque el plan que ustedes van a ofrecerles es tan justo, honesto y tan beneficioso para ellos que no la podrán rechazar. En otras palabras, tienen derecho a que esas personas cooperen con ustedes. Se sorprenderían de saber el cambio de actitud que experimenta la gente cuando ustedes comienzan a enviar pensamientos positivos en lugar de pensamientos de miedo.

Ahora bien, si quieren un buen ejemplo de cómo funciona esta estación transmisora, veamos el siguiente caso: supongamos que alguien de ustedes necesita 1,000 dólares urgentemente y tendrá que acudir al banco a la mañana siguiente por un préstamo, o de lo contrario corre el riesgo que dos días después le embarguen su carro, sus muebles, o algo más. Usted sólo necesita 1,000 dólares. Pero tiene miedo que le nieguen el préstamo. Ese temor lo transmite anticipadamente hacia el banquero, quien desde el momento en que usted entra al banco, ya captó ese pensamiento negativo y se anticipa a rechazar su solicitud. ¿No es gracioso? Para nada, más bien es trágico. Es como llevar en los bolsillos una caja de cerillos para prenderle fuego a su propia casa. Usted transmite sus pensamientos y ellos actúan, y por eso en vez de encontrar la cooperación que va a buscar, la otra persona refleja, ¿Qué cosa? Esa misma duda e inseguridad que su mente proyectó anticipadamente.

Por mucho tiempo fui instructor de ventas, me ganaba la vida de esa manera mientras realizaba simultáneamente la investigación de esta filosofía, capacité a más de 30,000 vendedores, muchos de ellos miembros destacados de la Asociación Internacional *Million Dollar Roundtable* que reúne a los mejores agentes de seguros de vida. Y por eso puedo afirmar que si hay una cosa en este mundo más difícil de vender, es precisamente un seguro de vida. Nadie compra un seguro de vida. Se tiene que ser verdaderamente habilidoso para venderlo. Por eso lo primero en lo que instruí a los agentes que enseñaba era que ellos tenían que hacer la venta a sí mismos antes de intentarlo con otras personas. Y que de no hacerlo así, serían incapaces de vender algo a los demás. Quizás alguien pudiera comprarles algo, pero nunca harían una venta sustanciosa a menos que primero lo hicieran a si mismos.

Cada cerebro es un aparato receptor y transmisor, y como tal, ustedes pueden ajustarlo para que atraigan sólo aquellas vibraciones positivas que liberan otras personas. Y es justo este punto el que yo quiero que ustedes lleguen a dominar. Pueden habituarse a entrenar su mente para que capten las miles de vibraciones que están flotando por ahí constantemente, entrenándola para que solo capte aquellas cosas que se relacionen con lo que más quieran lograr. ¿Y cómo hacerlo? Lo lograrán, manteniendo como una obsesión en su mente aquello que más desean en la vida, su propósito principal, de modo que apoyándose en la repetición de ese deseo mentalmente y poniéndolo en acción, el cerebro finalmente se enfoque solamente en conseguir ese propósito sin importarle nada más. ¿Verdad que es un pensamiento maravilloso? Ustedes pueden educar a su cerebro para que solo capten aquellas vibraciones relacionadas con lo que usted quiere y desechar aquellas que no le sirven para nada, y de esta manera, damas y caballeros, podrán tener a su cerebro bajo su total control y estarán en el verdadero camino del éxito.

Ahora veamos cuáles son algunos de los beneficios que obtenemos al definir un propósito. En primer lugar, cuando definimos un objetivo desarrollamos automáticamente autosuficiencia. La iniciativa personal, la imaginación, el entusiasmo, la autodisciplina y la concentración de esfuerzos, son prerrequisitos de vital importancia para ser exitosos. Pero también debemos desarrollar otras cosas. Al definir nuestro propósito, y saber lo que queremos, trazamos un plan para lograr cristalizar ese propósito, mantenemos nuestra mente ocupada en la ejecución de ese plan, y si vemos que ese plan no funciona, inmediatamente lo descartamos y adoptamos uno nuevo. Y continuamos así hasta encontrar aquel plan que mejor nos funcione. Solo recuerden que en este proceso de ensayo y error, tal vez en algún momento la Inteligencia Infinita con su gran sabiduría, podría tener trazado un mejor plan para nosotros que el que ya tengamos. ¡Mantengan sus mentes abiertas por si ello ocurre! Ahora bien, si adoptan un plan que no funcione, también esta la opción de descartarlo y pedirle ayuda y orientación a la Inteligencia Infinita. Pueden contar con esa orientación. ¿Pero cómo estar seguros que conseguirán ese apoyo? Por la sencilla razón de que tendrán fe en que así será. Harán su petición en voz alta y con la absoluta creencia de que lo lograrán. Sospecho que el Creador sabe lo que pensamos, sin embargo, me he dado cuenta que si expresamos esas ideas con mucho entusiasmo es mucho mejor. Y estoy seguro de que no pierden nada al despertar su mente subconsciente.

Cuando escribí *Piense y Hágase Rico*, el título original era *Los Trece Pasos a la Riqueza,* y tanto el editor y yo estábamos conscientes que no era un título apropiado que llamara la atención, que teníamos que tener un título que tuviera imán de ventas. Así pasaron los días, con el editor presionándome para idear posibles títulos. Creo que le sugerí quinientos o seiscientos nombres pero ninguno lo convenció. Hasta que cierto día me sorprendió, cuando al llamarme me dijo: "Bueno, si para mañana por la mañana no se te ocurre un titulo llamativo, ya tengo uno que es una maravilla." Y le respondí: "¿Cual? Me contestó, "Vamos a llamarlo, *Usa tu Cerebrin y Obtén Mayor Botín.*" le contesté espantado: "¡Dios mío, me vas a arruinar! ¡Este es un libro digno! ¡Y con ese título ligero, sería no solo la ruina de la obra sino también la mía!" A lo que me respondió, "Pues así quedará el titulo a menos que mañana por la mañana me traigas un mejor nombre."

Ahora quiero que le presten mucha atención a lo que voy a decir a continuación porque es algo que despertará su reflexión. Después de este incidente con el editor, esa misma noche, me senté en la cama y sostuve una charla con mi mente subconsciente. Le dije: "Mira subconsciente', tú y yo hemos recorrido un largo camino juntos y hasta ahora me has sacado de muchísimos problemas que no lograba solucionar gracias a mi ignorancia. Pero resulta que ahora tengo que idear un título de un millón de dólares, y lo tengo que tener para esta misma noche, ¿entiendes eso?" Al decirlo, lo hacía en voz muy alta, tan alta que mi vecino del piso de arriba golpeó en el piso para que le bajara el volumen, y no lo culpó, habrá pensado que reñía con mi esposa. El caso es que así lo hacía porque quería que mi subconsciente no tuviera ninguna duda acerca de lo que yo quería. Ahora, bien, para nada le dije a mi subconsciente exactamente el titulo que quería, sino que me ideara un titulo de un millón de dólares. Me fui a la cama hasta que tuve la certeza sicológica que ya había cargado en mi subconsciente lo que yo quería y en lo que trabajaría para mí. De no tener esa certeza aún estaría sentado al borde de mi cama todavía hablando con mi subconsciente. Y es que existe un momento psicológico, que se puede sentir, cuando el poder de la fe se hace cargo de lo que usted está tratando de hacer y nos dice: "Muy bien , ahora ya te puedes relajar porque yo me haré cargo." Con esa seguridad me acosté, y como a las 2:00 de la mañana me desperté, como si alguien me hubiera sacudido muy fuerte despertando abruptamente de mi sueño. De pronto la frase *Piense y Hágase Rico* estaba en mi mente. ¡Oh, ya lo tengo, exclamé! Salté de mi cama, tomé mi máquina para escribir el nombre y agarré el teléfono para llamar a la editorial. Él editor contestó: "¿Qué te pasa, se está incendiando la ciudad?" Y fue como a las 2:30 de la mañana que le respondí: "¡Por supuesto que sí, porque ya tengo el título del millón de dólares!" Sólo alcanzó a balbucear, "Vamos a tener que...," y sin darle tiempo a que agregara algo más, le dije, "*Piense y Hágase Rico*", sorprendido me respondió: "¡Caray, lo lograste!" ¡Tienes razón, ya tenemos el titulo! Ese libro ha recaudado fuera de los Estados Unidos más de 23 millones de dólares hasta ahora, y probablemente recaude más de 100 millones de dólares antes de que pase a mejor vida. Y parece no tener límites. Más que el titulo del millón de dólares, debiera llamarlo ¡el titulo de los varios millones de dólares! Con este acierto de mi subconsciente, no me sorprende que realmente me hizo caso e hizo un magnifico trabajo.

Ahora bien, ¿por qué no hice eso desde un principio? ¿No les parece gracioso? Si conozco la ley. ¿Por qué perder el tiempo ideando nombres sin llegar a nada? ¿Por qué no mejor haber recurrido desde el inicio a mi mejor apoyo que es mi subconsciente en lugar de hacerle al tonto sentado ante mi máquina de escribir y estar probando con quinientos o seiscientos títulos? ¿Por qué no lo hice así? Bueno, les diré por qué: por la misma razón por la que muchas veces sabemos lo que debemos hacer, pero no lo hacemos por apatía. Nada justifica esa indiferencia que sentimos por si mismos, incluso aún conociendo la mejor opción que nos dará los mejores resultados, acostumbramos perder el tiempo y hasta el último momento elegimos la misma decisión que pudimos tomar antes. Eso mismo sucede con nuestras plegarias, no estamos habituados a orar sino hasta que enfrentamos problemas, y luego estamos atemorizados de muerte y nos ponemos a orar, muchas veces sin los resultados deseados. Si quieren obtener buenos resultados a sus plegarias, condicionen su mente para hacer de la oración un hábito de vida, que desarrollen cada minuto de su existencia. Oren constantemente para que fortalezcan su creencia y puedan sintonizarse con la Inteligencia Infinita y así obtener las cosas y favores que necesiten en su vida. Y también preparen su mente para que cuando surja una emergencia estén listos para lidiar con ella exitosamente.

Igualmente, definir un propósito nos ayuda a presupuestar mejor nuestro tiempo y planificar nuestros esfuerzos cotidianos para el logro de nuestras metas. Si pudieran contabilizar las horas que trabajan realmente por semana y las horas que desperdician pudiendo dedicar ese tiempo a cosas más productivas, seguramente se asombrarían de los resultados. No somos eficientes. Disponemos de ocho horas para dormir, de otras ocho horas para ganarnos un salario, y nos quedan ocho horas de tiempo libre, que si quisiéramos, podríamos sacarle el máximo provecho posible en este país donde vivimos.

Otra ventaja al definir propósitos, es que nos ponemos más alertas para reconocer las oportunidades relacionadas con esos propósitos, y nos volvemos más determinados y con más coraje para aceptar y actuar sobre esas oportunidades. Cada día de nuestra vida siempre surgen oportunidades, que si las aprovecháramos y actuáramos sobre ellas, nos beneficiarían indudablemente. El problema es que hay algo en nosotros a lo que llamamos dilación. Posponemos las cosas, carecemos de voluntad para hacerlas y determinación para aprovechar esas oportunidades que se nos van presentando. Sin embargo, condicionando nuestras mentes con esta filosofía, podremos no sólo aprovechar las oportunidades, ¡sino lograr mejores resultados! ¿Habrá algo mejor que aprovechar una oportunidad? Claro que sí: ¡Generar esas oportunidades!

[26]

¡Esa es la idea! Uno de los generales de Napoleón - el General, no yo - se le acercó un día para comentarle los pormenores de un ataque que efectuarían a la mañana siguiente, este General le dijo a Napoleón: "Señor, las condiciones y circunstancias no son las adecuadas para el ataque de mañana", a lo cual respondió Napoleón: "¿Así que las circunstancias no están bien? Caray, entonces ¡generen ustedes mismos esas circunstancias! ¡Ataquen!" Y esa misma actitud he visto en los hombres exitosos de negocios, que cuando les dicen que algo no podría resultar o no es factible de tener éxito, su respuesta es ¡Ataquen! ¡Ataquen! "Empiecen a andar desde el punto en el que están, y cuando lleguen en su transito hasta una curva en donde no se pueda ver más allá del camino que falta por recorrer, ¡Ataquen! y no se detengan ni pospongan su viaje, pues siempre habrá más tramo que los llevará a su destino.

También definir propósitos aumenta la confianza en la integridad y carácter de uno mismo y atrae la atención favorable de los demás. ¿Alguna vez han pensado en eso? Creo que a todo el mundo le gusta ver a una persona caminar en posición erguida, transmitiendo seguridad y proyectando una personalidad que le comunica a su entorno que él sabe lo que quiere y que está justo en el camino de lograrlo. Seguramente se han topado con personas que al caminar por una acera prefieren hacerse a un lado y ceder el paso cuando se topan de frente con ese tipo de personas que proyectan mucha seguridad en si mismos. Y esas gentes no necesitan chiflar, ni buscar llamar la atención, ni nada por el estilo. Sólo envían sus pensamientos con determinación a través de la multitud, para que le cedan el paso y poder seguir avanzando en su camino. Y el mundo es así. El hombre que sabe a dónde va y está decidido a llegar a su destino, siempre encontrará ayudantes dispuestos a cooperar con él en su propósito.

También otra ventaja importante de definir propósitos, es el hecho de que nos abre el camino para el pleno ejercicio de ese estado de ánimo conocido como tener fe, pues al hacer que nuestra mente sea positiva, la libera de las limitaciones que produce el miedo, la duda, el desaliento, la indecisión y la dilación. Desde el mismo momento en que decidimos sobre lo que queremos y lo que vamos hacer para lograrlo, automáticamente todos esos pensamientos negativos toman su equipaje y se van de nuestra mente. Simplemente se desaparecen, porque no pueden vivir cohabitando en una mente positiva. ¿Se pueden imaginar un estado de ánimo negativo y un estado de ánimo positivo ocupando el mismo espacio al mismo tiempo? ¿Creen que se pueda? Para nada. Eso no es posible. Y ¿sabían ustedes que con solo tener lo más mínimo de una actitud mental negativa es suficiente para destruir el poder de la oración? ¿Sabían ustedes que la más mínima actitud mental negativa es suficiente para destruir cualquier planificación que hayan hecho, o estén haciendo? Cuando determinen su propósito, muévanse con coraje, con fe y determinación para seguir adelante con lo que han planeado.

Y además, contar con un propósito nos hace más conscientes del éxito. ¿Saben a lo que me refiero al decir conscientes del éxito? Es lo mismo que si digo que algo nos hace conscientes de la salud, ¿saben a lo que me refiero con eso? ¿De lo que estoy hablando?

Me refiero a que sus pensamientos están orientados en mayor parte hacia su salud. Por eso cuando me refiero a la conciencia del éxito, me estoy refiriendo a que mis pensamientos están encaminados predominantemente hacia el éxito, o sea, de lo que debemos hacer y no hacer para conseguirlo. ¿Sabían ustedes que el 98 por ciento de las personas nunca llegaran a ninguna parte en la vida, porque son gentes sin ambiciones y no hacen nada para salir adelante? Cualquier oportunidad que se coloca ante ellos, la rechazan porque siempre se aferran a ver la parte negativa en el intento.

Nunca olvidaré mientras viva lo que me sucedió cuando el señor Carnegie me sorprendió y me dio la oportunidad de organizar esta filosofía. Intenté por todos los medios posibles argumentar razones para rechazar su ofrecimiento, e incluso pensé en seis motivos que respaldaban esa declinación. Pensaba decirle que no tenía suficiente educación, carecía de dinero, carecía de influencias, que inclusive desconocía lo que significaba la palabra filosofía. Y otros motivos más que me vinieron a la mente en ese momento. Lo que quería era enfocarme en agradecerle al Sr. Carnegie que se hubiera fijado en mi persona para ese proyecto, pero que dudaba en llevarlo a cabo porque en realidad dudaba que el Sr. Carnegie fuera un buen juez de la naturaleza humana, como lo estaba dando a entender al asignarme esa encomienda. Todo eso pasaba por mi mente en ese momento. El problema era que había personas de pie en silencio mirando por encima de mi hombro aguardando mi respuesta. Ellos me dijeron: "Adelante, ¡dile que puedes hacerlo. Dilo de una vez!" Lo único que acerté a decir fue, "Sí, señor Carnegie, voy a aceptar su ofrecimiento y puede confiar, señor, que voy a terminarlo." Él se acercó y me agarró de la mano, diciéndome, "No sólo me gusta lo que has dicho, sino la

forma en que lo dijiste. Eso es lo que estaba esperando."
Él podía ver que mi mente se quemaba de confianza y creencia de que podía hacerlo, a pesar de carecer de recursos excepto mi determinación inquebrantable de que obtendría los medios necesarios para crear esta filosofía. Pero estoy seguro que si hubiera dudado en lo más mínimo y le hubiese dicho: "Está bien, señor Carnegie, voy a hacer mi mejor esfuerzo," No dudo – aunque nunca se lo pregunté, pero estoy seguro de ello - que hubiera retirado inmediatamente su ofrecimiento, porque mi respuesta delataría mi falta de determinación para hacer ese trabajo. "Sí, señor Carnegie, voy a aceptar su ofrecimiento y puede confiar, señor, que voy a terminarlo." Y aquí me tienen como testigo viviente, aunque el Sr. Carnegie ya no esté entre nosotros, de que hizo la elección correcta.

Él sabía lo que hacía. Había encontrado algo en mi mente que había estado buscando durante años. Y por fin lo había hallado. Yo ignoraba el valor de este hallazgo, pero con el tiempo lo supe, y por eso mismo quiero que ustedes también reconozcan eso tan valioso que todos tienen en sus mentes. Esa capacidad de saber lo que se quiere y la determinación para conseguirlo, aún a sabiendas de no saber desde donde iniciará su viaje.

Y les pregunto ¿Qué creen que hace a un hombre ser grande? Denme una buena definición. ¿Qué hace a un gran hombre o una mujer tener grandeza? ¿Tienen alguna idea de lo que es la grandeza?

La grandeza es la capacidad de reconocer el poder de su propia mente, de abrazarla y utilizarla. Eso es lo que hace la grandeza. Y en mi libro, cada hombre y cada mujer pueden llegar a ser verdaderamente grandes por el simple proceso de reconocer ese gran potencial de sus propias mentes, abrazándola, y utilizándola.

Ahora veamos las instrucciones para aplicar este principio de la definición de nuestro propósito principal. Les aclaro que estas instrucciones se deben llevar a cabo al pie de la letra. No pasen por alto ni omitan realizar cualquiera de ellas. En primer lugar, escriban una declaración clara de su propósito principal, fírmenla, memorícenla y repítanla una vez al día como si fuera una plegaria o una afirmación. Con esta acción ustedes están poniendo toda su fe en el Creador que siempre lo acompaña. Increíblemente, señoras y señores, me he dado cuenta por experiencia que justo aquí está el punto débil de las actividades de mis estudiantes. Ellos leen esto, y dicen: "Bueno, eso es bastante simple, ya lo entendí, ¿para que tomarme la molestia de escribirlo?" Déjenme decirles que asumir esta misma actitud implicaría la inutilidad de continuar con esta lección. Ustedes deben escribir su declaración, ejecutar el acto físico de transferir su pensamiento en un papel, y después memorizarlo, para poder comenzar a platicar con su subconsciente al respecto. De esta manera le comunicamos a nuestro subconsciente más claramente lo que queremos. Y créanme que no está de más que recordaran la historia que les platiqué en la primera mitad de la lección de esta noche acerca de lo que hice para conseguir mi título del libro del millón de dólares. En nada les afecta si le dejan claro a su subconsciente, de aquí en adelante, que ustedes son los jefes. Y que van actuar como tales. Porque no esperaran que el subconsciente o cualquier otra cosa les ayuden, si ustedes aún ignoran qué es lo que quieren, por no tener nada definido al respecto. Noventa y ocho de cada cien personas no saben lo que quieren en la vida y por lo tanto nunca lo consiguen. Sencillamente toman lo que la vida les entrega.

Ahora bien, además de nuestro propósito principal podemos tener también objetivos secundarios, tantos como queramos, siempre y cuando nos lleven en la misma dirección de nuestro principal propósito. Toda nuestra vida la dedicamos a la realización de nuestro propósito principal en la vida. Es importante saber qué es lo que se quiere, sin importar si la aspiración es llegar a ser modestos como yo, en todo caso lo importante es querer lograr algo, pero no ser muy modesto en lo que se desea. Extiendan sus manos y pidan sus deseos, pidan aquellas cosas que están seguros tienen derecho a tener, pero al hacerlo, asegúrense de no pasar por alto las instrucciones siguientes que voy a darles y que tendrán que dar a cambio por los favores que esperan obtener.

En segundo lugar, escriban una descripción clara y definida del plan que utilizarán para lograr el propósito deseado, y establezcan un máximo de tiempo en el que esperan alcanzar ese propósito. Y describan en detalle, lo que se proponen dar a cambio por la cristalización de ese anhelo. Hagan su plan lo suficientemente flexible para permitir cambios en cualquier momento que así se requiera, sin olvidar que la Inteligencia Infinita pudiera tener un mejor plan para ustedes, pero siempre enfocados en lo que más quieran alcanzar. ¿Alguno de ustedes ha tenido alguna vez un presentimiento que no saben a que atribuírselo o explicarlo? ¿Saben lo que es una corazonada? Pues es precisamente su mente subconsciente tratando de sembrar ideas en ustedes, y muchas veces ante la total indiferencia que mostramos ante tal hecho de que nuestro subconsciente lo que quiere es charlar con nosotros por unos momentos. Seguramente ha oído a la gente decir, hoy se me ocurrió una tonta idea, lo que ignoran es que esa tonta idea como la llaman, pudiera ser una idea del millón de dólares, con tan solo haber escuchado a su subconsciente y haber hecho algo al respecto. Ténganle un gran respeto a estas corazonadas que de pronto les llegan, porque hay algo que está tratando de comunicarse con ustedes, sin duda alguna. En lo personal le tengo un gran respeto a estas corazonadas, y son muchas las que vienen a mí constantemente. He descubierto que siempre están relacionadas con algo en lo que mi mente ha estado enfocada, algo que quiero hacer, y que estoy comprometido en ver realizado.

Escriban una descripción clara y definida de su plan y un máximo de tiempo en el que tienen la intención de cumplirlo. El tiempo es importante. Muy importante. Al precisar su propósito principal, eviten recurrir a frases como, "mi propósito es convertirme en el mejor vendedor del mundo", o "mi propósito es convertirme en el mejor empleado de mi organización", o "tengo la intención de hacer muchísimo dinero." Son frases que no están claramente definidas. Sean claros y precisos al establecer su gran propósito de vida, y determinen el tiempo máximo que les tomara realizarlo, por ejemplo, "Mi objetivo es lograr en (x) número de años tales cosas, etc.,", y luego seguir adelante con el siguiente párrafo y especificar, "tengo la intención de dar a cambio por lo que pido, tal y tal cosa," y luego continuar describiendo a detalle eso que darán a cambio. El factor tiempo es sumamente importante como ustedes saben, la naturaleza tiene un sistema de sincronizar todo. Si usted es un agricultor y quiere plantar algo de trigo en el campo, sale y prepara la tierra para tal propósito, siembra el trigo en la época adecuada del año, y al siguiente día recolecta el producto justo en el momento que corresponde a la cosecha.

¿Al siguiente día? Bueno, ¿creen que así sea realmente?

No, no es así. Hay que esperar. Pero a esperar ¿qué? ¡A que la naturaleza haga su parte! A que actúe la Inteligencia Infinita o Dios o como ustedes quieran llamarle – a final de cuentas hablamos de lo mismo - pero para que actúe primeramente ustedes deben actuar primero y hacer su parte. La inteligencia Infinita no los dirigirá, ni atraerá hacia su propósito principal, a menos que ustedes ya sepan lo que quieren, y a menos también que establezcan el tiempo adecuado para hacerlo, ya que sería ridículo aspirar a ganar un millón de dólares en los siguientes treinta días, estando consciente de la medianía de su talento y de lo ridículo del tiempo estimado para lograrlo. En otras palabras, determinen su principal propósito, dentro de lo razonable que ustedes saben que son capaces de merecer.

Y una cosa muy importante, mantenga en secreto en ustedes mismos el propósito principal que hayan precisado, excepto que tengan que compartirlo cuando así se requiera, como en el tema del Trabajo en Equipo que más adelante veremos. ¿Por qué les sugiero que mantenga en secreto su propósito? Por la sencilla razón que cuando lo revelamos ante los demás, sobra la gente, ociosa y negativa, que por envidia tratará de disuadirnos de nuestro propósito. Son personas que no soportan a la gente que transita con la cabeza erguida y seguros de si mismos y que cruzan los dedos para que uno fracase. Son gente que buscaran por todos los medios que desistan en luchar por sus objetivos. Encarnan a la envidia de la humanidad.

La única manera de hablar de su propósito principal es poniéndolo en acción, con hechos y no palabras. Toda vez que hayan logrado lo que se propusieron, los resultados hablarán por si solos. La única manera de que alguien puede darse el lujo de presumir o alardear de sí mismo no es con palabras, sino con hechos. Y solo con resultados los hechos hablan por sí mismos.

En cuanto a la flexibilidad de sus planes: no crean que existe el plan perfecto que les va a funcionar a las maravillas a las primeras de cambio, pues se equivocarán. Su plan debe ser flexible, ensáyenlo y si no funciona correctamente, cámbienlo.

En sus conferencias, el Dr. Hill siempre asigna más tiempo e importancia al primer principio, la definición de propósito, que a cualquiera de los demás principios.

DEFINICIÓN DE PROPÓSITO (SEGUNDA PARTE)

Ahora continuaremos con la conferencia del Dr. Hill acerca de la Definición de Propósitos, el primer principio de su obra *Su Derecho a ser Rico*.

Para que tengan siempre presente su propósito principal. Es conveniente que coman con él, duerman con él, y lo lleven a donde ustedes vayan, con la finalidad de poner a trabajar al subconsciente, incluso mientras duermen, para conseguir lo que quieren. La mente consciente es muy celosa, está siempre vigilante de todo lo que captan sus sentidos y presta especial atención a que no haya nada en su mente, excepto aquellas cosas que les provoque miedo y causen entusiasmo. Pero, en términos generales, si quieren plantar una idea en su subconsciente, tienen que hacerlo con mucha fe y con un desbordado entusiasmo, solo haciéndolo de esa manera harán que el consciente les permita acceder hasta el subconsciente por esas muestras de fe y entusiasmo que proyecten. Y es entonces que la repetición juega un papel maravilloso también. Cuando eso sucede, finalmente el consciente, ya cansado de oír lo que ustedes repiten, una y otra vez, se resigna y dice: "Está bien, ya no soporto está condición, así que entren al subconsciente y vean que puede hacer por ustedes." Esa es la forma en que funciona.

La mente consciente opera de manera contraria. Se entera de todo aquello que no está funcionando. ¿Lo sabían? Tiene una tremenda capacidad de almacenaje de todas las cosas que no funcionan y que no son correctas. Almacena toda esa basura y cosas inservibles y negativas con que alimentamos a la mente. Desafortunadamente, ese es el tipo de cosas con las que también alimentamos a diario a nuestro subconsciente.

Todas las noches, antes de acostarse, acostúmbrense a darle algún tipo de tarea a su mente subconsciente a realizar esa noche. Un ejemplo puede ser que sane su cuerpo, ya que necesita repararse todos los días. Al dormir, busquen a la Inteligencia Infinita y pídanle a su subconsciente que trabaje y cure todas las células del cuerpo, cada órgano, y que les permita a la mañana siguiente disponer de un cuerpo perfectamente acondicionado para trabajar en sincronía con su mente. No se acuesten sin darle órdenes a la mente subconsciente. ¡Díganle lo que ustedes desean! Adquieran el hábito de decirle lo que quieren. Fomenten este hábito por el tiempo que sea necesario hasta que reaccione a su petición y les entregue lo que piden. Y no está de más decirles que sean cuidadosos con lo que pidan, porque seguramente se les concederá.

Me pregunto si les sorprendería que en este momento pudieran recordar todo aquello que han estado pidiendo durante años y que no se les ha concedido. ¿Alguna vez han pensado en eso? ¡Si lo hubieran pedido correctamente, seguro que lo hubiesen conseguido! Pero, la realidad es que quizás ahora mismo tienen todo aquello que no deseaban. Tal vez por negligencia, o por descuido, no supieron decirle al subconsciente lo que realmente querían y en lugar de eso todos estos años han ido acumulando y llenándose de cosas indeseables. Pero, así es como funciona esto.

Ahora veamos algunos factores importantes y su relación con nuestro propósito principal. En primer lugar, su propósito debe representar su mayor objetivo en la vida. Debe ser el único propósito que esté por encima de todo lo demás que usted desea lograr, y ser el fruto de todo el esfuerzo que enaltezca su paso por la vida. De esa dimensión debe ser su propósito principal. No de propósitos secundarios, sino del gran logro de toda su vida. Y créanme, amigos, si ustedes carecen de un propósito principal, están perdiéndose de la mejor parte de su vida. De nada vale las penas y sufrimientos de esta vida cuando no se tiene un objetivo por el cual luchar, cuando no se sabe a dónde ir en la vida y cuando no se aprovechan las oportunidades de ser mejores.

Me imagino que todos fuimos enviados aquí para una misión. Que a todos nos enviaron con una mente capaz de poder labrar nuestros propios destinos, y que si no utilizamos nuestras mentes, entonces la vida en gran medida habrá sido en vano, desde el punto de vista de QUIEN nos envió con tal propósito. ¡Apodérense de su mente, aspiren a lo más alto! No crean que porque en el pasado no lograron nada, lo mismo les pueda pasar en el futuro. ¡No midan su futuro en base a su pasado! Si así lo hacen, se hundirán. ¡Un nuevo día está llegando, en el que pueden renacer a la vida, en el que pueden moldear un nuevo modelo, en un mundo nuevo para esas nuevas personas que son ustedes! Pero, ¿y si eso no sucede? ¿Por qué no? Yo lo que quiero es que cada uno de ustedes renazca, mental, física, y tal vez espiritualmente. Con un nuevo objetivo, un nuevo propósito. Una nueva comprensión de sus propios poderes individuales. Y una nueva conciencia de sus propias dignidades, como toda una unidad humana. Si me preguntan lo que yo creo que es el mayor pecado de la humanidad, seguro que se sorprenderían de mi respuesta. ¿Cuál sería la respuesta de ustedes? ¿Cuál creen que es el mayor pecado de la humanidad?

El mayor pecado de la humanidad es ¡no usar su mayor activo! Ese es el mayor pecado de la humanidad. Y lo es, porque cuando se utiliza ese activo tan importante, se puede tener todo que se desea y en abundancia. Como habrán notado, al mencionar que pueden obtener todo lo que deseen y en abundancia, no condicioné para nada, lograrlo en un tiempo razonable. Ya que ustedes son los únicos que pueden ponerle límite a lo que quieran, y son los únicos que pueden establecer límites para sí mismos, nadie más puede hacerlo por ustedes, a menos que lo permitan.

¿Por qué afirmo que nuestro propósito principal siempre debe aventajarnos? ¿Cuál es la razón de que así sea? ¿Por qué no fijar objetivos de muy corto plazo, por decir algo, para cumplirse al día siguiente? Bueno, obviamente, si hiciéramos eso, el objetivo no sería extenso para nada. Y por lo tanto, no se disfrutaría la acción de poderlo lograr. La satisfacción de alcanzar un propósito es algo que se disfruta mucho. ¿Pero qué pasaría si se alcanzara un objetivo y se tuviera éxito, pero sin disfrutarlo en absoluto? Tal vez se podría empezar de nuevo intentando algo diferente. La vida es más interesante cuando tenemos propósitos por alcanzar que cuando vivimos la vida simplemente por vivirla. La esperanza de alcanzar logros futuros junto con tener un propósito principal es uno de los más grandes placeres del hombre. Aunque también hay personas a las que les basta con solo alcanzar mínimos logros para sentirse satisfechos consigo mismos. Conozco muchos de ellos. Y todos tienen vidas miserables. Manténganse activos. Sigan haciendo algo, sigan trabajando, tengan un propósito por delante. Un propósito principal generalmente implica toda una vida de esfuerzo que se va logrando al paso de los días, meses y años. Es algo que debe armonizar con nuestras ocupaciones, negocios o profesiones, y que nos debe acercar con nuestro trabajo al logro de nuestro objetivo de vida. Me dan pena, realmente me dan pena esas personas que se la pasan trabajando día tras día, con el fin de solo tener algo que comer, adquirir algo de ropa para vestir y un lugar para dormir. Lamento que existan ese tipo de personas, que no tiene ningún propósito más allá de lo necesario para existir. Es difícil imaginar que alguien así encuentre satisfacción en ir a la deriva sin ningún propósito. Creo en la gente, como ustedes, que desean vivir a plenitud, en abundancia, aspirando a obtener todo lo que quieren en la vida, incluyendo el dinero.

Ahora bien, no olviden que cuando comiencen a buscar su propósito principal, recuerden que éste consta de muchas combinaciones diferentes de objetivos menores, como los que podemos encontrar en nuestra ocupación profesional, en donde fijamos objetivos menores de nuestra propia elección. Cuando llegue el momento de escribir su propósito principal, escríbalo subdividiéndolo en objetivos menores enlistados por rango de importancia, colocando el número uno hasta arriba con su descripción completa; luego el número dos con su descripción, y así sucesivamente. Teniendo cuidado de incluir en su propósito principal una perfecta armonía entre usted y su pareja. ¿Creen que eso es importante? ¿Conoce algo que sea más importante que eso? ¿Acaso conocen de alguna relación humana que sea más importante que la de un hombre y su esposa? No, por supuesto que no, se los aseguro. Nadie lo hace. ¿Alguna vez han oído hablar de una relación entre un hombre y mujer en la que no exista armonía? ¿Alguna vez has visto una cosa así? Claro que sí, ¿verdad? Y no tienen que responderme porque conozco su respuesta. La falta de armonía no es agradable ¿verdad? Incluso no es agradable estar cerca de personas que no están en sintonía con las demás. Se puede convivir en armonía si se quiere, y es justo ahí en donde debemos comenzar la aplicación del principio del Trabajo en Equipo. Su esposa o su marido debe ser su primer aliado del Trabajo en Equipo. Tal vez eso implique tener que volver a cortejar a la pareja nuevamente, pero créanme que cortejar a mi pareja es una de las cosas que más he disfrutado en la vida. Es una experiencia maravillosa. Regresar el tiempo y cortejar de nuevo a nuestra pareja, mujer u hombre, es una experiencia maravillosa.

O, si ustedes son del tipo de personas que no se llevan bien con sus socios de negocios o compañeros con los que trabaja todos los días, procuren tender puentes de comunicación con ellos sobre una nueva base. Se sorprenderán de lo que una pequeña confesión de su parte puede lograr. Reconocer nuestras debilidades es realmente una cosa maravillosa. La mayoría de las personas afirman ser demasiado orgullosas para reconocerlo. Yo creo que es bueno reconocer nuestras limitaciones mediante la confesión.

Reconocer que a lo mejor no somos perfectos – quizás seamos buenos, pero no completamente perfectos.

Procuren establecer una mejor relación con la gente que contactan todos los días, sin importar quienes sean. ¡Qué cosa tan maravillosa sería que pudieran hacerlo! Claro que lo pueden hacer. Estoy seguro que pueden lograrlo. Sabemos que la falta de armonía en las relaciones humanas se debe a nuestra negligencia por cultivar ese aspecto. Nos descuidamos en construir nuestras relaciones humanas. Ustedes pueden lograrlo, todo está en que lo quieran hacer.

Y no olvidemos tampoco de presupuestar dinero para garantizar nuestra tranquilidad y seguridad para nuestra vejez, y para la seguridad de nuestros seres queridos, así como presupuestar el tiempo que será necesario para cumplir con los objetivos secundarios que forman parte de nuestro propósito principal. Escriban su propósito de vida, e incluyan sus objetivos secundarios, que son sus metas intermedias que se deben ir alcanzando para lograr su propósito principal.

Elaboren un plan definido para lograr la armonía en todas sus relaciones y en especial en los siguientes ámbitos: en el hogar, en sus trabajos, y en sus lugares de relajación y entretenimiento. Este objetivo secundario de las relaciones humanas es el más importante dentro de un propósito principal, pues se logra en gran medida a través de la cooperación de los demás. ¿Habían pensado en eso? Que las cosas que hacen en la vida, para que valgan la pena, tienen que hacerse mediante la cooperación armoniosa de otras personas. Pero, ¿Cómo pueden conseguir una cooperación armoniosa de los demás, cuando ni siquiera se preocupan por cultivar ese aspecto con sus semejantes?

Si no son capaces siquiera de entenderlos y reconocer sus propias debilidades.

¿Alguna vez han recibido de algún amigo el aprecio sincero por tratar de aconsejarlo en mejorar su actitud o cambiar de opinión acerca de algo? ¿Les gustaría tener un amigo que hiciera eso mismo por ustedes? En realidad nadie lo hace, ni les gusta hacerlo. Sin embargo, hay ciertas cosas que si se pueden hacer por un amigo, como puede ser siendo ustedes mismos un ejemplo a seguir. Dígale a alguien que está haciendo algo mal y seguramente lo mandará al diablo. Y la próxima vez que lo vea venir por la calle, con certeza cambiará de acera para evitarlo. Puede desarrollar maravillosas relaciones humanas, pero nunca criticando a la gente, ni haciéndoles ver sus defectos, porque todos padecemos de lo mismo. Lo mejor es hablar de las virtudes de una persona y de sus cualidades. Nunca he visto a una persona, por humilde que sea, que no tenga buenas cualidades. Y téngalo por seguro que si se enfocan en destacar esas cualidades, no encontrarán personas que les rehúyan o salgan de su camino cuando se topen con ellos.

No se debe dudar al elegir un propósito importante, aunque eso pudiera parecer en ese momento completamente fuera de nuestro alcance. Siempre está la posibilidad de prepararnos para lograr cualquier propósito que tengamos en la vida. Ciertamente, cuando elegí como mi propósito principal la organización y transmisión al mundo de la primera filosofía práctica del logro personal, eso era algo que estaba fuera de mi alcance. ¿Y qué creen que fue lo que me mantuvo firme a lo largo de 20 años de esfuerzos improductivos y de investigación, qué creen que fue lo que me mantuvo luchando y esforzándome a pesar de las criticas que recibía de la mayoría de las personas que conocía? ¿Qué creen que era? Era mi fe. Tenía mucha fe, la mantenía viva, moviéndola siempre como si supiera de antemano que iba completar la tarea que el señor Carnegie me había asignado. Hubo momentos en que parecía doblegarme y darles la razón a mis familiares y amigos de que era cierto lo que afirmaban, en el sentido de que solo estaba perdiendo el tiempo. Desde su punto de vista, su vara de medir y sus normas, había perdido inútilmente 20 años de mi tiempo. Pero desde el punto de vista de los millones de personas que se han beneficiado y se beneficiarán de mi trabajo, indudablemente esos 20 años fueron muy productivos y para nada perdí mi tiempo.

No se puede fracasar ¡cuando se tiene la convicción de que si se puede!, Si creen que pueden fracasar, fracasaran. Pero si continúan conmigo en este proceso el tiempo suficiente, les puedo asegurar que borraré la palabra fracaso de sus mentes.

La mayor demostración de la aplicación universal del principio de la definición de propósito se puede comprobar cuando observamos la manera en que la naturaleza lo aplica. Hay muchas formas en que la naturaleza se mueve con propósitos definidos. Y señoras y señores, si hay algo en este universo que es contundente, son las leyes naturales. No son modificables, no son susceptibles de contemporizar, ni tienen plazos de caducidad. No podemos evitar su acción, ni rehuirles. Sin embargo, podemos aprender de ellas y adaptarnos a ellas para beneficiarnos. Nadie ha podido comprobar que la ley de la gravitación se pueda evitar, ni siquiera por una fracción de segundo. Nunca ha sucedido eso, ni sucederá, porque toda la configuración de la naturaleza a lo largo de todo el universo es tan perfecta que se mueve con la precisión de un reloj.

Si quieren un ejemplo de la necesidad que tiene el individuo de ir por la vida con un propósito especifico, sólo tiene que voltear a las ciencias existentes hoy en día para ver la forma en que la naturaleza hace las cosas, ese es un claro ejemplo. El orden del universo y la interrelación de todas las leyes naturales, la fijación y relación de todas las estrellas y planetas - ¿no creen que es maravilloso ver a un astrónomo sentarse con un lápiz y una hoja de papel y poder predeterminar cientos de años con anticipación la relación exacta entre determinados planetas y estrellas? Por supuesto que eso no sería posible si no hubiera un propósito especifico y un plan para lograrlo. Averiguar cuál es ese propósito y su relación con nosotros como individuos, es la razón por la que están en este curso, y es el motivo por el que estoy instruyéndolos al respecto. Quiero compartirles algo de lo que he recogido de la vida y de las experiencias que he obtenido de muchos hombres y de mi propia experiencia, con el fin de que puedan adaptarse a las leyes de la naturaleza y puedan utilizarlas en su beneficio en lugar de abusar de ellas y ser negligentes en su uso.

Para mí, una de las cosas más horribles que pudieran suceder es llegar a ver que las leyes naturales pudieran alterarse. Imagínense, todo el caos que se generaría si todas las estrellas y planetas perdieran su relación de equilibrio entre ellas, harían ver a la bomba atómica como un simple petardo. Afortunadamente eso no sucede, porque la naturaleza tiene leyes muy claras y definidas en su funcionamiento, y por ello, los 17 principios que verán en este curso encajan perfectamente con todas ellas. Por ejemplo, si habláramos del principio de Recorrer el

Kilometro Extra, encontraríamos que la naturaleza es profunda en la aplicación de este principio. Cuando la naturaleza permite que los arboles produzcan flores, produce solo lo suficiente para resistir todos los daños que causan los vientos y tormentas. Cuando se reproducen los peces en el mar, la naturaleza no sólo produce lo suficiente para perpetuar esa especie, produce también lo suficiente para alimentar a sapos, serpientes, cocodrilos y todas las demás especies, con el fin que de que cada una de ellas cumpla con su propósito definido en el ciclo de vida. La naturaleza nos ofrece abundancia de recursos y obliga al hombre a hacer un esfuerzo adicional (el kilometro extra) para conseguirlo y no perecer. El hombre moriría inevitablemente si no se esforzara por conseguir el alimento. La naturaleza lo recompensa cuando sale y siembra un grano de trigo en el suelo, dándole a cambio 500 granos de recompensa por utilizar su inteligencia, nada justifica morir de hambre por la inacción. Si ustedes hacen su parte, la naturaleza hará la suya también, y lo hace en abundancia. O mejor dicho, superabundantemente.

Una de las cosas extrañas de la naturaleza es que si ustedes mantienen su mente enfocada en el lado positivo de la vida, llegan a potenciarlo más que su lado negativo. Reforzar ese lado positivo, los hace menos vulnerables a todas las cosas negativas que quieran penetrar en sus mentes e influir en sus vidas. Miren a su alrededor y encontrarán ejemplos de vida, de gentes a las que desearan emular y gentes que para nada emularían por ser unos fracasados. Me atrevo a asegurarles que a partir de este momento ustedes serán capaces de utilizar esta filosofía como una vara de medición, y que ante cualquier éxito o fracaso, serán capaces de averiguar la causa, y eso incluye también a ustedes mismos.

Con esto doy por concluida la discusión de la definición de propósito, el primer principio de *Su Derecho a Ser Rico*.

EL TRABAJO EN EQUIPO

El segundo principio de la obra *Su Derecho a Ser Rico* es el Trabajo en Equipo. Es el centro o eje de toda la filosofía. En pocas palabras, este principio consiste en una alianza de dos o más mentes que trabajan en perfecta armonía en el logro de un propósito definido. Según el Dr. Hill, nadie ha logrado un éxito sobresaliente en cualquier campo, sin que haya aplicado este principio. Lo que es lógico, pues no existe ninguna mente que sea autosuficiente por sí sola. Cada mente necesita asociarse y relacionarse con otras mentes para poder crecer y expandirse. Los logros que pueden resultar de esta sociedad son verdaderamente impresionantes. Y ahora, una vez más con ustedes, ¡Napoleón Hill!

En primer lugar, podemos definir a este principio del Trabajo en Equipo como el medio a través del cual se pueden aprovechar todos los beneficios de la experiencia, la formación, la educación, el conocimiento especializado y la influencia de otras personas, de manera tan completa como si la asociación de mentes fuera en realidad la propia. ¿No les parece maravilloso que aún cuando carezcamos de educación, conocimientos o influencias, siempre podremos satisfacer nuestra carencia, apoyándonos en alguien más que si posea lo que nos hace falta. Intercambiar favores y conocimientos es uno de los mayores privilegios de este mundo. Es agradable hacer negocios a cambio de dinero, porque nos deja una utilidad, pero en lo personal me resulta más gratificante intercambiar ideas con alguien más que hacer algo por dinero, ya que el intercambio mutuo de ideas, es algo que nos beneficia mutuamente.

Ustedes, por supuesto, saben que Thomas A. Edison ha sido quizás el más grande inventor que el mundo haya conocido jamás. A pesar que lidiaba todo el tiempo con cuestiones científicas, en realidad él no sabía nada en absoluto acerca de esas cuestiones. Seguramente dirán que eso es imposible, pues para tener éxito en cualquier proyecto que se emprende se requiere estar educado en el área donde se pretende triunfar. Cuando hablé por primera vez con Andrew Carnegie, me quedé asombrado cuando lo escuché decir que él personalmente no sabía nada sobre la fabricación o comercialización del acero. Quedé tan impactado por esa declaración, que le dije: "Bueno, señor Carnegie, entonces ¿Cuál es su trabajo aquí? ¿Qué papel juega?" "Bueno", me respondió, "Te voy a decir la parte que juego en esta empresa. Mi trabajo es mantener a los miembros de mi alianza de Trabajo en Equipo trabajando en un estado de perfecta armonía." Y le dije: "¿Y eso es todo lo que tiene que hacer?" Me contestó, "¿ alguna vez has intentado en tu vida convencer a dos personas para que se pongan de acuerdo en todo durante tres minutos consecutivos?" Le respondí: "En realidad, no lo he intentado", y me dijo: "Pues entonces, inténtalo algún día y ya verás el tipo de trabajo que es. Hacer que las personas trabajen juntas en un espíritu de armonía es uno de los más grandes logros de la humanidad." Acto seguido, el señor Carnegie procedió a describirme a cada uno de los miembros de su grupo de Trabajo en Equipo, para puntualizar el rol que él jugaba en cada caso. Comenzó con el metalúrgico, luego el jefe de químicos, su gerente de planta, su asesor legal, su staff de finanzas, y así sucesivamente recorriendo las líneas de mando hacia abajo. Era un grupo de más de 20 personas trabajando juntos, cuya educación, experiencia y conocimientos combinados conformaban todo lo que se requería saber sobre la fabricación y comercialización del acero en ese entonces. Y por ese motivo el señor Carnegie me dijo que no era necesario que él lo supiera, pues tenía al equipo de trabajo que mejor sabía sobre la fabricación y comercialización del acero, y por ello su función era exclusivamente asegurarse que ese equipo humano trabajara en perfecta armonía.

Ahora pasemos a la segunda premisa: una alianza activa de dos o más mentes, en un espíritu de armonía perfecta para el logro de un objetivo común, estimula la mente de cualquier individuo a realizar un mayor grado de esfuerzo que el que se experimenta normalmente, y con ello prepara el camino para que se manifieste el estado de ánimo al que llamamos fe. Como todos sabemos, es común que después de cierto tiempo las baterías de nuestros automóviles se descarguen y eso nos obliga a hacer algo al respecto. Es típico que una mañana en la que nos preparamos para abordar el automóvil para ir al trabajo nos encontremos con la desagradable sorpresa que no arranca. Y por más que intentamos nada sucede. Conozco gente que pasa por situaciones similares, nada sucede en su vida y eso los hace sentir mal. No tienen ánimo ni para levantarse de la cama, ponerse sus zapatos, vestirse, y ni siquiera comer ¿Qué necesitan estas personas? Lo que necesitan es ¡Recargar sus baterías! Por supuesto, y tienen que tener una fuente de alimentación de energía para hacerlo. Algo poderoso sucede cuando un hombre se levanta por la mañana sintiendo el ánimo por los suelos, y después de una breve charla con la esposa todo cambia hasta el grado de salir de casa con las baterías recargadas. Las esposas cumplen muy bien con este rol. Y cuando eso sucede, por lo general son recompensadas con regalos por sus parejas. Pero cuando la esposa no ayuda a levantar el ánimo del esposo, sufren también por la indiferencia del marido.

Tercera premisa: una alianza de Trabajo en Equipo, adecuadamente conducida, ayuda a estimular a cada una de las mentes de la alianza despertando su entusiasmo, iniciativa personal, imaginación y una motivación mayor que lo que experimenta cualquier individuo que se conduce por sí solo. En mis propios inicios, formé una alianza de Trabajo en Equipo de tres personas, en la que participaron el señor Carnegie y mi madrastra. Bastó con nosotros tres para nutrir esta filosofía en sus diferentes etapas, en las que no pude evitar ser el blanco de las burlas y mofa de mucha gente por servir al hombre más rico del mundo durante 20 años sin ningún tipo de compensación. Y había mucha lógica en lo que decían, porque hasta ese momento no era recompensado lo suficiente por mi labor, por lo menos en cuestión de dinero. Llegó un momento, sin embargo, en que esas risas se pasaron de mi lado, aunque lograrlo tomó mucho tiempo e involucró mucho sacrificio y lágrimas derramadas antes de lograr mi objetivo. Sin embargo, la relación entre nosotros tres, mi madrastra, el Sr. Carnegie y yo, me permitió soportar ese arduo camino y las criticas que recibí de mi familia, de mis amigos y de todo el mundo por el proyecto en el que me había comprometido.

Como bien saben, hay veces, que cuando quieren emprender algún proyecto que los destaque por encima de la mediocridad, es inevitable toparse con oposición a su proyecto, lo curioso es que quienes se oponen y burlan de su propósito, generalmente son aquellas personas más cercanas a usted, incluidos amigos y familiares. Para esos momentos difíciles siempre es bueno contar con alguien a quien acudir para que nos ayude a recargar baterías, a no dejarnos vencer por la adversidad, ni dejarnos apabullar por las críticas. Aprendan a que las críticas destructivas no hagan mella en su estado de ánimo, que se les resbale como si fuera agua. Yo soy inmune, absolutamente inmune a toda forma de crítica. No importa que sea constructiva o destructiva, simplemente soy inmune a ella, eso es todo. Y me volví inmune debido a mi relación con ciertas personas a través de los cuales he construido una inmunidad bajo mi alianza de Trabajo en Equipo.

Si no hubiera sido por mi relación con mi madrastra y el Sr. Carnegie, seguramente no estaría aquí hablando con ustedes muchachos esta noche. Ustedes no estarían aquí como estudiantes de esta filosofía y esta filosofía no se estaría extendiendo por todo el mundo ayudando a millones de personas, a pesar del millón de oportunidades que se me presentaron para desistir de seguir adelante. Y créanme, cada oportunidad resultaba muy atractiva, tanto que me hacía sentir estúpido cada vez que las rechazaba. Pero ante la duda, siempre estaba allí esa maravillosa relación con el Sr. Carnegie y mi madrastra, cada vez que recurría a ella, nos sentábamos a charlar un rato y me decía, "Saca tus armas, llegarás a la cima, sé que lo lograrás." En cierta ocasión que me encontraba sin que tuviera siquiera cinco centavos en mi bolsillo, me dijo, "Sé que llegarás a ser el más rico de la familia Hill, lo puedo ver en tu futuro." Cosa que es verdad, pues si pudiera reunir toda mi riqueza sospecho que sería mayor a la riqueza de tres generaciones juntas. Mi madrastra lo pudo intuir, porque sabía que lo que hacía, algún día me convertiría en un hombre rico, y al hablar de riqueza no me refiero únicamente a la riqueza monetaria, sino a la riqueza no material que se obtiene cuando se puede prestar servicio a tantas personas.

Cuarta premisa: para que sea efectiva una alianza de Trabajo en Equipo debe mantenerse activa, debe ser activa, no basta con formar una alianza con otras personas y decir: "Muy bien, ya juntamos el grupo de personas y ya somos una alianza de Trabajo en Equipo y eso es todo." Eso no significará absolutamente nada hasta que se active. Todos los miembros de la alianza tienen que cooperar y echarse la mano mental, espiritual, física, y económicamente, en todas las formas posibles, participando en la búsqueda de un objetivo definido y colaborando con perfecta armonía.

¿Saben la diferencia que existe entre una armonía perfecta y una armonía común? ¿Saben lo que es? ¿Cuántos de ustedes saben la diferencia entre la perfecta armonía y la armonía común? ¿Cuántos de ustedes alguna vez han tenido una relación de perfecta armonía con alguien más? Les confesaré algo: creo que he tenido relaciones armoniosas con más personas que cualquier ser viviente sin lugar a dudas. Pero quiero decirles que la perfecta armonía en una relación es la cosa más rara del mundo. Y creo que me bastaría contar con los dedos de mis dos manos a todas las personas con las que he tenido una relación de perfecta armonía. Tengo un conocido que es conferencista, que suele ser muy educado en sus discursos ante grandes auditorios, pero que pese a ello la relación es carente de perfecta armonía. Mi alianza de trabajo es con mucha gente, en la que no existe la armonía perfecta. La armonía perfecta sólo existe cuando la relación con los demás compañeros es tal que si ellos quieren algo que ustedes tienen, generosamente acceden a su petición. Se requiere de mucha generosidad para asumir esa actitud mental. El Sr. Carnegie enfatizaba una y otra vez la importancia de que existiera perfecta armonía en una alianza de Trabajo en Equipo, después de todo, es sólo la cooperación o coordinación de esfuerzos. Sin este factor de armonía, la alianza puede ser nada más una cooperación ordinaria o una relación amistosa de esfuerzos. El Trabajo en Equipo permite el acceso total a los poderes espirituales de los demás miembros de la alianza.

Quiero que subrayen esta parte en sus libros: el Trabajo en Equipo permite un acceso total a los poderes espirituales de los demás miembros de su alianza. No me refiero a los poderes mentales o financieros, sino a los poderes espirituales. Esa sensación que tendrán cuando comiencen a establecer su relación de Trabajo en Equipo será una de las experiencias más sobresalientes y agradable de toda su vida. Cuando se involucren en esta actividad del Trabajo en Equipo, quiero decirles que se llenarán de tanta fe, que podrán emprender cualquier proyecto decididamente. No dudarán, no tendrán miedo, ni limitaciones. Y esa es una actitud mental maravillosa a su alcance.

Quinta premisa: todo éxito individual, basado en cualquier tipo de logro por encima de la mediocridad, se logra a través del principio del Trabajo en Equipo y no por algún tipo de esfuerzo individual. Imagínense lo poco que se puede lograr si no se tiene la cooperación de otras personas. Supongamos que ustedes son profesionistas, dentistas, abogados, médicos, o que tienen cualquier otra profesión. Y supongamos que ignora cómo convertir a cada uno de sus clientes o pacientes en vendedores de sí mismos. Imagínense cuánto tiempo se requeriría para hacer de un cliente un vendedor de sí mismo. La gente profesional destacada sabe cómo hacer un vendedor de cada persona a la que atienden, y lo hacen todo en forma indirecta, no directamente. Lo hacen aplicando el principio del kilometro extra, saliéndose de su costumbre y prestando un servicio adicional a sus obligaciones. De ese modo transforman a sus clientes en vendedores.

La mayor parte del éxito es el resultado de tener suficiente poder personal para destacar por encima de la mediocridad aplicando el principio del Trabajo en Equipo. Durante el primer mandato de Franklin D. Roosevelt en la Casa Blanca, tuve el privilegio de trabajar con él como asesor confidencial. Y fui yo quien diseñó el plan de propaganda que retiró de los encabezados de periódicos la frase *depresión económica* y la sustituyó por la frase *recuperación económica*. Quizás haya personas aquí presentes que recuerdan ese Domingo Negro, cuando tuvimos una reunión en la Casa Blanca y los bancos estaban programados para cerrar el lunes por la mañana, ¿recuerdan el caos que se produjo en este país? Había largas filas de personas frente a los bancos de todo el país para retirar sus depósitos. Se reflejaba el pánico en sus rostros, habían perdido la confianza en su país, en sus bancos, en sí mismos, y en todo los demás. Supongo que todavía tenían algo de confianza en Dios, pero no mostraban signo de ello. Fueron momentos de miedo, si lo diré yo.

De esa citada reunión salió el boceto de un plan o proyecto que dio origen a una de las más sorprendentes aplicaciones del Trabajo en Equipo que esta nación haya visto jamás, y que dudo incluso que cualquier otra nación de la tierra haya concebido jamás. Fue cuestión de semanas para que pudiéramos erradicar el pánico de la gente, en solo días le devolvimos la confianza a la gente que había perdido todo su dinero con la crisis y sin lograr conseguir dinero en ningún lado, logramos devolver la sonrisa a sus rostros y a ahuyentar el miedo de sus vidas. Yo mismo perdí todos mis fondos en esa crisis, me quedé sin nada de dinero en absoluto. Pensaba que había sido muy precavido cuando me alertaron de lo que podría suceder y retiré del banco un billete de mil dólares. Sin embargo, no importaba si mi retiro hubiera sido de miles o centavos, pues nadie quiso cambiarme ese billete por carecer de valor el dinero en esos momentos. ¡Ni siquiera un centavo tenía valor! Pero aún así no deje invadirme por el miedo, porque todo el mundo estaba en la misma situación que yo.

Pero algo había que hacer al respecto. Franklin D. Roosevelt era un gran líder, tenía una gran imaginación y mucho valor, y esto es lo que hicimos. En primer lugar, teníamos de nuestro lado las dos cámaras del Congreso, que trabajan en armonía con el Presidente. Era la primera vez en la historia de esta nación que ambas cámaras del Congreso, tanto demócratas como republicanos, mantenían una relación armoniosa con la presidencia y que dejaron de lado sus credos políticos por el bien de la nación. En otras palabras, no había demócratas, ni republicanos, ahora eran solo ciudadanos estadounidenses respaldando al Presidente en todo lo que se pudiera hacer para detener esa estampida de miedo. Nunca he visto nada igual en mi vida. Espero no volver a verlo. Ojalá pudiera volver a ver esa solidaridad, pero no creo, porque era una gran emergencia en ese momento y urgía hacer al respecto.

En segundo lugar, la mayoría de los editores de periódicos del país publicaban todo lo que les enviábamos, nos dieron un espacio maravilloso. También contamos con el apoyo de los operadores de las estaciones de radio, que nos respaldaron a pesar de sus creencias políticas. Y qué decir de las iglesias, eso fue una de las cosas más bonitas que he visto en este país, ver a Católicos, Protestantes, Judíos y de todas las iglesias juntos colaborando unificadamente como estadounidenses. Era un espectáculo maravilloso. Una vista maravillosa. ¡Qué cosa tan maravillosa era ver todo aquello! Todos ellos respaldando al Presidente. Cada uno de ellos contribuyó de algún modo para el restablecimiento de la fe en la gente de este país.

Sin lugar a dudas, durante esos agitados días, quiero decirles que la mayoría de la gente con las que entraba en contacto, no dudaban en afirmar que el Sr. Roosevelt era la única persona., el más indicado que pudo haber manejado esa condición caótica con atingencia. Y no me malinterpreten, políticamente, sólo estoy hablando de un gran hombre que hizo un gran trabajo en un momento en que había que hacerlo, y lo hizo porque tenía una alianza de Trabajo en Equipo que trabajaba inmejorablemente.

Ahora veamos los diferentes tipos de alianzas de

Trabajo en Equipo que se pueden formar. En primer lugar, hay alianzas por razones puramente sociales o personales, constituidos por familiares, amigos y consejeros religiosos, donde no se busca ninguna ganancia de tipo material. Lo más importante en este tipo de alianzas es la que se da entre un hombre y su esposa.

Sería prácticamente imposible para mi, así fuera yo muy brillante y poseedor de poderes especiales de convencimiento, poderles enfatizar, a aquellos que estén casados, la gran importancia que tendrá la formación de una alianza de Trabajo en Equipo en sus matrimonios de acuerdo a la lección de esta noche. Les traerá alegrías en su vida que nunca soñaron, les traerá el éxito en su vida que nunca esperaron, y la salud a sus vidas que nunca esperaron alcanzar. Es algo perfectamente maravilloso cuando existe una verdadera alianza de Trabajo en Equipo entre un hombre y su esposa. No sé de nada igual que pueda equipararlo.

También están las alianzas de negocios o de tipo profesional, que conforman aquellas personas con motivos personales de carácter material o financiero relacionados con el objeto de sus alianzas. Me imagino que la mayoría de ustedes encajarían en esta categoría, ya que es de esperar que sus primeras alianzas sean con fines puramente económicos o financieros, lo cual es perfectamente legítimo. Esa es una de las razones por las que están tomando este curso, con el propósito de mejorar su situación económica y financiera. Y por lo mismo, este momento es el indicado para comenzar de inmediato la formación de una alianza de Trabajo en Equipo con ese propósito; y no se preocupen si solamente pueden hacerlo con solo una persona más, eso será suficiente, empezar con uno, y luego mirar a su alrededor hasta que los dos seleccionen a un tercero, y luego un cuarto y así sucesivamente. Lo importante es que al seleccionar a un nuevo participante todos los integrantes estén plenamente de acuerdo con la selección. ¿Lo entienden? Eso es determinante. El acuerdo general antes de incorporar nuevos elementos al grupo.

Como pueden ver, en una alianza de Trabajo en Equipo, no sobresale nadie ni domina el criterio de algún integrante, excepto, que en sentido general, siempre deberá haber una persona que sea el líder. Ese líder o coordinador, en todo caso no podrá ejercer un dominio sobre los demás integrantes, porque desde el mismo instante que quiera hacerlo, encontrará la resistencia y rebelión de los demás. Si bien no se trata de una rebelión abierta, en esencia es una rebelión y eso es lo que importa. Pues como ya hemos visto, una alianza de Trabajo en Equipo implica un continuo espíritu de perfecta armonía en el ambiente y en donde todos actúan como si fuera una sola mente.

El sistema estadounidense de libre empresa es otro ejemplo de la eficiencia que se logra a través del principio de alianza del Trabajo en Equipo. Este sistema es la envidia del mundo, ya que ha elevado el nivel de vida del pueblo estadounidense a su nivel más alto de todos los tiempos, y esto a pesar del hecho de que no hay una perfecta armonía, pero si un motivo poderoso. Este motivo para el sistema estadounidense de libre empresa, es el que inspira a cada individuo a realizar su mejor esfuerzo. Y dicho sea de paso, cada vez más la industria y los negocios están empezando a comprender que pueden ir un paso más allá que los demás, si tan solo en lugar de existir cooperación o coordinación de esfuerzos entre la dirección y los trabajadores, aplican la alianza de Trabajo en Equipo, compartiendo los problemas administrativos, las utilidades y todo el proceso de gestión. Y puedo decirles que donde quiera que he tenido éxito influyendo en las empresas para que adopten esa política, sus ganancias se han multiplicado como nunca antes, los empleados incrementan sus salarios sustancialmente, y todo mundo es feliz con los resultados.

Veamos las Instrucciones generales para la formación y mantenimiento de una alianza de trabajo en equipo. En primer lugar, definan un propósito especifico, que será el objetivo a cumplir de la alianza, luego elijan a cada uno de los integrantes cuya educación, experiencia e influencia sean de tal calidad que le aporten un valor mayor a la consecución de este fin. Muchas veces me preguntan los estudiantes respecto a cuál es el número ideal para formar una alianza de Trabajo en Equipo, y los criterios para seleccionar correctamente a los integrantes. La respuesta más cercana que puedo dar en ese sentido, es que el procedimiento es exactamente el mismo que si estuvieran empezando un negocio y estuvieran en el proceso de elegir a sus empleados, ¿qué tipo de empleado elegirían?

¡Maravilloso! ¡Casi veo las chispas volar! Sin lugar a dudas el primer requisito en la lista sería la confiabilidad de la persona, pues no querrían tener a alguien que no fuera confiable participando en una transacción comercial. No importa lo brillante o bien educado que fuera, ya que entre más educado y desconfiable fuera, más peligroso podría resultar para la empresa.

A la falta de lealtad la colocaría en el mismo rango. Si un individuo no es leal a quien le debe lealtad, entonces para mí no tiene carácter en absoluto y no lo querría dentro de mi grupo.

La confiabilidad y la lealtad, y después de eso ¿Qué más podríamos agregar? Su capacidad para hacer el trabajo. La capacidad. Dense cuanta que coloqué este rasgo en el tercer lugar de la lista. Porque no me interesaría la capacidad de la persona sin antes no haber comprobado que se trata de una persona confiable y leal. ¿Y que pondría en cuarto lugar de la lista?

En cuarto lugar, ¡por supuesto, una actitud mental positiva! ¿De qué les serviría tener a su alrededor a un aguafiestas que todo lo viera negativamente? ¿Para qué pagarle a alguien que solo viera problemas y malos resultados en todo lo que se hiciera. Y el número cinco de la lista ¿Cuál creen que sería?

Recorrer el Kilometro Extra, ¿y el número seis? ¿Cuál dirían que es?

¡La fe Aplicada! Ahora, déjenme decirles que, cuando encuentran personas que llenan estos seis requisitos, realmente están ante la presencia de alguien extraordinario.

Pues bien, volviendo al tema de las calificaciones que debe tener un aliado de Trabajo en Equipo: indudablemente deberá contar con esos seis rasgos que antes mencioné. Debe ser confiable, ser leal, demostrar capacidad, con una actitud mental positiva, con disposición a hacer un esfuerzo adicional al esperado, y demostrar fe aplicada. Así que esas son las calificaciones que debe reunir cualquier candidato a formar parte de una alianza de Trabajo en Equipo. No se conformen con menos. Si encuentran personas que tengas cinco de esas cualidades y no los seis rasgos, es mejor ser cautelosos con ellos antes de invitarlos a formar parte de un proyecto, ya que todos los rasgos son esenciales para la buena consecución del mismo. Ustedes pueden comprobar que esto es verdad. No se puede tener perfecta armonía a menos que se esté trabajando con alguien que cumpla al 100 por ciento con esos seis requisitos. Sin esas condiciones, simplemente no pueden tener una alianza de Trabajo en Equipo. Quizás podrán tener un agradable ambiente de trabajo, como lo tiene mucha gente, pero el trabajo en equipo abarcaría todos los valores potenciales que debe abarcar una alianza de ese tipo.

El siguiente paso es determinar el beneficio que recibirá cada miembro a cambio de su cooperación en la alianza. Y recuerden, señoras y señores, nadie hace nada a cambio de nada. En verdad, nunca lo hacen. Quizás me dirán que cuando se enamoran de alguien, no lo hacen esperando algo a cambio. ¿De verdad lo hacen sin esperar ser correspondidos? Bueno, déjenme decirles algo al respecto, cuando se enamoran perdidamente son ustedes unos privilegiados, porque amar es un gran privilegio aunque no sean correspondidos, ya que disfrutan de los beneficios de ese estado mental conocido como amor, y al disfrutarlo están recibiendo algo a cambio por experimentar esa hermosa sensación.

Nadie trabaja sin algún tipo de compensación. Y hay muchas formas diferentes de compensación, por lo que no esperen que sus aliados del Trabajo en Equipo les ayuden a generar una fortuna o hacer algo a menos que ustedes no participen por igual en los beneficios derivados de esa alianza. Todo participante se debe beneficiar por igual, ya sea que se trate de un beneficio monetario, de un beneficio que brinde felicidad o paz mental, o de un beneficio social, o de cualquier otro tipo de beneficio. Nunca le pidan a alguien que haga algo, sin antes asegurarse de brindarle a esa persona un motivo suficiente para hacerlo.

Si fueran al banco y pidieran prestado 10.000 dólares, ¿Cuál sería un requisito suficiente para otorgarles el préstamo? Dos requisitos, ambos orientados a garantizarles al banco obtener ganancias financieras. Los bancos siempre están encantados de prestar la mayor cantidad de dinero que sea posible, siempre y cuando reciban tres dólares por cada uno que prestan, y tener la garantía que recuperaran su desembolso. Quieren garantías y aparte sacar provecho de ese préstamo, pues finalmente esa es la razón por la que existen. Ahora bien, hay otras operaciones que no se basan en motivaciones monetarias. Por ejemplo, cuando un hombre le pide a la chica de su elección casarse con él, ¿cuál es el motivo en este caso? A veces, teóricamente el amor mismo, así es.

¿No es interesante? Les aseguro a todos ustedes que están aquí sentados, que cada uno tiene una idea o definición diferente del motivo que lleva a un hombre a pedirle matrimonio a la chica de su elección y ella acepta. ¿Por qué suelen ellas aceptar la propuesta?

Quiero contarles que cuando mi padre llevo a mi madrastra a la casa, no era más que un granjero que nunca había usado camisa blanca y corbata, tenía miedo de vestir así, pues estaba acostumbrado a usar camisas azules de algodón. Mi madrastra era diferente, era una mujer de universidad, bien educada. Eran tan diferentes como el Polo Norte y el Polo Sur, que llegué a preguntarme toda mi vida como es que estaban juntos, hasta que un día entendí cómo fue que sucedió. Ella fue capaz de convencerlo. Por supuesto, con el tiempo ella logró que él vistiera formalmente de camisa blanca haciéndolo ver respetable, y luego consiguió interesarlo en el dinero hasta transformarlo en un hombre excepcional, y cuando eso ocurrió, le dije a ella, ¿cómo es que pudo transformar a mi padre de esa manera? Todavía recordando lo rudimentario que vestía y hablaba, y en ocasiones lo penoso de su comportamiento, le dije: "¿Cómo lo pudo convencer, cual fue el motivo?" y ella me respondió: "Bueno, te lo diré, en primer lugar, me di cuenta de que corría muy buena sangre por sus venas, que tenía muchas posibilidades y que podría ayudarlo a llevar a cabo todo lo que se propusiera," y así lo hizo.

La Sra. de. Henry Ford y la Sra.de Thomas A. Edison son dos de los ejemplos más destacados que he utilizado en repetidas ocasiones para mostrar lo que una mujer puede hacer para convertir a sus maridos en hombres exitosos. De no haber sido por el conocimiento que tenía la Sra. Ford del principio de la alianza de Trabajo en Equipo, aunque ella lo llamara de otra manera, el Sr. Ford nunca habría sido famoso, el automóvil Ford nunca se habría fabricado, y dudo que la industria del automóvil se hubiera desarrollado hasta lo que es hoy en día. La señora Ford siempre estaba detrás de los éxitos del Sr. Ford, motivándolo a seguir adelante, manteniéndolo siempre alerta, levantándole la moral y confianza cuando la situación se ponía difícil, y ayudando a su esposo a ser inmune a las inevitables criticas por sus ideas vanguardistas. Justo igual que la andanada de críticas que yo recibiera por trabajar por nada para el hombre más rico del mundo. La Sra. Ford siempre estuvo apoyando y motivando a su marido en esos momentos difíciles, de los que nadie está exento en ningún momento de nuestras vidas.

Ahora es diferente, muchas veces, la mujer se casa con

el hombre porque ve en él la seguridad económica, porque ve futuro en la relación o por la estabilidad en su futuro juntos. A veces son las consideraciones monetarias de por medio, a veces es el amor, a veces es una cosa y a veces otras. Lo cierto es que cada vez que alguien se involucra en cualquier transacción, siempre hay un motivo detrás, de eso tengan toda la seguridad. Sea lo que sea, siempre que quiera que alguien haga algo, elija el tipo de motivo y plántelo en la mente bajo las circunstancias adecuadas y conviértase en todo un vendedor.

A continuación, establezca un plan definido a través del cual cada miembro de la alianza aporte su contribución en el trabajo hacia el logro del objetivo de la alianza y acuerden un plazo definido para su cumplimiento y un lugar para la discusión mutua del plan. Ser imprecisos en este punto los llevará a la derrota. Procuren que haya un contacto habitual entre todos los miembros de su alianza. ¿Han oído hablar de grandes amistades que de pronto se enfrían hasta llegar a desaparecer? ¿Cuántos han tenido esa experiencia? Por supuesto, que lo hemos experimentado la mayoría de nosotros, indudablemente. ¿Y a que creen que se debe que eso ocurra? ¡A nuestro descuido! ¡A que descuidamos de nutrir esa relación! Si tienen amigos muy cercanos y queridos, la única manera de conservarlos es manteniéndose en contacto con ellos constantemente. Una simple tarjeta postal de vez en vez puede significar más de lo que se imagina. No es más que una tarjeta postal ocasional.

Tengo una estudiante que fue alumna de mi clase en 1928, en la ciudad de Nueva York, y que nunca ha dejado de enviarme una tarjeta de felicitación en uno solo de mis cumpleaños. Una vez que se encontraba de vacaciones se había olvidado de enviarme su tarjeta hasta que lo recordó ya tarde ese día, y decidió enviarme un telegrama para no dejar pasar la ocasión de felicitarme. En otras palabras, ha sido la estudiante más constante que he tenido de los muchos miles que tengo por todo el país. Pues bien, como resultado de esa deferencia que ella siempre ha tenido hacia mi persona, he podido corresponderle ayudándola de una manera empresarial, y la última vez que pude hacerlo fue a través de una promoción, que le representó casi unos 4.000 dólares al año, que es una pequeña cantidad de retribución por su interés de mantenerse en contacto conmigo. Una pequeña compensación. Pero lo cierto es que deben procurar mantenerse en contacto con sus aliados del Trabajo en Equipo, mantener habitualmente puntos de encuentro, y mantenerse activos. Si no lo hacen, corren el riesgo de que la relación se enfríe o se vuelva indiferente, hasta que finalmente llegue a desaparecer.

Con esto concluye la discusión del Trabajo en Equipo, el segundo principio de *Su Derecho a Ser Rico*.

FE APLICADA

El tercer principio de *Su Derecho a Ser Rico* es la Fe Aplicada, que junto con la Definición de Propósito y el Trabajo en Equipo, son los 3 grandes de los 17 Principios. Unas breves palabras de introducción: este principio no se involucra con algún tipo de doctrina religiosa en específico. Ya que de acuerdo a la definición que aquí se utiliza para la Fe, se define como un estado mental activo en el que existe una relación de la mente con la gran fuerza eterna del universo. La fe es esa sensación que experimentan los seres humanos de los poderes que le rodean en el mundo, y la armonización de esos poderes con sus vidas. En un análisis final podemos decir que la fe es la actividad de cada mente en la que individualmente va descubriéndose a sí mismo y va estableciendo una asociación de trabajo con ese gran poder al que llamamos la Mente Universal, la Mente Divina o Dios. En los audios escuchará al Dr. Hill referirse a este poder como la Inteligencia Infinita, la fuente de toda energía de vida, o la fuerza cósmica del universo que habitamos. La palabra *aplicada* indica acción. Por lo que este principio no es pasivo, sino activo. Es aplicar la fe para el logro de su principal propósito en la vida, y de hecho, esa realización de su deseo es el resultado de esa acción.

Si ya tuvieran un propósito principal, supieran exactamente lo que quieren hacer, ya tuvieran formada una alianza de Trabajo en Equipo con la gente que les ayudará a conseguir ese propósito, y si además también tuvieran la fe suficiente para seguir adelante en todo este proceso, ¿no creen que ya tendrían todo lo que necesitan? En tal caso, ¿Para qué necesitarían los 14 principios restantes? Bueno, la respuesta es que ¡necesitarían esos 14 principios adicionales para inducirlos a que utilicen estos tres!

Se necesita también de la iniciativa personal, de la imaginación, del entusiasmo, en otras palabras, esta filosofía es algo así como hornear un pastel. Cuando ustedes van a hacer un pastel, no sólo ocupan un ingrediente, ponen un poco de esto, un poco de aquello, y un poco de esto otro, y después ponen en la estufa todo el preparado que hicieron para hornearlo. Pero si a ese preparado le faltara alguno de los ingredientes es seguro que el pastel no resultaría. Eso mismo pasa con esta filosofía, no podemos prescindir de ninguno de sus 17 principios, pues sería como si a una cadena le quitáramos una parte, ya no sería una cadena, ya que tendríamos dos partes de una misma, pero nunca la pieza entera. Los otros 14 principios cumplen con el propósito de apoyar a estos tres.

La fe es un estado mental al que se le llama el resorte principal del alma, a través del cual le damos forma física o su equivalente financiero a nuestros objetivos, planes y propósitos. Estos son los fundamentos de la fe. Ahora, cuando hablamos de la fe aplicada, señoras y señores, nos referimos a algo totalmente diferente de lo que es la simple creencia. Pero ¿A que nos referimos cuando agregamos la palabra aplicada? ¡A la Acción! Es la parte que le da acción a las cosas. Tener simplemente fe sin que haya acción de por medio, es equivalente a soñar despiertos. Ustedes conocen a mucha gente que dicen creer en algo pero que no hacen nada por respaldar su creencia. Solamente sueñan despiertos porque su fe carece de acción.

Ahora veamos los fundamentos de la fe, que son, en primer lugar, la definición de propósitos respaldados por la iniciativa personal y la acción. Acción, acción, y entre más acción, mejor. La acción constante, no sólo de su parte, sino también de aquellos que pudieran estar cooperando con ustedes como parte de su alianza de Trabajo en Equipo.

Como siguiente paso, es esencial tener una mente positiva libre de todo aquello negativo como el miedo, la envidia, los celos y la codicia. La actitud mental determina la eficacia de las cosas. La actitud mental. ¿Sabían ustedes que la actitud mental que tienen cuando se ponen a orar es lo que determina los resultados de sus peticiones? No hay ninguna duda al respecto. Hagan la prueba con ustedes mismos y averígüenlo. No dudo para nada que así es. Y tampoco dudo que ya hayan vivido la experiencia de orar sin lograr ningún resultado a sus peticiones. ¿Verdad que ya les ha pasado? ¿Cuántos de ustedes han vivido esa experiencia? Oh, vamos, sean honestos. ¿Creen que nadie haya experimentado eso en alguno u otro momento? Quiero decirles que cuando quieran orar demuestren una absoluta fe en lo que piden, imagínense a ustedes mismos ya en poder del favor que están pidiendo y véanlo como toda una realidad, los resultados serán sorprendentemente positivos.

Después, formen su alianza de Trabajo en Equipo con una o más gentes que demuestren una firmeza de convicción basada en la fe y que estén coordinados mental y espiritualmente para llevar a cabo el objetivo a lograr. Con esto, me refiero a los elementos, partes importantes, o condiciones existentes para que se manifieste la fe aplicada.

Como siguiente paso, reconozca el hecho de que toda adversidad lleva consigo la semilla de un beneficio equivalente, y que la derrota temporal no es un fracaso hasta que haya sido aceptada como tal. ¿Saben en qué momento la mayoría de la gente se deja vencer al aplicar su fe? Cuando son derrotados y lo aceptan como algo que ya no se puede hacer algo al respecto. En lugar de comenzar de inmediato a buscar la semilla de un beneficio equivalente que trae consigo cada derrota, transforman su carácter en mal humor, depresión, desaliento, y complejo de inferioridad en lugar de invertir el orden y concebir esa derrota como algo temporal, y hacer un esfuerzo adicional por revertir la adversidad.

El siguiente paso, es reafirmar su propósito principal en forma de una oración, repitiéndola al menos una vez al día. A partir de aquí, la mente subconsciente sólo hace caso de lo que ustedes le digan, o de lo que otra persona o circunstancias de la vida autorizadas por ustedes le digan. Y no sabe distinguir la diferencia entre una mentira y una verdad. No sabe la diferencia entre un centavo y un millón de dólares, acepta las cosas que ustedes le envían. Por eso si ustedes le envían al subconsciente pensamientos de pobreza, mala salud y fracaso, ¡eso es exactamente lo que obtendrán! No importa cuánta fe pueden tener. Más adelante veremos que el subconsciente responde a la actitud mental dominante que tengan durante el día. Esa es la razón por lo que tenemos que reafirmar una y otra vez los propósitos que pretendemos alcanzar en la vida, hasta educar al subconsciente para atraer de forma automática aquellas cosas que se relacionen con ese objetivo. Su mente es como un electroimán, que una vez que la carga con una imagen clara de lo que quieren lograr, el subconsciente lo busca y atraerá aquellas cosas que necesite para llevar a cabo su propósito.

Después viene el reconocimiento de que existe una inteligencia infinita que da orden al universo entero. Ustedes como personas, son una expresión diminuta de esta inteligencia, y como individuos, su mente no tiene limitaciones, excepto las que ustedes mismos establecen para su propia mente. La mente no tiene limitación alguna, salvo las limitaciones que deliberadamente ustedes determinan. Eso sí que es una declaración bastante reveladora, ¿no creen? Pero indudablemente los logros de hombres como el Sr. Edison, el Sr. Ford, el Sr. Carnegie, y hasta me incluyo en la lista si me lo permiten, son una muestra de que la mente no tiene limitación alguna, salvo cuando nosotros mismos la limitamos. Y me incluyo en la lista porque de haber dudado por un segundo en mi creencia de esta filosofía, desde el momento en que la empecé a trabajar con el Sr. Carnegie hasta el momento en que la di a conocer al mundo, nunca lo habría hecho. ¿Qué tuve que hacer? ¿Tienen idea de que fue lo que más influyó en mí para que lo lograra? No fue ni brillantez, ni tampoco que tuviera una inteligencia excepcional, pues no soy más brillante ni inteligente que la persona promedio.

Fue algo distinto el responsable de que lograra mi objetivo. Fue mi creencia de que podría lograrlo, y nunca dejé de creer en ello. Entre más difíciles se ponían las cosas, más crecía mi fe de que lo haría. Y quiero decirles que si ustedes adoptan esa misma actitud consigo mismos ante cualquier adversidad, críticas y gente en contra, manteniendo firme su creencia de que lograrán lo que se han propuesto, en ese momento estarán ustedes poniendo en acción su fe, y estarán utilizando la fe aplicada.

Como saben, hay momentos que la vida nos pone a prueba. ¿Habían pensado en eso? Nadie puede llegar a lo más alto y seguir allí ¡sin que sean sometidos a estas pruebas! Nadie escala las más altas posiciones en una empresa bien administrada sin antes haber pasado por las posiciones más bajas, y paso a paso irse ganando el derecho a las posiciones más encumbradas. No sé cómo el Creador dirige su negocio por completo, pero si tengo idea de que le gusta que entendamos una parte importante de sus acciones. Por supuesto, es mucho más lo que no logro entender, pero definitivamente lo que si comprendo es que no permite que nadie aspiremos a altos logros sin antes someternos a pruebas difíciles, y una de las cosas más asombrosas que he encontrado en mi marco de investigación es que los hombres de grandes logros en todos los ámbitos de la vida, a lo largo de la historia, fueron muy buenos sólo en proporción a las derrotas que habían sufrido y a las adversidades que habían enfrentado. Es asombrosamente coincidente que en cada uno de estos sobresalientes personajes su éxito fuera en proporción exacta a las adversidades que enfrentaron y a las derrotas que tuvieron que luchar para superarlas.

Acostumbraba hablar de mis desventuras y derrotas, hasta que me dijeron que no era una buena idea para alguien vinculado a los negocios. Bueno, yo sigo pensando que es buena idea compartirlo, sigo creyendo que es una buena idea, porque si supieran la gran cantidad de derrotas que he tenido que enfrentar y aún así mantener el optimismo para dar a conocer esta filosofía, seguramente dirían: "¡Si el Dr. Hill lo pudo lograr, entonces yo también lo puedo hacer!" Y por supuesto, esa es la única razón, por la que siempre procuro hablar de ello.

Fomenten el hábito de reafirmar su propósito principal en forma de plegaria, al menos diariamente, y su reconocimiento de que existe una Inteligencia Infinita, sin importar el término con que lo reconozcan, llamándole Dios, Jehová, Buda, o Mahoma. Lo importante es ser conscientes que esa Inteligencia Infinita es la primera causa responsable de este gran universo en que vivimos, ustedes, yo y todo ser viviente. Yo lo llamo la Inteligencia Infinita, porque tengo alumnos de todas las creencias y religiones de todo el mundo, y al llamarlo Inteligencia Infinita mantengo un punto de vista neutral al respecto que nadie puede objetar. Por consiguiente, creer en ese ser superior es el requisito primordial para el uso total de la fe aplicada, pues al poner en duda su existencia o exigir evidencias se pone en duda la propia fe.

Uno de mis estudiantes un día me preguntó mi concepto de Dios, y mi concepto de la Inteligencia Infinita, y si ésta ultima significaba lo mismo que Dios. Le respondí, "Para mí significa lo mismo" y me respondió: "¿Puede probar la existencia de Dios?" Y le dije: "Bueno, todo en el universo es la mejor evidencia de la existencia de Dios, todo el orden del universo. Desde las partículas más pequeñas de la materia, los electrones y protones, hasta los soles más grandes que flotan por los cielos, todo sigue un orden, sin caos, ni planetas siguiendo cursos ilógicos de desplazamiento." ¿Acaso no es suficiente evidencia de que todo lo que existe es creación de él? Si no creen que exista, si no lo aceptan, porque no lo ven ni lo sienten, entonces no aceptarán que somos una parte mínima de la Inteligencia Infinita, expresándose a través de sus cerebros. Pero cuando admiten su existencia, reconocen la veracidad de lo que les digo, que sus únicas limitaciones son las que ustedes mismos le ponen a sus propias mentes.

A continuación, hagan un cuidadoso inventario de aquellas derrotas y adversidades del pasado donde era evidente que llevaban consigo una semilla de un beneficio equivalente. Escucharme decir que toda adversidad lleva consigo la semilla de un beneficio equivalente, que cada derrota, cada fracaso lleva consigo esa semilla, no significará nada para ustedes, a menos que sepan sacar provecho de esas malas experiencias y apliquen esa enseñanza ante adversidades futuras. Esa es la razón por lo que quiero que examinen cada adversidad para que reconozcan esa semilla del beneficio equivalente.

¿Sabían que las adversidades muchas veces son las bendiciones más grandes? ¿Sabían eso? ¿Sabían que detrás de cada adversidad una bendición muy grande está por llegar a sus vidas? Aquellos de ustedes que saben mucho acerca de mi vida, seguramente saben de lo que estoy hablando. Por supuesto, me estoy refiriendo a la perdida de mi madre. Ciertamente suele ser la catástrofe más grande que pudiera enfrentar un niño de nueve años, como fue mi caso. ¿Por qué digo que ese hecho tan lamentable fue mi bendición más grande? Porque trajo a mi vida una nueva madre que transformó mi destino y fue responsable de todo lo que he logrado hasta ahora, y de todo lo que aún me queda por alcanzar. Sin su influencia y apoyo sería un montañés embriagándome de licor y lidiando con la vida rústica que solía tener de niño. Mis familiares siguen haciendo la misma cosa. Y de no ser por mi madrastra, mi futuro habría tenido ese mismo destino. He enfrentado innumerables adversidades, y puedo asegurarles que si no hubiera vivido por lo menos 20 de esos infortunios no habría podido llevar a buen fin y demostrar la validez de esta filosofía, ni hubiera podido confirmar que en cada adversidad hay una semilla de un beneficio equivalente.

¿Pueden imaginarse alguna adversidad peor para un padre que llegar a un hospital y ser informado que su hijo recién nacido llegó al mundo sordo y con la discapacidad de no poder hablar? ¿Pueden imaginarse algo peor que eso? Sin embargo, siempre estaré agradecido de que eso haya ocurrido, porque me acercó a la Inteligencia Infinita, y pude conseguir ayudas auditivas que le permitieron a mi hijo recuperar con el tiempo hasta el 100 por ciento su capacidad auditiva. Logró aprender a vivir una vida normal, y me dio la demostración más grande de toda mi vida acerca del ¡poder de la fe! No creo que hubiera podido reforzar mi fe de alguna otra manera. ¡Ni mucho menos a través de las experiencias de otras personas! ¡Tenía que llegar a mi vida de primera mano! Nunca me resigné y acepté que mi hijo viviera con ese problema, ni siquiera cuando me enteré antes de verlo, ni mucho menos después de conocerlo, simplemente nunca me di por vencido. En cambio mi familia estaba resignada y querían inscribirlo en una escuela para niños discapacitados, con el fin de que aprendiera el lenguaje de signos y a leer los labios. ¡Yo no quería que él aprendiera a comunicarse de ese modo! Así que cuando llegó a la edad de asistir a la escuela, lo inscribí en una escuela normal y tuve que lidiar año tras año con las autoridades del colegio para que no lo canalizaran a una escuela de niños discapacitados, ya que no quería que mi hijo atestiguara todo tipo de discapacidades físicas que vería todos los días en ese lugar.

Desde un principio le hice ver a mi hijo que su defecto físico lo tomara ¡como una gran bendición! ¡Y se lo creyó! Y es que la gente al ver su discapacidad se compadecía de él ayudándolo de muchas maneras, cosa que no habría ocurrido de haber sido perfectamente normal. Fue así como consiguió trabajo como vendedor del diario Saturday Evening Post. A menudo salía con 5 dólares de mercancía y volvía con 10 dólares en efectivo. Lo hizo muchas veces. La gente lo miraba, y decía: "Pobre niño, es sordo y tiene que vender periódicos para vivir, seguramente sus padres son pobres", y de inmediato le daban un billete de un dólar en lugar de los cinco centavos que costaba el diario. Así fue como obtenía múltiples ganancias al vender a dólar cada ejemplar.

Hoy vive su vida de manera perfectamente normal, porque le enseñé que cualquier infortunio, ¡se puede transmutar en un beneficio! Es asombroso que eso ocurra, ¿verdad? Pero debemos admitir que es cierto, porque lo es.

Como les dije anteriormente, el hecho de solamente escucharme hablar de la fe aplicada no tendrá ningún valor hasta que ustedes mismos comiencen a aprender de sus propias experiencias, hagan su inventario y confirmen por sí mismos lo que suceda en eventos futuros. Por supuesto que enfrentarán inevitablemente eventos desagradables, como le sucede a todo el mundo, pero hagan lo que yo hago cuando eso sucede, de inmediato transformo esos sucesos desagradables en cosas valiosas. Y continuando con el tema de los fundamentos de la fe. Un factor importante de la fe aplicada es sin duda la autoestima expresada a través de la armonía con nuestra propia consciencia. ¿No les parece grandioso que el Creador haya nombrado para todos nosotros los seres humanos un juez que nos dice lo que es correcto e incorrecto, y sin necesidad de preguntarle a alguien lo que es debido o indebido, pues nuestra conciencia nos lo dice? Pese a ello, muchas veces nos volvemos conspiradores en vez de cooperar con nuestra conciencia como mucha gente lo debiera hacer. Así como nuestra conciencia puede ser nuestra guía, también la podemos corromper si conspiramos contra ella para cubrir nuestras mezquindades. Desafortunadamente, es lo que mucha gente hace, utilizarla mal, y créanme, hasta el grado de agobiarla. Si eso no ocurriera, no habrían tantas bestias sueltas por el mundo actualmente, inventando planes para iniciar guerras cada vez más grandes y sangrientas. Esa gente carece de conciencia, la mataron y acabaron con su belleza.

Ahora veamos cómo crear una actitud mental favorable para la expresión de la fe. Esto es lo que deben hacer: en primer lugar, saber lo que quieren, y determinar lo que hay que dar a cambio de ello. Sepan lo que quieren en la vida. Y me refiero no sólo al propósito principal sino también a los objetivos de menor importancia, como por ejemplo, el tipo de casa en que les gustaría vivir, el tipo de carro que quisieran tener, la ropa que les gustaría vestir, el tipo de educación que desearían para sus hijos, la clase de regalos que les gustaría comprar a la esposa de cumpleaños

- y aquí lo mejor es que se aseguren de comprar ese regalo en cada cumpleaños si es que desean mantener su relación en buenos términos con ella. Y en el caso de las señoras, el tipo de pastel que le gustaría hacer para agasajar a su esposo en su cumpleaños.

¿Sabían ustedes señoras y señores, y en particular aquellos que están casados, que en una relación matrimonial lo que más cuenta son los pequeños detalles y no las grandes cosas o costosas. En efecto, las pequeñas sutilezas son las más valiosas, como cuando mi esposa me cocina. Y no me refiero especialmente a los alimentos, sino más bien a todos los pequeños detalles que engalanan ese momento cuando estoy en la intimidad del hogar. Pareciera que no significan mucho pero en realidad son muy importantes para mantener nuestra relación viva igual que la solíamos tener antes del matrimonio. Todavía nos gusta cortejarnos mutuamente. Incluso, ahora busco halagarla más de lo que lo hacía antes, porque después de todo, ahora no sólo la tengo conmigo, también tengo que mantenerla a mi lado. ¡Oh, vieran como nos divertimos! Desde luego, esta información íntima no aparecerá en sus notas, pues únicamente lo menciono para que vean que esas cosas que hacen la alegría de mi vida también la pueden disfrutar en sus relaciones. Porque sé que son las pequeñas cosas de la vida lo que hacen la diferencia entre la felicidad y la desdicha.

Y ahora como siguiente paso, les recomiendo que cuando reafirmen el propósito de su deseo a través de la plegaria, permitan que su imaginación los haga ver y sentirse ya en posesión de las cosas que anhelan. Ahora bien, puede que me digan que para hacer eso se necesita de mucha fuerza de voluntad, mucha determinación, y eso es verdad, pero manteniendo firmeza en su propósito comprobarán que lograrlo no es tan difícil como parece. En primer lugar, para mi es fácil lograrlo porque nunca persigo un propósito sin que primero me convenza completamente de la idea que no sólo tengo el derecho de obtenerlo, sino que merezco ese derecho, dando algo a cambio. Y eso es el mejor arte de venta o convencimiento en el mundo, cuando ustedes tienen la convicción de cómo vender una idea, persona, mercancía, o servicio, o cuando saben positivamente que van a darle un valor a su dinero.

Como ya lo he repetido en numerosas ocasiones, señoras y señores, y con el riesgo de parecerles aburrido, tengo que repetirles una vez más que si quieren que sus oraciones sean eficaces, nunca esperen a verse en alguna necesidad para orar. Construyan el hábito de rezar aunque el momento no lo amerite. ¿Y para qué orar entonces? ¡Si no hay necesidad de hacerlo! Al contrario. Qué tal si agradecen por las bendiciones que ya tienen, ¿Qué opinan? ¿Qué les parece si hoy mismo antes de acostarse por la noche se comprometen hacer la tarea de escribir su agradecimiento por todo lo que tienen en la vida? Esto se los dejo de tarea para que lo lleven a cabo cada uno de ustedes. Les sorprenderá comprobar la gran cantidad de cosas que tienen y que son motivo de agradecimiento. Escriban una lista de ellas, y expresen su gratitud por tenerlas. Incluso pueden empezar agradeciendo el privilegio por las libertades de expresión, acción, pensamiento y oportunidades que gozan en este país. De ahí en adelante incluyan todas las bendiciones que han recibido de la vida. Después, hagan de esto un hábito y expresen su gratitud todas las noches y todos los días.

Mantengan su mente abierta a la orientación que reciban desde su interior. ¿A que me refiero con eso? ¿Saben de lo que estoy hablando?

Sí, ¡de las corazonadas o presentimientos! ¿Y qué es lo que deben evitar? ¡La falta de respeto! No sean desatentos con sus corazonadas, trátenlas con cortesía, analícenlas y comprobarán que son mensajes que llevan consigo acciones que deben emprender de inmediato para propósitos de éxito en lo que sea. Y cuando se sientan inspirados por corazonadas dejen que su imaginación trabaje en un plan que los guíe en la dirección que desean, acepten ese plan y actúen en consecuencia. Recuerden siempre que para que se manifieste ese estado mental a lo que llamamos fe debe haber acciones consecuentes, porque la fe sin acción es palabra muerta.

Cuando tengan que enfrentar la derrota, como suele pasar muchas veces, recuerden que la fe del hombre es puesta a prueba muchas veces, y su derrota puede ser sólo una de esas pruebas. Es asombroso y alentador saber que cuando nos encontramos de frente con la derrota, probablemente nuestro Creador solo nos está poniendo a prueba para saber de lo que estamos hechos, para ver si somos hombres o gusanos. Y créanme, todos pasamos por esa fase de prueba. Y aquellos que sobreviven a ellas y demuestran una fe inquebrantable son los únicos que llegar a ser verdaderamente grandes en sus vidas.

Creo que no hay duda alguna que el Creador diseñó un plan para asegurarse que todo aquel que asciende a posiciones por encima de la mediocridad tenga que pagar el precio de someterse a una prueba tras otra en cuanto a la expresión de su fe. No creo que haya alguna duda al respecto. Por todas partes veo evidencias de ello. Todo estado de mental negativo destruye el poder de la fe y da lugar a un clímax negativo, debido a que el estado mental lo es todo. ¿Por qué creen que en mis notas de este curso he subrayado precisamente ese pensamiento "su estado mental lo es todo"? Lo destaqué para dar énfasis. ¿Pero, por qué creen que quise hacer hincapié en ese punto? Es correcto, ¡porque su mente es lo único sobre lo que ustedes tienen un absoluto control! La única cosa en este mundo que pueden controlar es su mente. Y ciertamente es un hecho que el creador así nos diseñó para que fuera el más importante de los activos que tenemos, y lo es, porque con el uso de la mente, podemos aspirar a lograr cualquier objetivo o fin que hayamos elegido.

Su educación, experiencia, nacionalidad, y religión, no tienen nada que ver con su capacidad para obtener lo que se propongan. Es su estado mental para mantenerse enfocado en lo que quiere, lo que determina el qué, cuándo y cómo lograrlo. Para mí, eso es lo más profundo de todos los conocimientos de la humanidad. La más profunda de todas las leyes nos dice que hasta la persona más humilde es capaz de poder tomar posesión de su propia mente, para lograr todo lo que se proponga y alcanzar las posiciones más encumbradas del éxito. De nosotros mismos depende nuestro éxito o fracaso. El simple cambio de actitud mental puede llevarnos del éxito al fracaso casi de manera inmediata.

El deseo ardiente es de lo que está hecha la fe. ¿Saben lo que es un deseo ardiente? Así es, es un deseo obsesivo. Eso significa que este obsesivo deseo se apodera de ustedes hasta llevarlos a la obsesión. Es verdad que estamos llenos de deseos constantemente, pero no son deseos ardientes ni obsesivos, y la mayoría de las personas nunca en toda su vida llegan a sentir un deseo de tal naturaleza por alguna cosa. Para sentir ese tipo de deseo, primero comiencen deseando cosas no muy complejas, más bien ligeras. Desde luego, descarten el deseo de tener mucho dinero sin tener que trabajar. Con eso no estamos de acuerdo al menos mis estudiantes y yo, aunque hay gente que sí desearía esa condición. En realidad comiencen por lo más común, deseando tener un mejor carro del que ya tienen, por ejemplo, querer comprar un Cadillac en lugar del Ford que ya tiene. Si quieren poseer un auto Cadillac, decídanse a tenerlo, analicen su situación y redoblen el esfuerzo en su trabajo o en todo lo que hagan para lograr adquirirlo. Pero si no aspira a tener un carro así o mejor del que ya tiene, lo más seguro es que seguirá manejando su Ford por el resto de su vida. Si quieren obtener algo, háganlo con un ardiente deseo para conseguirlo. ¿Pero cómo le hacemos para darle impulso a un ardiente deseo?

¡Mediante la Acción! Comiencen justo donde están parados, demostrando que tiene fe en su capacidad. Pónganle acción a su fe. Ejemplos hay muchos de personas de éxito que así lo han hecho. Un caso en particular al que quiero referirme en este momento es el de la señorita Helen Keller, que tuvo fe que aprendería a comunicarse a pesar del hecho de carecer de los sentidos de la vista, el oído y el habla. ¿Se imaginan algo así? Carecer de tres de los sentidos más valiosos del ser humano. Ella no podía oír, ni ver, ni hablar, y sin embargo, la señorita Helen Keller se convirtió en una de las mujeres mejor educadas del mundo. Ella está más enterada de todo lo que acontece en el mundo que el noventa por ciento de las mujeres que tienen sus cinco sentidos. ¿No les parece increíble y sorprendente que todo lo capte por vibraciones? Para platicar, ella pone sus dedos en los labios de su interlocutor, y puede descifrar lo que está expresando esa persona mediante el tacto de sus dedos. Todo a través de vibraciones. Piense en lo maravilloso que resulta que exista una mujer con tal discapacidad y vaya por el mundo disfrutando de la alegría de la vida, prestando un servicio útil y dando discursos. En cierto modo ha aprendido a hablar, con muchísimo trabajo, lo cual es digno de admiración, sobre todo, cuando hay tanta gente discapacitada que vive conforme con su destino y prefiere sentarse en una esquina a pedir limosna.

Mientras era parte del personal del Presidente Franklin D. Roosevelt, siempre caminaba por la Avenida Pennsylvania, que era una calle que corría por la Casa Blanca, y todos los días me topaba con un hombre que pedía limosna en esa calle, y con quien a veces platicaba. Este hombre estaba paralitico, tenía exactamente la misma discapacidad que sufría Franklin D. Roosevelt, y ambos tenían casi el mismo tiempo sufriendo ese problema, incluso me enteré que éste hombre contaba con más estudios que el mismo Presidente Roosevelt. La gran diferencia entre ambos era la forma de enfrentar su discapacidad, mientras éste hombre se conformaba con ganarse la vida mendigando en las esquinas, a sólo una cuadra de distancia, despachaba el hombre con la posición más importante y de mayor responsabilidad en todo el mundo, administrando una gran nación, que también había perdido el uso de sus piernas, pero que supo compensarlo usando su cerebro y su confianza en sí mismo. Las adversidades que a veces nos aquejan a la larga se traducen en grandes bendiciones. Este tipo de ejemplos nos demuestra que podemos ir por la vida sin uno o ambos ojos, o sin piernas ni manos, pero siempre con una adecuada actitud mental para aprovechar los demás sentidos que nos quedan. Eso es lo importante. Teniendo fe logran enfocar su mente en lo que más desean y desechan lo que los daña. ¿Cómo lograrlo? ¿Cómo podemos hacer para alejar de nuestras mentes lo que no deseamos? Busquen en el diccionario el significado de la palabra *transmutar*. Es una palabra cuyo efecto es impresionante en nuestro subconsciente.

La forma de mantener sus mentes alejadas de las cosas que no quieran es cambiando a sus mentes para que se enfoquen solamente en aquellas cosas que más desean, y empezar a hablar de ello y agradecer como si ya lo poseyeran. Esto les puede sonar una verdadera tontería a cualquiera que desconozca lo que están haciendo, pero para nada será tonto para ustedes. ¿Saben lo que hacen al actuar de esa manera? Están hablando con su mente subconsciente, están reeducando sus preferencias y orientando sus mentes para que únicamente se fijen en las cosas que ustedes quieren y desechen lo que no deseen. Y para conseguirlo, tienen que estar repitiéndolo constantemente, pensándolo y diciéndolo. No se puede hablar sin pensar. Aunque no falta quien así lo haga, la mayoría no acostumbra hacerlo. No dejen de hablar de aquello que más deseen.

Si alguna vez se sienten tristes o desanimados, o con su autoestima por los suelos, les voy a contar de un buen remedio para ello. ¿Puedo? Siéntense y tomen nota enumerando cada uno de los puntos. Como número uno, escriban lo que más quieren obtener en la vida. Número dos, escriban lo siguiente en importancia que más quieran. Número tres, lo siguiente en importancia que más desea.

Si en alguno de estos puntos se refirieron a la casa de sus
sueños, describan el lugar en donde quiere que se ubique,
la extensión de terreno que desean tener, incluyan si la
desea en una colina o al lado de una carretera, mencionen
el número de habitaciones que les gustaría que tuviera la
casa, y el tipo de mobiliario para amueblar esas habitaciones.
Un detalle importante es amueblar la casa ¡es algo
divertido! Además imaginarlo puede ser hasta más
completo que ver los muebles en aparadores, ya que sus
mentes no tienen límites. Enfoquen sus mentes en todos
esos detalles y ténganlo por seguro que se distraerán lo
suficiente como para olvidarse de cualquier depresión o
tristeza, y estarán ocupándose en cosas constructivas, sin
contar que al mismo tiempo estarán educando al
subconsciente para que los guie en conseguir lo que
exactamente quieren.

Esta idea que les estoy sugiriendo ahora mismo no es
una tontería, no es una broma, es algo real, que les
producirá una verdadera alegría hacerlo. Cuando algo les
moleste, actívese físicamente y escriba las cosas que más
quiere en la vida. No sé por qué pero siempre que una
persona se decide a obtener lo que desea, pareciera que
todos los poderes del universo se pusieran de acuerdo
para ir en su ayuda y conseguir lo que más desea. No sé
por qué ocurre de esa manera, pero es un hecho que así
sucede. Y eso para mí es más que suficiente. Pues hay
muchas cosas en este mundo que puedo ver y disfrutar de
las ventajas de utilizarlas, sin que eso signifique que deba
entender su funcionamiento. Sé que apretando un botón
puedo obtener el resultado que quiero, sin necesidad de
que tenga que saber todo lo que ocurre en este proceso.
Lo que no me queda duda es que si ustedes siguen al pie

de la letra esta filosofía, podrán tomar posesión de su propia mente, podrán conseguir todo lo que se propongan y lograrán que la vida les pague en los términos que ustedes determinen. De eso estoy seguro. Aunque les preguntaría, ¿Cómo podrán ustedes saber que cualquier persona puede hacer que la vida les pague en sus propios términos, punto por punto, en lugar de aceptar las circunstancias? ¿Cómo podrían saberlo?

Sólo hay una forma de saberlo, y es mediante mis propias experiencias. Les puedo decir con toda sinceridad así como estoy aquí parado hablándoles esta noche, que no hay bendición en este mundo que yo desee que no lo pueda tener o conseguir fácilmente. No es cualquier cosa afirmar esto. Sé que es una declaración que suena sorprendente, pero es verdad. Todo se puede lograr. Tan solo unos años atrás hacer esta declaración habría sido una locura, pero no ahora que ya conozco el secreto para obtener todo lo que me proponga.

¿Y sabían ustedes, que hubo un tiempo en mi vida en el que transportaba en mi propio bolsillo los cerillos con los que estuve a punto de prenderle fuego a todas mis oportunidades y no lo sabía? Al final me deshice de esos cerillos y comencé a darle forma a esas oportunidades que se parecían a las que había imaginado en mi mente hasta el más fino detalle. No existe la fe por sí sola, deben tener un propósito principal, un objetivo o una meta que quieran alcanzar antes de tener fe en algo.

La fe es una actitud mental en el que la mente está libre de miedos y dudas y solo se enfoca hacia la obtención de algo definido a través de la inspiración de la Inteligencia Infinita. La fe es simplemente una guía, nada más. ¿Sabían eso? La fe no significa salir a la calle y conseguir un cadillac, un abrigo de visón, una nueva casa, un mejor trabajo, un mejor negocio, o esa abultada cartera de clientes que es el sueño de todo vendedor. La fe no es eso. Lo que hace la fe es guiarlo para que obtenga eso que desea, pero siempre contando con su disposición absoluta para lograrlo.

El Creador con toda su sabiduría ha dispuesto que obtengamos nuestros propios alimentos del suelo de la tierra. Todo lo que comemos, usamos y vestimos lo obtenemos directamente de la tierra. Todo. La Inteligencia Infinita ha diseñado muy sabiamente un sistema mediante el cual podemos hacerlo de ese modo. ¿Cómo? Cumpliendo con las leyes de la naturaleza. Lo primero es sembrar una semilla, asegurándonos de hacerlo en la estación apropiada, con la profundidad requerida y que tenga los elementos necesarios para el buen desarrollo de lo que hemos plantado. Hacer todas esas cosas propias de ir el kilometro extra. ¿Y luego que sigue? Regresar al siguiente día y comenzar a cosechar. ¿Creen que así sea? ¡No! ¡Para nada! Debemos respetar las leyes de la naturaleza y esperar el tiempo apropiado que ella determina para lograr que esa semilla se transmute o transforme en un tallo de trigo con 500 o 1,000 granos en su interior, y de ese modo cumplir con las leyes que ella misma decreta. Y eso es lo que hacemos.

Eso mismo sucede con lo que respecta a la fe y todo lo demás. La fe nos guía y nosotros hacemos nuestra parte. Siempre tendrán que hacer su parte en todo acto de fe. La fe por sí sola no hará nada por nosotros si no le ponemos acción a nuestra intención. Ella solamente nos orienta. Si esperan resultados con su ayuda, la obtendrán. La fe probablemente – observe que dije probablemente- funciona a través del subconsciente. ¿Por qué digo que es probable

[89]

que así suceda?

Les diré porque supongo que así sucede. Porque nadie puede asegurar lo contrario. Es solo una teoría, y a falta de una teoría mejor, eso es lo que opino. Según mi teoría la fe opera a través del subconsciente, y el subconsciente actúa como puerta de enlace entre la parte consciente de la mente y la inteligencia infinita. Mi imagen mental de lo que ocurre cuando oramos es que al hacerlo dirigimos nuestra mente en lo que queremos, y luego transferimos esa imagen clara de nuestro deseo hacia el subconsciente. De ese modo, la mente subconsciente opera como intermediario o guardián entre nosotros y la Inteligencia Infinita, pues es lo único que permite tender un puente de comunicación entre el ser humano y la inteligencia infinita. Es la única manera de poder acceder a la Inteligencia Infinita de acuerdo a los principios de mi filosofía. Esa es mi teoría, correcta o incorrecta, aunque mi convicción es que es acertada porque es la única forma en que he logrado que funcione.

Ahora, desarrollemos la autosuficiencia basada en la fe, pues es algo que la gente necesita más que cualquier otra cosa, tener autosuficiencia, o creer en sí mismo. Estudiaremos estos pasos, pero no examinaremos todos, solamente los más importantes.

En primer lugar, adopten un propósito principal y comiencen de inmediato a trabajar en su logro. Ese es el primer paso en la construcción de la confianza en sí mismos. Cuando saben lo que quieren y empiezan a trabajar en conseguirlo, demuestran tener autosuficiencia, si no fueran autosuficientes ni siquiera se atreverían a llevar a cabo su propósito. El simple hecho de ponerse en acción, sin importar lo lejos que estén de alcanzar su meta, demuestra su autosuficiencia, y cuanto más se aferran a ese propósito mayor es su creencia. El siguiente paso es vincular los nueve motivos básicos con su propósito principal. En otras palabras, inspirarse en esos motivos siempre que persiga una meta. Seguramente han pasado por la experiencia de desear intensamente comprar algo que no pueden por carecer de los recursos económicos. Sin dinero en el banco, ni un salario al cual recurrir, ¿Qué nos queda por hacer? ¿Pedir prestado? Bueno, es algo que mucha gente haría. Sin embargo, también hay algo más que podrían hacer en lugar de pedir prestado. ¿Por qué no idear algún esquema que les permita obtener ganancias económicas? Esa es muy buena opción por hacer.

Cuando mi pequeño hijo Blair tenía unos seis o siete años de edad, le había gustado un bonito tren eléctrico. Costaba 50 dólares. En ese entonces era más de lo que podía desembolsar, porque tenía otros dos hijos más a los que tendría que hacer regalos de ese mismo costo también. Y eso fue lo que le dije a Blair. Pero su respuesta fue la siguiente: "Yo no te pedí que me compraras algo," así que le respondí: "Bueno, ¡eso me parece muy bien!" Enseguida me dijo, "Yo sólo quiero tu autorización para comprar el tren," y enseguida hizo el pedido. Al siguiente día una gran tormenta de nieve azotó a la ciudad y lo primero que hizo Blair fue buscar una pala con la que se puso a limpiar las aceras de la calle. No le preguntó a nadie si podía hacerlo, sólo se puso a limpiar las banquetas y la gente que salía de sus casas se sorprendían al verlo trabajar, mientras que él conversaba con ellos diciéndoles: "Oh, disculpen pero es que pensé que sería una buena idea limpiar sus aceras, ya que aún no lo hacen y supuse que no les desagradaría que yo lo hiciera." Como resultado, la gente recompensaba su esfuerzo dándole monedas y hasta billetes de dólar. Incluso un hombre llegó darle hasta ¡cinco dólares! El caso es que antes que finalizara el mes él ya había reunido los 50 dólares de su tren y 10 dólares más que le sobraron. Su madre no estaba de acuerdo con lo que él hacía y se preocupaba por lo que dijera la gente de que permitiéramos que limpiara las aceras. Así que le dije: "¡Para que preocuparnos por lo que diga la gente! Al contrario, ¡les estamos demostrando como educar a nuestro hijo a ser responsable!"

Motivo. Escriban una lista de todos los beneficios que obtendrán de su propósito principal y repítanlo muchas veces al día, hasta convencer a su mente del éxito seguro que obtendrán. ¿Sabían que para estar sanos, tienen que pensar positivamente de su salud? ¿Sabían eso? No importa las precauciones que tomen, si su actitud es que no gozan de una buena salud, y piensan negativamente de ella y de que no están sanos, entonces no lo estarán, no importa lo que hagan. Y eso mismo pasa con el éxito. Si llenan sus mentes de miedos, complejos de inferioridad y dudan de su éxito, nunca serán exitosos.

Si su propósito principal es lograr algo material o dinero, imagínense a sí mismos ya en posesión de lo que desean cuando estén repitiendo su propósito. Esto es de vital importancia, porque así es como trabaja el poder de la fe. Cuando su fe no es lo suficientemente grande, por más esfuerzos que hagan no podrán imaginarse en posesión de lo que quieren pues no están haciendo uso de la fe aplicada.

Asóciense con personas que simpaticen con ustedes y su objetivo principal, y motívenlos en todas las formas posibles. Con esto me refiero solamente a los amigos cercanos o miembros de su alianza de Trabajo en Equipo. No revelen sus metas y propósitos a ninguna persona que no sea absolutamente confiable, leal y cercana a ustedes. En especial que sean leales. Porque cuando sus ideas son buenas y las divulgan con alguien más, la gente puede aprovecharlas para su propio beneficio, o por envidia disuadirlos de su propósito.

No dejen pasar un solo día sin trabajar en la obtención de su propósito. La fe es una actitud mental positiva en acción. Su actitud mental se refleja en cada palabra que dicen y se expresa con más fuerza que sus propias palabras. Su actitud mental es la suma total de sus pensamientos en un determinado momento. Una actitud mental positiva tiene sus raíces en el bienestar espiritual de su alma. Esto es muy cierto y una maravillosa realidad. La actitud mental es el medio por el cual transmutamos la adversidad en beneficios.

De estas afirmaciones habrá unas que les gusten más que otras. Imprímenlas en una tarjeta o escríbanlas en algún lado donde puedan verlas todos los días. Hagan propias esas afirmaciones, rodéense de frases motivacionales de tal modo que donde volteen lean sugerencias de una actitud positiva. Si alguna vez entran a la oficina o a la casa de una persona exitosa, verán que sus espacios de trabajo y descanso siempre están llenos de frases motivacionales. A menudo, tienen pensamientos en cuadros colgados en las paredes, he visto cientos de ellos. En cierta ocasión entré a la oficina de Ed Barnes y me sorprendió ver que tenía más de 500 pensamientos encuadrados en preciosas tarjetas escritas a mano, cada uno de ellas de un valor costoso. En otra ocasión entré a la oficina de mi amigo Jennings Randolph cuando estaba en el Congreso en Washington, y me encontré las paredes de su oficina tapizadas de fotos de aquellos hombres a los que consideraba grandes y a quienes más admiraba. Disfrutaba estar rodeado de grandes personajes porque le ayudaba a mantener su mente positivamente.

Comiencen desde donde estén, ya sea en su casa, en su negocio, en su oficina, cualquier lugar en donde pasen más tiempo. Quizás hasta en su recamara donde duermen cada noche. En ese lugar especial generen pensamientos positivos antes de dormir y recuerden esos pensamientos tan frecuentemente como puedan. Se sorprenderán de lo bien que les hará hacer de esto todo un hábito.

Con esto concluye la discusión de la Fe Aplicada, el tercer principio de *Su Derecho a Ser Rico*.

IR UN KILÓMETRO EXTRA

El cuarto principio de *Su Derecho a Ser Rico* es *Ir un Kilometro Extra*. Hacer más y un mejor servicio que el que se nos paga por hacerlo, y realizarlo con una actitud mental agradable. Este es un principio que muchas personas han cuestionado en el pasado y aparentemente más profundamente cuestionado hoy en día. ¿Por qué? ¿Por qué tener que esforzarme más de lo debido? ¿Por qué tener que dar más a mi empresa o a mi jefe, por lo que me están pagando? ¿Qué beneficio obtengo a cambio? Esta es su recompensa por hacerlo: Ir un kilometro más, les redituará, antes o después, una compensación superior al servicio que suministren. Demostrarán mayor fortaleza de carácter. Se les facilitará mantener una actitud positiva. Y experimentarán la emoción de una mayor y más intensa convicción de coraje y confianza en sí mismos. Lograrán estas cosas, y mucho más. Para demostrar su eficacia y explicar cómo lo pueden lograr, aquí tenemos al Dr. Napoleón Hill.

Bueno, la primera mitad de esta noche la dedicaremos al principio de Ir un kilometro más. Y por supuesto, como usted saben, esto significa prestar un mejor y mayor servicio que el que se nos paga por hacerlo, con disposición total y con una agradable actitud mental. Ahora bien, una de las razones de que haya tantos fracasos en el mundo actualmente se debe a que la mayoría de gente ni siquiera es capaz de ir el primer kilometro, y mucho menos recorrer el segundo kilometro. Y muchas veces, cuando se camina ese primer tramo, se hace quejándose todo el tiempo, lo que genera desagrado en la gente a su alrededor. Supongo que conocen a personas con este defecto – que desde luego no es aplicable en el caso de ustedes, pero si hubieran padecido también ese problema antes de estar aquí aprendiendo esta filosofía, no se preocupen porque lo superaran más rápido de lo que se imaginan.

No conozco de alguna cualidad o rasgo de personalidad que le ayude a una persona a tener oportunidades más rápidamente que la de hacer un favor en beneficio de alguien más. Hacer algo útil por alguien. Es la única cosa que ustedes pueden hacer en la vida por alguien sin tener que pedir permiso para hacerlo. De hecho, si desean ser libres, independientes, con autodeterminación y financieramente autosuficientes en la vejez, no esperen lograrlo por un golpe de suerte, por alguna herencia a recibir o algo similar, aspiren a esa futura forma de vida formando el hábito de ir un kilometro más y convirtiéndose en personas lo más indispensablemente posibles. No sé de ninguna otra forma en la que alguien pueda volverse indispensable, salvo ir el kilómetro extra, prestando un servicio voluntario que nadie espera y hacerlo con una agradable actitud mental. La actitud mental es importante. Quejarse por hacer algo por alguien más, nunca los recompensará con ninguna bendición.

Se preguntarán ¿Cómo hacer para fomentar este hábito de Ir el kilómetro extra? ¿Qué me motiva a desarrollar ese hábito?

Nos motivamos a desarrollar este hábito, cuando vemos la forma en que la naturaleza se comporta para hacer las cosas y los resultados que se logran, siguiendo su Ejemplo, nada puede salir mal. Pero haciendo lo contrario, tarde o temprano, la vida nos cobra la factura por actuar mal, solo es cuestión de tiempo para que eso suceda. El universo tiene un plan general para operar, sin importar cuál sea su origen o si hay un operador o Creador detrás del mismo, lo importante es que existe ese plan, que consiste en un conjunto de leyes naturales, en donde a nosotros como individuos nos concierne identificar esas leyes naturales para adaptarnos favorablemente a ellas. Y ciertamente, si hay algo que destaque por encima de todo lo demás en la naturaleza, es la exigencia de la misma naturaleza para que cada cosa viviente haga un esfuerzo adicional (ir el kilometro extra) para poder comer, vivir, y sobrevivir. El hombre no podría sobrevivir ni una sola temporada, si no hiciera un esfuerzo adicional.

Al prestar un servicio, no esperen que su esfuerzo, aunque sea valioso, les reditúe una recompensa en forma de cheque al siguiente día. En otras palabras, cualquier gran esfuerzo al ayudar a alguien dosifíquenlo gradualmente en lo que los demás valoran su esfuerzo, aunque exista la probabilidad que durante este periodo no reciba ninguna recompensa a cambio. Lograr el reconocimiento de los demás a su esfuerzo es un proceso que lleva tiempo, no se desesperen. Lo importante es que se fijen en el servicio que están aportando, ¡la persona indicada lo hará tarde o temprano! Eso es equivalente a decir que si sus jefes, en caso que trabajen para una compañía, no valoran el trabajo duro que ustedes realizan, renuncien y busquen otra empresa competidora donde si lo hagan. Es importante que valoren su esfuerzo, no importa si eso implique irse a trabajar a la competencia.

Ahora bien, nadie nunca acepta una norma o hace algo sin que hay una razón de por medio. En esta lección subrayo algunas de esas razones que nos obligan a realizar un esfuerzo extra. Comentaré algunos de ellos. Ahora lo que quiero es que me digan ¿Qué entienden por la Ley de los Rendimientos Crecientes?

Se refiere a los beneficios, efectivamente la ley de los rendimientos crecientes se refiere a que ustedes reciben más que lo que aportan en servicio, independientemente de que sus acciones sean buenas o malas, o positivas o negativas, esa es la forma en que esta ley de la naturaleza funciona. Lo que hagan o den en perjuicio o beneficio de alguien más, se les regresa multiplicandamente en la misma forma. No hay excepción a esta regla en absoluto, pero el tiempo si es un factor importante. El resultado de sus acciones no siempre se refleja rápidamente, a veces el tiempo es más largo de lo esperado. Lo que sí es un hecho es que si envían pensamientos negativos, tarde o temprano, se les regresan. No podemos evitar la aplicación de esta ley, ya que es eterna, automática, funciona todo el tiempo y es inexorable como la ley de la gravitación. Nadie en el mundo se escapa de sus efectos porque opera en todo momento. Por eso la ley de los rendimientos crecientes nos dice que si ofrecemos un mayor y mejor servicio que lo que se nos paga por hacerlo, es imposible que no llegue una compensación mayor a lo que hicimos, porque en su momento esta ley se encarga de eso. Por ejemplo, cuando somos asalariados y hacemos más de lo que recibimos de paga, la ley se encarga de que nos llegue, eventualmente, mejores salarios, más promociones, mayores oportunidades de triunfar, y 1001 diferentes formas de recompensar nuestro esfuerzo. Y sucede que frecuentemente esta recompensa no proviene de la misma fuente que se benefició de nuestro servicio, sino de otra fuente distinta. No tengan miedo de que su esfuerzo extra vaya a un comprador codicioso o a un empleador egoísta, no influye en nada la calidad de la persona a la que le preste el servicio, lo importante es que hagan su acción de buena fe, con buen espíritu de colaboración y que lo sigan haciendo como un hábito, pues de ese modo su recompensa llegará en el momento apropiado.

Bien, como ya lo mencioné anteriormente, cuando apliquen el principio de esta ley de los rendimientos crecientes, no se preocupen por el tipo de persona que se beneficiará con su buena obra. En realidad, lo recomendable es que lo apliquen con todos aquellos con los que tengan contacto independientemente de quien se trate. No importa si se trata de extraños o conocidos y familiares o compañeros de trabajo. Formen el hábito de hacer buenas obras por los demás donde sea que haya una forma de relaciones humanas, porque la única manera que pueden aumentar el espacio que ocupan en este mundo lo determina la calidad y cantidad del servicio que proporcionan a sus semejantes – y por espacio no me refiero solo al espacio físico, sino al espiritual y mental también. La calidad y cantidad, más la actitud mental que tenga al servir a los demás, son factores determinantes en lo que respecta a lo lejos que llegarán en la vida, de lo mucho que podrán obtener de ella y disfrutarla, y de la paz mental que alcanzarán.

Ahora veamos aquellas personas que llaman la atención favorable de la gente por su calidad servicial que no puede pasar inadvertida y que es su mejor manera de promocionarse. Son personas que atraen favorablemente la atención de los demás. Si van a cualquier organización y son ustedes de mente alerta y observadora, identificarán de inmediato a las personas que gustan ir un kilómetro más. Son fácilmente detectables, y si pudieran acceder a sus registros comprobarían que son los que más promociones reciben. Son personas que no necesitan ir detrás de sus jefes para ser promovidos, pues el reconocimiento les llega automáticamente por su disposición al esfuerzo extra.

El esfuerzo adicional nos ayuda a volvernos indispensables en muchas y diferentes relaciones humanas, y eso hace que recibamos más que la compensación promedio. Les diré algo que no incluí en mis notas pero quiero que lo sepan: hacer una buena obra toca nuestras almas y nos hace sentir mejor. Mejor motivo no podemos tener que justifique la acción de ir un kilometro más.

Como bien saben, hay muchas cosas en la vida que nos llevan a tener sentimientos negativos, y que nos causan sensaciones desagradables. Sin embargo, ser servicial es una cosa que pueden hacer por sí mismos y que siempre los hará sentir una sensación agradable. Estoy seguro que si recordaran algún momento en que hicieron una buena obra en su vida, volverían a sentir el enorme placer que les dejó esta acción, aunque la persona beneficiada no apreciara ese gesto. Lo cual es irrelevante. Es como el amor: el solo hecho de amar a alguien es un gran privilegio, independientemente que sea o no correspondido por la otra persona. Lo importante es el beneficio que obtiene por la emoción de experimentar ese sentimiento. Eso mismo sucede con ir el kilometro extra. Les deja la satisfacción personal de ayudar y los dota de más valor para superar inhibiciones y complejos de inferioridad que han guardado en su interior al paso de los años. Los hace sentir útiles ante los demás. Y no se sorprendan que al ser serviciales con la gente, se sorprendan y lo cuestionen por su acción. Pueden dudar de la sinceridad de su gesto y preguntarse por que lo hacen. No se extrañen del desconcierto que provoquen en los demás al hacer algo en beneficio de ellos.

Ir el kilómetro extra también nos conduce al crecimiento mental y a la perfección física, ayudándonos a desarrollar una mayor habilidad y destreza en la vocación que elijamos. Como saben, cada vez que damos un discurso, fabricamos un cuaderno, hacemos un trabajo, o hacemos algo en la vida, siempre tenemos la oportunidad de volver a repetir esa acción, cuando eso ocurra decídanse a ser mejores y superar lo hecho anteriormente poniendo lo mejor de su parte. En otras palabras, constantemente nos enfrentamos al desafío de ser mejores, y eso nos hace crecer mentalmente más rápidamente. Nunca imparto una conferencia sin preocuparme porque sea mejor que la anterior. No siempre lo logro, pero esa es mi intención. Y en ello no importa el tipo de auditorio que tenga, ni el número de asistentes que acudan. Ahora ya no sufro de bajos auditorios, pero cuando así era, ponía el mismo empeño que si fuera un público mayor. No solo porque quiero ser útil a mis alumnos, sino porque quiero crecer y desarrollarme, pues el esfuerzo y la voluntad nos llevan al ¡crecimiento!

Ir el kilómetro extra también nos beneficia por la acción de la Ley de los Contrastes. ¿Habían pensado en eso? Prestar un servicio a los demás no requiere divulgarse por todos lados, ya que las acciones que ustedes hacen hablan por sí solas y son fácilmente observables, pues la mayoría de la gente no acostumbra ser servicial y eso es bueno para ustedes. Si todo mundo se esforzara por ser servicial, éste sería un gran mundo para vivir, el inconveniente es que ustedes no obtendrían ningún provecho de su esfuerzo ¡por la gran competencia que habría! Pero no se preocupen, eso nunca sucederá. Más bien por tener ese hábito los verán como bichos raros. Tampoco se angustien, ni dejen de ser serviciales solo por no ser del agrado de algún compañero de trabajo o de algún amigo cercano. Eso no debe ser algo que les preocupe, ni que los haga refugiarse en el dolor y volver a sus viejos hábitos. ¿O acaso se pondrían a llorar y no seguir adelante? Por supuesto que no.

Escuchen, damas y caballeros, es responsabilidad de ustedes exclusivamente tener éxito en este mundo. Es su propia responsabilidad. No permitan que las ideas, nociones o personalidad de otras personas se interpongan en su camino al éxito. No se pueden dar el lujo de hacer eso. Sean justos y cooperadores con los demás, pero nunca permitan que sus opiniones o puntos de vista influyan en su trayecto al éxito. Me gustaría conocer a la persona que se atreviera a interponerse en mi camino a ser exitoso. Quisiera conocer al valiente que lo haría. Si no lo permito, nadie se podrá interponer. Y quiero que también ustedes sientan lo mismo al respecto. Quiero que se decidan a poner estas leyes en funcionamiento y no dejar que alguien más se los impida hacer.

Ir el kilómetro extra también nos conduce a desarrollar

una actitud mental agradable, que es uno de los rasgos más importantes de una personalidad agradable. Pero aclaro que no es uno de los más importantes, sino el más significativo de todos. De hecho, es el primer rasgo de una personalidad agradable, como lo verán más adelante cuando lleguemos a esa lección. Una actitud mental positiva. ¿No les parece maravilloso saber que ustedes son capaces de poder cambiar la química de su cerebro y ser personas positivas en lugar de negativas? Y sobre todo, que lo pueden lograr fácilmente ¿Cómo hacerlo? Muy fácil, asumiendo una actitud de servicio hacia los demás, sin que hayan intereses mezquinos de por medio, en donde por un lado ofrezcan su ayuda y por el otro se aprovechen de la situación. Hacer la acción sólo por la satisfacción de haberlo hecho, a sabiendas que cuando se presta un mayor y mejor servicio voluntariamente, eventualmente llega la recompensa que por lo general es mayor al servicio prestado. Esa es la forma en que la ley funciona. Esa es la ley de la compensación. Y es una ley eterna. Nunca se olvida, tiene un sistema recordatorio perfectamente maravilloso, en el que se van acumulando créditos para ustedes por cada acción generosa que prestan a sus semejantes y cuyas compensaciones las reciben en forma multiplicada tarde o temprano.

Este principio también nos ayuda a despertar nuestra imaginación, porque es un hábito que nos mantiene en la búsqueda de nuevas y más eficientes formas de prestar un servicio útil. Eso es importante. Despertamos nuestra imaginación, al idear distintas formas y medios de ayudar a los demás a resolver sus problemas, y al hacerlo nos ayudamos a nosotros mismos.

Por cierto, una de las cosas más sobresalientes que he

descubierto con mis investigaciones, ha sido que cuando atravesamos por un problema o una situación desagradable y no sabemos cómo solucionarlo, pese a intentarlo todo hasta llegar a un punto muerto en que no sabemos que más hacer o a quien recurrir, siempre nos llega una luz de esperanza y una opción por intentar. Y cuando optamos por esa única opción, lo más probable es que no sólo resolvamos nuestro problema, sino aprendamos una gran lección al mismo tiempo ¿Cuál es esa última opción que nos queda?

Encontrar a alguien que tiene un problema igual o mayor que el nuestro y ayudarlo. Y entonces sucede algo maravilloso, pareciera que cierto cerrojo en nuestro cerebro se desactiva y permite que la Inteligencia Infinita venga a nuestra mente con la solución al problema que nos aqueja. Estoy seguro que así funciona. ¿Pero creen ustedes que tengo razón? ¿Creen que esto así opera? ¿Saben por qué soy tan determinante al afirmarlo? ¿Saben cómo llegué a esta conclusión?

Intentándolo cientos y cientos de veces por mí mismo. Y comprobándolo cientos y cientos de veces a través de mis estudiantes después de recomendarles que hicieran lo mismo. Es algo tan sencillo. No sé si así les parezca también. No sé por qué opera de ese modo. Es simplemente como muchas de las cosas de la vida que ignoramos las razones por las que existen pero nos imaginamos como ocurren. Lo que hago es seguir la ley porque sé que si necesito abrir mi propia mente a recibir oportunidades, la mejor manera de abrirla es viendo a mi alrededor y buscando a toda esa gente a la que puedo ayudar.

Ir el kilometro extra también nos ayuda a desarrollar ese factor importante de la iniciativa personal, ya que formamos el hábito de buscar en nuestro entorno algo útil por hacer sin que nadie nos diga que lo hagamos. Y esa es una cualidad muy importante. Pues bien sabemos que siempre estamos acompañados de ese viejo amigo llamado dilación que nos hace posponer las cosas y nos causa tantos problemas en este mundo. Ya saben, esa mala costumbre que tiene la gente de dejar para mañana lo que pudo haber hecho desde antier, y ese terrible mal todos lo padecemos. Nadie está exento, ni yo lo estoy pero al menos suelo posponer menos las cosas que como lo hacía hace años, porque ahora encuentro muchas cosas por hacer ahora mismo. ¿Por qué lo estoy superando? ¡Porque disfruto lo que hago! Y también ustedes cada vez que sean serviciales, disfrutaran hacerlo, pues ese es el requisito al prestar un servicio, que sientan la satisfacción de hacerlo. Además que su iniciativa personal será mayor y les ayudará a superar su debilidad por posponer las cosas.

Este principio también nos ayuda a construir mayor confianza de la gente hacia nuestra integridad y capacidad general, y a dominar la destructiva costumbre de la falta de decisión. Nos ayuda a desarrollar también la definición de propósito, sin la cual no se puede obtener el éxito. Que por sí solo sería suficiente para justificarlo. Cuando determinamos objetivos nos evitamos andar a la deriva y caminando en círculos sin encontrar la salida y siempre volviendo a nuestro punto de origen sin solución alguna. La definición de propósito se produce al activar este principio de ir el kilometro extra.

Y agregaré algo que tampoco incluí en mis notas. El kilometro extra les permite hacer su trabajo con placer en lugar de ser una carga. En otras palabras, les ayuda a hacer las cosas con amor. Y creo que cuando no existe el compromiso de hacer las cosas con amor, se está desperdiciando el tiempo inútilmente. Creo que una de las alegrías más grandes en el mundo es disfrutar lo que hacemos y especialmente, si lo hacemos haciendo un esfuerzo adicional sin que nos obliguen a ello. Nadie espera que lo hagamos, ni nos piden hacerlo. Ciertamente, ningún empleador pediría a sus empleados ir el kilometro extra. Tal vez lo haría de vez en cuando con una retribución extra, pero nunca como algo cotidiano. El servicio extra debe ser resultado de su propia iniciativa y dignifica su trabajo. El trabajo nos dignifica, sin importar si eso implique en solo cavar una zanja, ya que al hacerlo estamos ayudando a alguien, y exige de nuestro esfuerzo e incomodidad en la labor. ¿Cuál ha sido la aplicación más importante que le han dado al principio de ir el kilometro extra y que más satisfacciones les ha dejado? Piensen y díganmelo.

¿Estar casado? Bueno, esto se está poniendo muy caliente. ¿Y antes de casarse?

El cortejo, ¡por supuesto que sí! Créanme, pase mucho tiempo haciendo labor de convencimiento, y ¡para nada me costó trabajo hacerlo! Use mi propia técnica e iniciativa, y no tienen idea como lo disfruté, y lo mejor de todo ¡logré que me pagara con creces! A veces es increíble el tiempo que nos toma cortejar a la chica o chico de nuestra elección, según sea el caso, e inconcebible la cantidad de sueño que llegamos a perder y aún así no ser plenamente correspondidos. ¿Se imaginan lo maravilloso que sería que pudiéramos asumir la misma actitud en nuestras relaciones profesionales o de negocios que la que asumimos cuando cortejamos a alguien que nos gusta? Si eso pasara, ¡Que maravilloso sería este mundo donde vivimos!

Saquemos chispas de nuevo en nuestras relaciones. Comencemos en nuestros propios hogares con nuestras actuales parejas. Créanme que son incontables las parejas en las que he avivado nuevamente el chispazo del interés mutuo, y no se imaginan lo mucho que disfruto al hacerlo. Contribuyo a reducir las fricciones, las discusiones, y hasta los gastos. Sigan adelante y ríanse, ¡les hará bien!

Ahora bien, no pretendo ser gracioso sobre esto, al contrario, hablo en serio cuando digo que uno de los mejores momentos para empezar a desarrollar el habito de ir el kilómetro extra, es cuando empiezan a trabajar este habito con alguien más con quien no se llevan bien. Cuando se decidan hacerlo, siéntense y sostengan una charla con esa persona, explicándole que han cambiado de actitud y que quieren un acuerdo mutuo para que él cambie también. De tal modo que de ahí en adelante fomenten el hábito conjuntamente y disfruten al hacerlo por la felicidad y paz mental que obtendrán en sus vidas. ¿Se imaginan llegar a casa esta noche y tener una plática similar con su pareja? ¿No creen que sería maravilloso? No estaría de más intentarlo. Podría ayudar. Quizás no logren impresionar con ello a sus parejas, pero ustedes si quedaran impactados por los resultados. Nada les impedirá disfrutarlo.

Y qué tal si aplican este mismo método con esa persona del trabajo con la que no se llevan bien, por qué no llegar mañana por la mañana a la oficina con una sonrisa, y se dirigen a su compañero o compañera, diciéndole: "Escucha amigo, creo que sería muy bueno que tu y yo la pasáramos bien trabajando juntos, ¿qué opinas?" ¿Creen que funcionaría? ¡Claro que sí! ¡Inténtenlo y verán! Y es que siempre surge esa cosa a la que llamamos orgullo, que tanto daño hace a las personas. No teman que este acto de buena fe pudiera parecer como una humillación para ustedes, en todo caso es un acto bien justificado pues se trata de construir mejor relaciones humanas con la gente que conviven todo el tiempo.

Por cierto, debo aclarar que todas estas observaciones que he hecho los últimos cinco minutos, no se incluyeron en mis notas, porque solo están escritas en lo profundo de mi corazón.

Gracias. Y una de las razones por las que ustedes y yo nos llevamos tan bien se debe a que muchas veces me desvío de mis notas y prefiero ir hasta mi corazón para extraer cosas que quiero que ustedes tengan, pequeños bocados de comida para el alma que deseo compartirlo por ser buenas enseñanzas que les ayudará. Y sé que son buenas porque me he alimentado de ellas a lo largo de los años.

También, ir el kilometro extra es lo único que justifica que hayan promociones y aumentos de salario. ¿Lo han pensado así? Ninguno de ustedes tendría la desfachatez de ir con su jefe inmediato a solicitar un aumento o una promoción de trabajo, cuando saben de antemano que no han hechos los meritos suficientes, como hacer un esfuerzo extra o hacer más de lo que reciben de pago. Si no están dando ese extra, lo que reciben de pago puede hasta ser más de lo que merecen en realidad. ¿No lo creen? Ciertamente tengo la razón. Así que lo primero por hacer es comenzar a ir ese kilometro extra y demostrar con el trabajo que se han hecho los meritos para aspirar a más. Y les diré otra cosa, cuando comprometen a la gente a reconocer su esfuerzo adicional que están poniendo en lo que hacen, generalmente, a donde volteen en caso de necesidad, siempre habrá la disposición para ayudarlos. Es muy bueno saber que uno está haciendo méritos por todos lados, ¿o no? Por eso quiero que ustedes se ganen ese tipo de reconocimiento de los demás, y para ello les enseñaré las técnicas para lograrlo.

Como ya sabemos, la naturaleza nos ofrece muchos ejemplos de la aplicación del principio de ir un kilómetro más. Hablemos un poco de ello. Hemos visto como la naturaleza va el kilometro extra, produciendo lo suficiente de todo para satisfacer sus necesidades, y paralelamente genera reservas para compensar emergencias y desechos. Eso lo podemos ver con las flores de los árboles y los peces de los mares, la naturaleza no solo produce suficiente pescado para perpetuar la especie, sino también lo suficiente para alimentar a serpientes y caimanes y todo lo demás. La naturaleza es de lo más generosa en el aspecto de ir el kilometro extra, y consecuentemente, es muy exigente de que todo ser viviente haga lo mismo de dar su máximo esfuerzo. Las abejas reciben su miel como compensación por los servicios de fertilizar las flores en cuyo interior la miel es bellamente almacenada. Sin embargo, tienen que hacer su esfuerzo para obtener la miel, y ese trabajo lo hacen con anticipación.

Siguiendo con la Naturaleza, según se dice "Ni los pájaros del aire ni las bestias de la jungla tienen que esforzarse para comer y vivir" Sin embargo, si observáramos la vida silvestre en general, ningún animal come sin antes haber trabajado o hecho algún tipo de servicio. Si observáramos simplemente una bandada de cuervos en un maizal, veríamos que siempre se organizan,

tienen centinelas que les advierten de peligros, códigos
con los que se comunican y muchos pasos de seguridad
antes de que puedan comer sin riesgo alguno.
Y la naturaleza también le exige al hombre hacer un
esfuerzo adicional. Tiene que salir a buscar su alimento,
pero como el alimento lo produce la tierra, entonces tiene
primero que plantar las semillas. No podemos
alimentarnos solamente de las plantas que la naturaleza
produce. Al menos en nuestro mundo civilizado actual eso
no se acostumbra. Tal vez en las islas eso sea posible,
donde los nativos se habitúan a comer cocos crudos y lo
que sea, pero no en la vida civilizada, donde tenemos que
hacer nuestro esfuerzo para plantar nuestros alimentos en
el suelo, preparar el terreno de cultivo, ararlo, y cercarlo
para proteger el cultivo contra animales depredadores y
así sucesivamente. Hacer todo esto implica trabajo y
cuesta tiempo y dinero. Y debe hacerse con anticipación,
o de lo contrario, no habría alimento para comer.
Convencer a un granjero de la idea de que la naturaleza
obliga al hombre a esforzarse para conseguir su alimento,
es de lo más fácil, pues él sabe perfectamente que así
sucede. Él sabe por experiencia propia que si no se
esforzara no tendría nada que vender. Por ejemplo,
supongamos que un nuevo empleado entra a trabajar a
una empresa, de ninguna manera podría inmediatamente
empezar a ejercer ir el kilometro extra y exigir un mejor
salario o puesto de trabajo. Simplemente no funciona de
esa manera. Primero debemos sentar un precedente, un
registro, o una reputación, para que reconozcan nuestro
trabajo y a partir de ahí dar el extra para esperar que
llegue la compensación.
Cuando se aplica el principio de ir el kilometro extra

con una actitud mental correcta, existe una probabilidad de mil a uno que nadie nunca tenga que ir detrás de su compensación por el servicio extra que proporciona, porque la compensación llega automáticamente en forma de promoción o incremento de salario. Todo en el universo está regido por la Ley de la Compensación tan equilibradamente que Emerson alguna vez lo describiera como el presupuesto equilibrado de la naturaleza. Todo en el universo tiene su equivalente opuesto: lo positivo y lo negativo en cada unidad de energía, el día y la noche, lo caliente y lo frío, el éxito y el fracaso, lo dulce y lo amargo, la felicidad y la desdicha, el hombre y la mujer. Por todas partes uno puede ver la ley de la acción y la reacción en funcionamiento. Todo lo que hacemos y pensamos, y todo pensamiento que generamos producen una reacción que tiene efecto en otra persona o en el mismo individuo que lo genera, .ya que al liberar un pensamiento no lo hacemos totalmente conscientes. Cada pensamiento que expresamos, incluso silenciosamente, se convierte en una parte concreta de la estructura de la mente subconsciente y eso explica que si mayormente almacenamos pensamientos negativos en el subconsciente, predominantemente más negativos seremos. Si por el contrario solo liberamos pensamientos positivos, el subconsciente será predominantemente positivo, y atraerá a nosotros solo aquello que queremos, o, si somos negativos rechazará lo que no deseamos. Esa también es una ley de la naturaleza. Y este principio del kilometro extra es una de las mejores maneras que conozco de educar a la mente subconsciente para que atraiga solo aquellas cosas que se desean y rechace lo que no se quiera.

Es un hecho incuestionable que el éxito personal y la

independencia financiera nunca llegarán a sus vidas si descuidan el hábito de aplicar el principio del kilometro extra. Hago esta afirmación porque he tenido un gran privilegio que ustedes aún no tienen pero llegarán a tener con el tiempo. Y es el privilegio de haber observado a miles de personas que han aplicado el principio y a otras tantas que no lo han hecho, y las conclusiones a las que llegué, según los resultados obtenidos en ambos casos, así me lo demuestran. Pude comprobar sin lugar a dudas que nadie puede superar los niveles de mediocridad en esta vida si no aplican este principio. Simple y sencillamente nunca llegan a ser exitosos. Si hubiera descubierto un solo caso, uno solo, en donde alguna persona hubiera alcanzado el éxito sin necesidad de aplicar el principio, afirmaría que hay excepciones a la regla, pero al no haber encontrado un solo caso que confirmara esa excepción, sostengo lo incuestionable que es este principio. Sin duda, puedo decirles con base a mis propias experiencias y con toda firmeza que nada en esta vida me ha dejado tantos beneficios como haber aplicado el principio y haber sido servicial con alguien más.

Y eso es lo que quiero que hagan. Quiero que sean autónomos y libres voluntariamente para hacer las cosas sin que los obliguen a hacerlo. La recompensa llegará a ustedes automáticamente, desde el momento en que hagan las cosas por voluntad propia y sin ayuda, y sin que nadie más les tenga que decir lo que deben hacer. Quiero decirles que una de las sensaciones más gratificantes y hermosas que he tenido, es estar aquí parado frente a ustedes hablándoles, pues es una de las cosas que más deseo y ¡puedo hacerlo! No tengo que pedirle autorización a nadie, ni siquiera a mi esposa. Pero créanme que si tuviera que hacerlo, lo haría, porque estoy en buenos términos con ella.

Ahora, veremos un pequeño asunto que aún no ventilamos y que es: la paz mental que he conseguido como resultado de mi trabajo de 20 años de estar aplicando el principio del kilómetro extra. Damas y caballeros, ¿Tienen idea de cuántas personas habrá en el mundo que estén dispuestas a sacrificar 20 años consecutivos de trabajo sin retribución alguna por hacerlo? ¿Tienen idea siquiera que haya personas en este mundo dispuestas a aceptar un trabajo así durante tres días seguidos plenamente conscientes que no recibirán nada a cambio? Se sorprenderían de saber que son muy pocas. Muy pocas. Y no pasemos por alto el hecho que disfrutamos una de las más grandes oportunidades que el ser humano puede tener, especialmente en este país, donde realmente creamos nuestro propio destino y podemos expresarnos con libertad absoluta de gozar la libertad de expresar nuestras ideas, la libertad de acción, la libertad de educación, y de la maravillosa libertad de ser serviciales e ir el kilometro extra en la dirección que queramos. Lo increíble es que pese a todo eso, la mayoría de las personas no lo hacen. He sido testigo de la apatía de mucha gente por cultivar este hábito, quizás por vivir en la prosperidad, no tener problemas o tener satisfechas sus necesidades. Hoy sin embargo casi todo el mundo tiene problemas, o creen tenerlos. ¿Saben lo que hago en vez de preocuparme por lo que esté sucediendo con el resto de la gente, saben lo que hago con mi tiempo?

En efecto, trato de ocuparme en corregir a este tipo que soy yo. Tengo que comer con él, tengo que dormir con él, tengo que afeitarle su cara todas las mañanas, tengo que lavar su cara, tengo que darle un baño periódicamente - ¡no tienen ni idea de cuántas cosas tengo que hacer por él! Y tengo que vivir con ese hombre las 24 horas del día. Así que me ocupo en pasar mi tiempo tratando de mejorarme a mí mismo, e intentando hacer lo mismo con mis amigos y mis estudiantes, escribiendo libros, impartiendo conferencias, enseñando mi filosofía y otras tantas cosas más. Y por hacer todo esto la vida me retribuye mucho mejor que si solo me sentara a leer el periódico y leer las columnas policiacas, los escándalos del espectáculo y todo aquello que tan acostumbrados estamos de encontrar en los diarios todos los días.

Seguiré hablando de este tipo Napoleón Hill que no tuvo el sentido común para declinar la oferta de Andrew Carnegie de trabajar 20 años sin recibir retribución alguna. Sin embargo, esos años rindieron su fruto a través de las semillas de felicidad y esperanza que he podido anida en los corazones de la gente. Eso es una cosa maravillosa. Si volviera a nacer de nuevo, me gustaría vivirla exactamente de la manera que la he vivido. Cometería los mismos errores para aprender de ellos, y procuraría que el periodo que trajo a mi vida la paz mental y el entendimiento fuera al amanecer de mi existencia y no al mediodía, porque no lo soportaría. Cuando uno es joven lo soporta. Pero cuando se pasa la hora del mediodía y entra la tarde, ya no es la misma energía que se solía tener. A veces la energía física o la capacidad mental no es tan grande, para enfrentar y resolver los problemas que en los días de juventud se lograban superar. Y los años que quedan no son suficientes para corregir los errores que se han cometido.

Tener la tranquilidad y paz mental que hoy disfruto en

el atardecer de mi vida es una de las grandes alegrías que me ha dejado esta filosofía, y si me preguntaran cual ha sido la mejor recompensa de haberlo hecho, no dudaría en responderles que es precisamente esa tranquilidad que hoy tengo. Hay mucha gente de mi edad e incluso menores que yo, que no han encontrado esa paz mental en sus vidas y que nunca lo encontrarán. Nunca podrán. Debido a que están buscando en el lugar equivocado. No están haciendo nada al respecto, esperan que alguien haga algo al respecto por ellos. Y la paz mental es algo que requiere que uno mismo lo trabaje, es un derecho que se gana. Así es como todo el mundo lo puede conseguir, y se sorprenderían de saber en donde se tiene que comenzar a buscar primero para lograrlo. No es en donde todo mundo lo busca, en la alegría que proporciona el dinero, ni en la fama o el deseo de reconocimiento, ni en la fortuna material que se tenga, sino en la humildad del propio corazón del Individuo.

Principalmente yo encuentro la paz mental en ese mi interior profundo que ya lo he descrito ante ustedes, en donde la pared es tan alta como la eternidad, y en donde me refugio a meditar varias veces al día. Allí es donde encuentro mi verdadera paz mental. Siempre que deseo penetró por esa pared interna, alejándome de toda influencia terrenal, para entrar en comunión con las fuerzas superiores del universo. ¡Es algo grandioso! Y todo mundo puede hacerlo. ¡Ustedes también! Cuando terminen de estudiar esta filosofía no solo serán capaces de hacer lo que quieran, sino hacer las cosas igual de bien o mejor que todo lo que yo hago. Y espero de verdad que cada uno de ustedes eventualmente pueda superarme en todo lo que hago, como escribir libros y continuar las obras que deje inconclusas, o escribir mejores libros de lo que escrito hasta ahora. ¿Por qué no? Nunca he dicho la última palabra en mis libros, ni en mis conferencias, o ni en cualquier otra actividad que realizo. Finalmente, soy solo también un estudiante como ustedes, quizás algo inteligente, pero sólo un estudiante en proceso que si algo tiene distinto es haber alcanzado la paz mental y saber cómo conseguirlo.

Participen al menos una vez al día en el acto de ir el kilometro extra. Tienen la libertad de elegir la manera en que lo quieran hacer. Puede ser algo tan simple como llamarle por teléfono a un conocido y desearle suerte en lo que hace. Se sorprenderán de lo que sucede cuando empiezan a telefonearle a ese grupo de amigos que tenían olvidados desde hace tiempo y que con solo decirles: "Hola, me acorde de ti y quise llamarte para saber cómo te ha ido y solo espero que sea tan bien como a mí me ha estado yendo." Se sorprenderán de lo que ese sencillo gesto logra en beneficio de ustedes y también de sus amigos. Y no tiene nada que ver que se trate de un amigo íntimo o de un simple conocido, basta con que sea alguien a quien ustedes conozcan.

También podrían ayudar a un amigo a liberarse de su carga de trabajo durante una media hora o más, llevar a los hijos del vecino al colegio cuando no pueda hacerlo, hacerla de niñera y cuidarlos mientras atienden un compromiso. Estarían en casa de todos modos, y si ustedes tienen niños, ya saben lo molesto que es ir a ver una película y que los niños se porten mal y no los dejen pasar un buen momento. También estoy consciente que por su naturaleza los niños son inquietos y pudieran hacerles pasar un mal momento peleándose con sus propios hijos mientras los cuidan, pero hay que ser tolerantes por un rato y aguantarlos. Valdrá la pena porque la mamá se sentirá obligada a corresponder de alguna manera, y ustedes se sentirán satisfechos de haber colaborado y haber sido serviciales con alguien más que lo requería. Podrían también cuidarlos en la propia casa del vecino, mientras ellos mejoran su relación de pareja yendo a un cine, o a ver un espectáculo. Por supuesto, tendría que existir una muy buena amistad entre vecinos para que esa confianza existiera. Ciertamente, la mayoría de las veces tenemos vecinos a los que podemos ofrecerles echarles la mano sin que piensen que por ello estamos locos.

En realidad no importa que tanto o que tan poco hagan por lo demás, lo que es importante es lo que logren hacer por ustedes mismos al ayudar a los demás prestándoles un pequeño servicio de alguna manera. ¿Sabían ustedes que tanto los éxitos como los fracasos en la vida se componen de pequeñas cosas? Muy pequeñas cosas. Tan pequeñas, de hecho, que a menudo ni nos damos cuenta de ello. Las verdaderas causas del éxito se pasan por alto a menudo porque son pequeñas y hasta insignificantes. Conozco gente que es tan popular que no se puede dar el lujo de tener enemigos. Sencillamente no saben lo que es tener enemigos. Y uno de ellos es mi socio el distinguido Sr. Stone. Va por la vida siempre aplicando el principio del kilometro extra, y vean lo prospero que es. Y no solo eso, hay mucha gente a su alrededor que aplica el mismo principio ¡en beneficio del mismo Sr Stone! Hay mucha gente que inclusive si tuvieran la necesidad de hacerlo, pagarían por trabajar a sus órdenes gustosamente. Y lo sé, porque escuché a uno de sus colaboradores afirmar lo anterior, pues también se había vuelto inmensamente rico trabajando para el Sr. Stone. Lo escuche decir, "Si no me pagara un salario y tuviera que pagarle por permitirme trabajar con él, con todo gusto lo haría con tal de ser su socio." Lo sorprendente es que el Sr. Stone no es diferente de ustedes, de mi o de cualquier otra persona, excepto por su actitud mental que proyecta hacia los demás y hacia sí mismo. Él hace de la actitud de servicio todo un hábito. A veces la gente se aprovecha de eso y no actúan de manera justa con él. Lo he comprobado, sin embargo, no es algo que le preocupe demasiado. De hecho, no le preocupa nada en absoluto, y punto. Porque ha aprendido a acomodarse a la vida de tal manera que vivirla es una gran alegría y esa misma sensación lo proyecta en la demás gente.

Otra acción gratificante que pueden hacer por algún conocido, es escribirles alguna carta motivándolo. En su trabajo pueden esforzarse un poco más de lo que les pagan por lo que hacen, incluso pueden quedarse un poco más de tiempo en el trabajo sin que forzosamente les tengan que pagar tiempo extra. Lo importante es la actitud de servicio y hacer que los demás se sientan un poco más felices. ¡Muchas Gracias!

Con esto concluye la discusión de Ir el Kilometro Extra, el cuarto principio de *Su Derecho a Ser Rico*.

UNA PERSONALIDAD AGRADABLE

¿Quiénes son ustedes? ¿Cómo los ven los demás? ¿Son simpáticos o antipáticos a los ojos de la gente que conocen? O tal vez peor, ¿pasan inadvertidos ante los demás? El quinto principio de *Su Derecho a Ser Rico* es al que se le conoce como Una Personalidad Agradable. Recuerden que no importa quienes sean ustedes, ni a lo que se dediquen, en todo caso cada vez que conocen a alguien, intercambian opiniones, platican por teléfono, o emiten un juicio, está vendiendo su activo más valioso: a ustedes mismos. Y entre más valiosos sean, más beneficios obtienen a cambio. Desarrollar una personalidad agradable les ayuda a ir delante de los demás de una manera positiva, dinámica y atractiva. La información de este principio, si se utiliza a plenitud, es lo que hace la diferencia entre un vendedor y un levantador de pedidos; entre un líder exitoso y un trabajador ordinario; y entre una persona muy querida y otra repudiada. En todo caso, como afirmara el Dr. Hill, usar la frase "a plenitud" es lo más importante. Los rasgos que conforman una personalidad agradable, y que en esta lección aprenderán, tendrán poco o ningún valor para ustedes a menos que los utilicen "a plenitud" en todo momento. En un momento más empezaremos con este seminario, pero antes es conveniente señalar una ligera discrepancia que encontrarán entre esta cinta de audio y la guía de estudio. Escucharán al Dr. Hill discutiendo los 25 rasgos de una personalidad agradable, mientras que la guía de estudio hace referencia a 30. Más que un error esta discrepancia refleja la verdadera naturaleza dinámica evolutiva de esta filosofía. Cuando el Dr. Hill realizó estos seminarios, a mediados de 1950, se había creado una lista de 25 rasgos de personalidad que él consideraba esencial para el éxito. Solo que más tarde, cuando depuró su filosofía, también perfeccionó y amplió esa lista a los 30 rasgos que incluye la guía. El seminario se llevó a cabo como si fuera una prueba. En donde cada persona va calificándose según cada uno de los 25 rasgos examinados. Les sugerimos que utilicen la conferencia como punto de partida, como una forma de entender los elementos clave de una personalidad agradable. Si lo desean, califíquense a sí mismos durante la conferencia, con un puntaje de 0 a 100 por ciento en cada rasgo, o simplemente escuchen lo que el Dr. Hill les dice acerca de las características de una personalidad agradable y califíquense después cuando lleguen al final de este audio. Allí, les daremos otra oportunidad de evaluar su personalidad, sólo que esta vez les pediremos que cotejen los resultados contra la lista de 30 rasgos, revisada por el Dr. Hill, utilizando un sistema de clasificación mediante letras. Obviamente, algunos detalles de la presentación de este principio han cambiado con los años. Lo que no ha cambiado, ni nunca cambiará, es la verdad elemental, que nos dice que una personalidad agradable es vital para el éxito. Y ahora con ustedes una vez más, el Dr. ¡Napoleón Hill!

Quiero presentarle a la persona más maravillosa del mundo. A esa persona que está sentada en su asiento ahora mismo. Y cuando ustedes comiencen a examinar a esa persona, punto por punto, de acuerdo con los 25 factores que conforman una personalidad agradable, se darán cuenta exactamente porque afirmo que esa persona es maravillosa. Solo les voy a pedir que a medida que avancen con esta lección, procuren calificarse a si mismos de acuerdo a cada rasgo que examinemos, utilizando una medición de 0 a 100 por ciento. De tal modo que cuando terminen, sumen el total y divídanlo entre los 25 rasgos, lo que dará como resultado una calificación promedio de su personalidad agradable. Si el promedio general es de un 50 por ciento, en verdad que su personalidad es muy aceptable. Aunque en lo personal espero que algunos obtengan un promedio mayor a esa cifra.

Ahora veremos que el primer rasgo de una personalidad agradable es siempre tener una actitud mental positiva, porque a nadie le gusta estar cerca de una persona negativa, no importa las otras cualidades que pudiera esa persona tener. Si no demuestran una actitud mental positiva, al menos delante de la gente, nadie podrá catalogarlos de ser agradables. Califíquense en este rasgo de personalidad entre 0 y 100. Y si el resultado fuera de 100, estarán en un sitio privilegiado acompañados de Franklin D. Roosevelt. Es decir, muy alto.

El siguiente rasgo es la flexibilidad, ¿pero a que me refiero con flexibilidad? Me refiero a la capacidad de poder adaptarse a las diversas circunstancias de la vida sin salir afectado en algún aspecto. Como bien saben hay mucha gente en este mundo que es tan rígida en sus costumbres y en su actitud mental que no pueden adaptarse a cualquier cosa que les parezca desagradable o a cualquier circunstancia con la que no estén de acuerdo. ¿Saben por qué Franklin D. Roosevelt fue uno de los más populares, quizás hasta el más popular, de todos los presidentes que hemos tenido en nuestra generación? Por su capacidad de adaptarse a todo tipo de personas. Un día me encontraba en su oficina justo cuando senadores y congresistas entraron para destrozarlo por algunos desacuerdos, y en lugar de eso los vi salir diciendo alabanzas de él. Y la causa de ese cambio fue la actitud mental con que los recibió, en otras palabras, acomodó su actitud mental a la de ellos y en vez de enojarse recurrió a la concordia. Esa es una poderosa y buena manera de adaptarse, es aprender a ser lo suficientemente flexible para no enojarse cuando la otra persona lo está. Si quieren enojarse con alguien que esté de buen humor, tráguense su coraje y tendrán una mejor oportunidad de no salir dañados.

La Flexibilidad. He visto a diferentes Presidentes de Estados Unidos ir y venir, he trabajado con varios de ellos, y sé lo que este factor de la flexibilidad puede significar para quien detenta el cargo más alto en el mundo. Herbert Hoover fue probablemente uno de los mejores ejecutivos y tomadores de decisiones que jamás hemos tenido en la Casa Blanca, y sin embargo, era incapaz de adaptarse a la gente por su inflexibilidad. Era demasiado rígido y muy cerrado a las opiniones. Calvin Coolidge era de la misma manera, y Woodrow Wilson, en cierta medida también era igual. Era demasiado estático, muy rígido, y demasiado correcto. En otras palabras, no permitía que nadie le diera una palmada en el hombro, que lo llamara Woody, o que se tomara en absoluto cualquier libertad personal con él. En esta vida hay muchas circunstancias a las que tenemos que adaptarnos temporalmente si queremos tener paz mental y buena salud, y sería bueno empezar desde ahora volviéndonos más flexibles si es que aún no lo somos. El número tres, es el tono agradable de voz. Aquí hay una cosa importante que pueden comprobar. Mucha gente tiene tonos ásperos. Hablan y sus tonos son desagradables e irritan a los demás. Observen, por ejemplo, a cualquier conferencista con una voz monótona, generalmente carecen de magnetismo personal, y no saben subir y matizar el tono de su voz. Ni aunque lo intentara, con esa voz nunca lograría cautivar a una audiencia ni en un millón de años. Aprendan a modular el tono de su voz y hacerlo agradable al oído, si está en sus planes enseñar, impartir conferencias, hablar en público, o incluso sostener una buena conversación. Si por ahora carecen de esa cualidad, con un poco de práctica lo lograrán. A menudo basta simplemente con bajar la voz, no hablar demasiado alto, y con eso la voz se vuelve agradable al oído. No creo que haya nadie que pueda enseñar a otra persona a transformar su voz en algo agradable, más bien esa responsabilidad recae en ustedes mismos y lo tienen que hacer ensayándolo, pero ante todo deben sentir la seguridad de ser agradables también. Por ejemplo, ¿Cómo podrían proyectar un agradable tono de voz estando enojados? ¿O como hacerlo cuando no les agrada la otra persona con la que platican? ¿Cómo podrían hacerlo? Bueno, ¡claro que se puede! Pero solo es eficaz cuando lo intentan como si estuvieran hablando consigo mismos.

Ahora bien todas esas cosas, requieren de técnicas cuidadosamente estudiadas que se tienen que adquirir si quieren que su voz sea agradable. La verdad no sé de algo mejor que valga la pena como ser agradable ante los ojos de los demás. Es una de esas cosas imprescindibles para ir por la vida.

La tolerancia. ¿Qué significa eso? Es mucha la gente que no entiende el significado de la tolerancia. El término significa tener una mente abierta, en todos los temas, hacia todas las personas, en todo momento, ser de amplio criterio. En otras palabras, no ser de mentes cerradas en contra de nadie ni nada, y estar siempre dispuestos a aprender y escuchar de todo tipo de temas sin excepción. Lo sorprendente es que haya poca gente de mente abierta, algunos de ellos son de mente tan cerrada que ni con una palanca logran abrirla. Ninguna idea nueva puede penetrar ese muro aunque lo intentaran. ¿Alguna vez han visto que ese tipo de gente sea agradable? Ni lo han visto ni lo verán. Para tener una actitud mental agradable tienen que ser de mente abierta, porque si no lo fueran la gente de inmediato lo detectaría por los prejuicios que se denotan cuando se tratan temas de política, economía, religión y otros temas controversiales. Desde el momento que los demás detectan que alguien es de estrecho criterio optan por la retirada de inmediato. ¿Tienen idea por qué tengo tantos seguidores de diferentes religiones en mis clases y se llevan bien entre todos ellos, independientemente que sean católicos, protestantes, judíos, y de distintas razas y credos?

¡Es correcto! ¡Es correcto! Para mí todos son iguales, son mis semejantes, mis hermanos y hermanas, por eso me llevo bien con todos ellos. Nunca opino de alguien por lo que piensa o por lo que cree en términos de política, religión, o credos, opino de esa persona en términos de lo que se esfuerza para mejorar y motivar a los demás. Respeto el modo de pensar de los demás y es por eso que me llevo muy bien con ellos. Antes no solía ser así. Que maravilloso es ser de amplio criterio porque me brinda la oportunidad de aprender mucho. En cambio la mente cerrada se priva de estar enterada de una gran cantidad de información, de una gran cantidad de hechos que se requieren para mantenerse al día y a la que solo tiene acceso una mente abierta. Ser de mente cerrada nos pone en contra de todo y de todos y nos lleva a pensar erróneamente que tenemos la última palabra en todo y que cualquier información está de más. Eso significa que dejamos de crecer desde el mismo momento que cerramos nuestra mente a cualquier tema y creemos ser los dueños de la razón absoluta. A partir de ese momento nos estancamos en la vida.

Veamos ahora el siguiente rasgo, un buen sentido del humor. Cuando digo un gran sentido del humor me refiero a esa disposición del individuo – que cuando no lo tenemos lo debemos cultivar – para adaptarse y no tomar tan seriamente todas estas cosas desagradables que enfrentamos a lo largo de la vida. Creo haberles comentado de una frase que leí en la oficina del Dr. Frank Crane en cierta ocasión. Me impresionó mucho y particularmente porque lo vi en la oficina de un predicador. La frase en cuestión decía: "No te tomes tan en serio, maldita sea." El Dr. se tomó la delicadeza de explicarme lo que significaba la frase "maldita sea" y era exactamente lo mismo que pensé que significaba. Que si nos tomamos a sí mismos demasiado en serio ¡es jodernos innecesariamente! eso es obvio, ¿no lo creen? Así que no fue una palabra profana después de todo. Y me gustó, me sigue gustando. Creo que es una buena frase para cualquiera, No tomarnos tan en serio. Y por cierto, uno de los mejores tónicos que se pueden tomar para tener el espíritu arriba es una buena dosis de risa por lo menos varias veces al día, y de ser posible, una buena carcajada. Si no tienen ningún motivo para reírse, busquen ese motivo. Por ejemplo, mírense en un espejo. ¡Estoy seguro que les arrancará una carcajada hacerlo! Al reírse se sorprenderán de lo que cambia la química de sus mentes desde el momento en que lo hacen. Ríanse si tienen problemas, la risa derrite los problemas y los hacen ver más pequeños de lo que se ven cuando lloramos.

El buen sentido del humor, ¡que maravilloso es! No sé si mi sentido del humor sea bueno, lo que sí sé es que siempre está listo para actuar. Puedo verle el lado divertido a casi cualquier circunstancia de la vida, y no como antes que solía ver la parte triste de las circunstancias. Ahora es distinto porque logré lubricar mi sentido del humor y lo tengo listo para actuar ante la menor provocación.

Ahora el siguiente rasgo, la sinceridad al hablar, que significa controlar prudentemente nuestra forma de hablar en todo momento con base al hábito de pensar antes de abrir la boca. Por desgracia, la mayoría de la gente no hace eso. Hablan primero y se lamentan después. Que grandioso sería que en una conversación, por ejemplo, antes de expresar alguna opinión con alguien más, pudiéramos saber con antelación si nuestro comentario afectará o beneficiará a nuestro interlocutor, o a nosotros mismos. Si antes de abrir la boca para hablar tuviéramos en mente que pueden ocurrir esas dos posibilidades, me atrevo a decir que no nos arrepentiríamos de la mitad de las cosas que acostumbramos expresar. Hay mucha gente que es imprudente para hablar, que se dejan ir por el momento y se explayan sin fijarse en todo lo que sale de sus bocas. Se olvidan de lo que dijeron ¡simplemente porque no lo hicieron conscientemente! Y el resultado es que casi siempre terminan en dificultades con alguien más. La sinceridad al hablar, no necesariamente significa que tengan que decirle a alguien exactamente lo que piensan de él, porque si así lo hicieran ningún amigo tendrían. Más bien la sinceridad, es no ser ambiguo en el discurso, no hablar en doble sentido, a nadie le gusta ese tipo de personas, ni tampoco las que recurren al lenguaje ambiguo y no expresan ninguna opinión firme sobre cualquier asunto.

Y ahora el séptimo rasgo, una agradable expresión facial. Si pudieran analizar su expresión facial frente a un espejo, descubrirían que con solo intentarlo, podrían proyectar una expresión facial agradable cuando lo quisieran. Basta con sonreír un poco. Es maravilloso aprender a sonreír mientras se está hablando con la gente. Es sorprendente la eficacia que alcanza un discurso cuando se está sonriendo que cuando algo se dice frunciendo el ceño o estando serio. Causa un efecto diferente en la persona que está escuchando. No me gusta hablar con personas que tienen gesto de seriedad en su expresión, pareciera como si estuvieran cargando a todo el mundo sobre sus hombros. Me pone nervioso. Sólo deseo que termine lo más pronto posible con lo que está diciendo y poder tomar mi camino. Que diferente sería que tuviera esa expresión de cordialidad y esa sonrisa del millón de dólares que solía tener Franklin D. Roosevelt, que tenía la magia de transformar las cosas más triviales que decía en sonidos musicales con un efecto sicológico placentero en sus interlocutores. Esa sonrisa era una cosa maravillosa. No finja la sonrisa ante la gente, eso lo hacen los changos. ¡Eso no lo encontrarán en mis notas! Aprenda a sonreír cuando así lo sienta. ¿En donde creen que se genera la sonrisa primero, en los labios o en la cara, o en donde exactamente? En su corazón, que es donde se siente, allí es donde se lleva a cabo. No tienen que ser guapos o bonitas, porque la sonrisa por si sola decora y embellece el entorno donde estén y hacen que su expresión facial sea mucho más hermosa.

Ahora veamos el agudo sentido de la justicia hacia todas las personas, lo que significa ser justo con los demás aunque eso implique una desventaja personal al hacerlo. ¡Qué cosa tan maravillosa es que la demás gente admire su sentido de justicia, sobre todo, cuando saben muy bien que es a costa de un sacrificio personal! Lo lamentable es que haya personas que buscan ser justos con los demás mediante un provecho personal de por medio. Y ¿tienen ustedes idea de la cantidad de personas que son justas solamente cuando saben que sus acciones tendrán una recompensa de una u otra manera? ¿Y lo rápido que caen en la deshonestidad pretendiendo obtener provecho por sus acciones? Ignoro cuanta gente sea así, pero es un hecho que la cifra es muy alta. Fomenten en todo momento el sentido de la justicia hacia los demás.

Y ahora veamos, la sinceridad de propósito. A nadie le simpatizan las personas que son falsas en lo que dicen y hacen, que tratan de aparentar algo que no son, que expresan cosas que no sienten, y que actúan a todas luces falsamente. La falta de sinceridad de propósito no es tan mala como decir mentiras, pero es su prima hermana. Y entonces llegamos a la versatilidad. Es a lo que llamaríamos esa amplia gama de conocimientos que tienen las personas que va más allá de su propio interés personal inmediato. Tome a una persona que no sepa nada más allá de algo que conozca específicamente y tendrán ante ustedes a un tipo incompetente desde el momento que sale de ese reducido campo de conocimientos que domina. Seguramente no tendrán que esforzar mucho su imaginación para acordarse de inmediato de alguien que conozcan con esas características, El típico individuo que se enfoca obsesivamente en solo una cosa olvidándose de todo el resto de información y conocimientos que debiera poseer también. Alguien así para nada es un interesante conversador excepto que al platicar con ustedes ¡sepa específicamente lo que más a ustedes les interesa realmente! ¿Saben cuál es la mejor manera de caerle bien a la gente? Hablando con ellos acerca de todo aquello que más les interesa. Eso es todo. Por cierto, si ustedes cultivan ese hábito de mostrar su interés por lo que dice su interlocutor, cuando llegue su turno de platicar lo que más les interesa, su interlocutor se volverá mucho más receptivo de lo que ustedes digan, mucho más.

Y ahora veamos, el tacto en el discurso y la forma. Significa ser cauteloso al momento de hablar y expresarse, para no revelar a través de las palabras todo lo que sucede en sus mentes. Porque al hacerlo se vuelven un libro abierto, en el que todo mundo puede leer a voluntad, y eso para ustedes muchas veces no es conveniente que suceda. Sean cautelosos en sus discursos y en su trato hacia los demás. Siempre se puede ser cauteloso, cosa que no suele suceder en el caso de los conductores de vehículos. Tal vez ya le sucedió que va circulando por una carretera y de pronto observa que alguien golpea en la defensa a otro vehículo. El causante sale de su carro a examinar el golpe que causó. Quizás el daño no pase de 10 centavos por la pintura desprendida, pero ambos conductores lo magnifican y hacen que los daños asciendan a cien dólares en daños despotricando mutuamente. Ya saben, ojalá y uno de estos días viva la experiencia de ver a dos hombres colisionando en carretera, a ambos disculpándose por la colisión, y cada uno echándose la culpa y ansiosos por pagar el costo del golpe. Sé que suena irreal pero espero llegar a verlo algún día.

Tener tacto. Se sorprenderían de lo mucho que pueden obtener de la gente si tuvieran tacto en su trato con ellas. A menudo, si en lugar de ordenarle, pedirle o exigirle a la gente que hiciera algo por ustedes, tuvieran el tacto de dirigirse a ellas usando la palabra *sería tan amable de hacerlo,* sin duda obtendrían mejores resultados. A pesar de que tuvieran la autoridad para que se cumplieran sus órdenes, sería un acierto agregar esta frase a su exigencia. Uno de los empresarios más brillantes que he conocido era Andrew Carnegie, y él nunca acostumbraba dirigirse a sus empleados para darles órdenes directamente. Siempre se dirigía a sus socios y empleados, incluso hasta los más humildes, empleando la frase *serían tan amables de....* Nunca les ordenaba, más bien siempre les pedía el favor que hicieran las cosas. Por eso no es de sorprender que se llevara tan bien con la gente. Ni es de extrañar que fuera una persona tan exitosa.

Veamos ahora la rapidez de decisión. Nadie puede ser bien visto por los demás y gozar de una personalidad agradable si se tiene el defecto de ser una persona indecisa y siempre posponer la toma de decisiones, aún cuando se tengan a la mano todos los elementos para tomar decisiones acertadas.

No quiero decir con esto que vayan por la vida tomando decisiones a diestra y siniestra de manera precipitada, sino que cuando cuenten con toda la información a la mano y llegue el momento de tomar una decisión, lo hagan, y si se equivocaran, siempre está la opción de echar reversa y corregir. Y si hubiera la necesidad de corregir, no tener miedo ni excesiva confianza por tener que hacerlo. Reconocer que se tomó una decisión equivocada nos hace más justos con nosotros mismos y con los demás.

Y por supuesto que no es necesario tener que hacer muchos comentarios con respecto al rasgo número 13 que es la Inteligencia Infinita. Lo sabemos porque de eso depende nuestra fe que debe ser muy alta si seguimos nuestra religión al pie de la letra, independientemente de la que sea. Seguramente se sorprenderían de saber la gran cantidad de gente que existe que solamente expresan su fe en la Inteligencia Infinita de dientes para afuera y nunca a través del ejemplo. Esta práctica de solo buenos deseos es más común de lo que parece aunque vaya respaldada por una supuesta creencia en la inteligencia infinita. No sé que sienta o piense el Creador al respecto, pero en lo personal opino que un solo acto, o una onza de acción equivalen a un millón de toneladas de buenas intenciones o creencias. Sólo con una sola acción podemos demostrarlo.

Veamos el número catorce, el correcto uso de las palabras, o no abusar de expresiones vulgares, de doble sentido y malas palabras. Nunca viví una época en que se permitiera y tolerara el uso de tantas expresiones vulgares, prosaicas, y de doble sentido como ahora. Y puede parecer normal para el individuo que lo dice, pero no lo es para quien lo escucha. Puede causar risa por momentos, pero es indeseable cuando se convierte en un hábito. Palabras correctas o incorrectas. Lo cierto es que no se trata de que nuestro idioma el inglés sea la cosa más fácil de conquistar o dominar, sino que es una lengua hermosa con una amplia gama de palabras y significados que debemos respetar. Y por eso es maravilloso saber manejar correctamente nuestro idioma, para poder comunicar con precisión a los demás lo que pensamos o lo que queremos que ellos piensen.

Veamos ahora el entusiasmo controlado. Tal vez se pregunten: "¿por qué controlar el entusiasmo? ¿Por qué no dejar que se manifieste a plenitud y darle rienda suelta?" Por la sencilla razón de que es un rasgo que si no lo controlamos ¡nos puede meter en serios problemas! El entusiasmo se debe manejar con la misma cautela que manejamos la electricidad. La electricidad es una cosa maravillosa, que nos ayuda a que funcionen la lavadora, la tostadora, el lavaplatos, el reproductor de sonido, y muchas otras cosas más, y que podemos controlar prendiéndola y apagándola cuando así lo queremos. El entusiasmo se debe manejar con ese mismo cuidado, encendiéndolo o apagándolo cuando así lo deseen. El problema surge cuando no lo apagan con la misma celeridad con que lo encienden, y permiten que ese entusiasmo se desborde en cosas que no debe .¿Han oído alguna vez que eso ocurra? Acuérdense de esas ocasiones en que llevados por un entusiasmo incontrolable trataban de hacer presa fácil a sus compañeros de que siguieran sus ideas hasta el grado de desgastarlos y acabar con su paciencia. He manejado vendedores que entran a mi oficina con un entusiasmo tan desbordado por convencerme de sus ideas, que no los vuelvo a dejar entrar de nuevo por la molestia de tener que defenderme de ellos. He escuchado a algunos oradores y predicadores que también actúan de esa manera, prefiero huir de ellos antes que soportarlos. Ya se han de imaginar del tipo de gente de la que estoy hablando, de ese tipo de persona que enciende su batería del entusiasmo y no hay forma de pararlo hasta que optamos por la huída o lo apagamos tajantemente. Ese tipo de gente no es para nada popular, pues no sabe encender y apagar su entusiasmo en el momento apropiado y es el tipo de persona a la que nunca se le podrá admirar por tener una personalidad agradable.

Por cierto, si quieren tener una personalidad agradable, deben ser capaces de irradiar entusiasmo siempre que estén dando una clase, impartiendo una conferencia, sosteniendo una conversación normal o realizando una venta. En ocasiones casi todo lo que involucra las relaciones humanas requiere de una buena dosis de entusiasmo de su parte. Y el entusiasmo es una de esas cosas que se pueden cultivar, igual como sucede con las demás cualidades. Excepto una cualidad que no se puede cultivar. Veamos si me pueden decir cuál es. Era esa que Andrew Carnegie decía que de todas las cualidades era la única que no se podía cultivar.

El magnetismo personal, así es, exactamente. Es algo innato que poseemos y que se puede controlar y transmutar, pero nunca transferir a otra persona.

SU DERECHO A SER RICO

Ahora veamos el limpio espíritu deportivo, ser un buen competidor en todo. Nadie puede ser un vencedor en todo lo que haga. Siempre hay momentos en los que se pierde. Cuando pierdan, háganlo con gracia y amabilidad. Acepten la derrota y digan: "Bueno, ya perdí, pero quizás sea lo mejor que me ha pasado porque empezaré a buscar de inmediato la semilla de un beneficio equivalente, y de ese modo estaré preparado para aprender de la derrota." Y en seguida no tomen esa adversidad tan en serio, sin importar lo que sea. Durante la Depresión sufrí la perdida de cuatro amigos por suicidio. Dos de ellos saltaron de edificios altos, uno más se mató de un tiro, y el último tomó veneno, y todos se mataron porque habían perdido todo su dinero. Y por lo menos en el caso de dos de ellos, yo perdí el doble de lo que ellos habían perdido. Más sin embargo, no salté de un edificio, ni me disparé un balazo, ni me envené. ¿Qué fue lo que hice? Me dije a mi mismo: "Bueno, hay que verle el lado bueno a las cosas, porque al perder todo mi dinero, ahora tendré que esforzarme por volverlo a ganar y en este proceso aprenderé un poco más." Esa fue mi actitud mental ante la adversidad, tenía que empezar a buscar inmediatamente esa semilla de un beneficio equivalente, y hacerlo no me molestó en lo más mínimo. Me dije a mí mismo: "Si llego a perder los pocos centavos que tengo, el último traje que tengo, incluso mis calzoncillos, siempre podré conseguir que alguien me preste un barril que ponerme y empezar de nuevo, de cualquier modo no faltará que haya gente en algún lado dispuesta a pagar por escucharme, así que puse manos a la obra y empecé a trabajar para empezar a ganar dinero." Con esa actitud nadie nunca puede sentirse derrotado, no importa si la adversidad nos derrumba muchas veces, siempre saldremos avante como los corchos, que aunque se les ponga en el fondo de un recipiente con agua siempre flotan y salen a la superficie, no importa que ejerzamos presión sobre él llega el momento que nada es suficiente para mantenerlo sumergido.

Y ahora con ustedes el rasgo número 17, la cortesía. Oh, qué cosa tan maravillosa es demostrar cortesía hacia los demás. Especialmente con aquella gente que está en un plano inferior a nosotros social, económica o financieramente. ¡Qué maravilloso es ser cortés con esa gente con la que supuestamente no tendríamos que serlo. Ser así es algo grandioso. Ser cortés con alguien más obliga a la persona a devolver la cortesía. Es desagradable la falsa cortesía y la adulación desmedida hacia otra persona. Nada me molesta más que ir a un restaurante y ver a un nuevo rico o alguien prepotente ordenando a gritos y abusando de los meseros. Incluso aunque se lo merecieran, es algo que no deja de ser indeseable. Siempre he pensado que cualquier persona que abusa de otra en público, con o sin causa justificada, es sintomático de lo mal que está mentalmente y de que algo le hace falta en su vida.

Recuerdo muy bien cuando estaba viviendo en el Hotel Bellevue Stratford en Filadelfia, en ese famoso viaje cuando fui allá para conseguir mi editor la primera vez. Uno de los meseros derramó un poco de sopa caliente justo atrás de mi cuello y me quemó. El jefe de meseros corrió de inmediato en mi ayuda y a los pocos minutos lo hizo también el gerente del hotel diciéndome que me conseguiría un doctor. Le respondí: "Bueno, no es tan grave después de todo, solo fue un poco de sopa derramada. En verdad no es nada para lamentar." Y me dijo con el gesto enojado: "Está bien, entonces mandaremos a limpiar su traje y tomaremos las medidas correctivas para que esto no vuelva a suceder." Y le dije insistiéndole: "No se enoje, en todo caso quien debiera estar molesto soy yo, y no lo estoy porque en realidad no pasó nada." Después cuando el mesero terminó su turno fue a buscarme a mi habitación y me dijo: "Vengo a agradecerle por lo que usted dijo en mi defensa. Pudo haber ordenado que me despidieran y no haber dicho nada disculpándome y si eso hubiera sucedido en este momento estaría sin trabajo, y créame que no puedo darme el lujo de quedarme sin empleo." La verdad no sé hasta qué grado le hice un bien al mesero, pero indudablemente lo que me dijo me hizo mucho bien a mí saberlo. Después de todo, se trataba de una persona a la que pude haber humillado, y hasta donde me acuerdo jamás en mi vida he humillado a nadie por la razón que fuera. Lo cierto es que me siento bien de tener esa actitud hacia la gente. Y como ya saben, comportarme de esa manera hace que la gente se comporte igual conmigo. Nunca me han humillado. ¿Y saben por qué? Porque se nos regresa lo que enviamos a los demás. Somos imanes humanos y atraemos todo lo que proyectamos desde el interior de nuestra alma y corazón.

Veamos ahora el rasgo vestir con propiedad. Eso es importante para cualquier persona que lleva una vida pública. Nunca he sido demasiado exigente en ese aspecto, ya que me visto formalmente solo en contadas ocasiones. Pero a veces es conveniente y necesario estar presentable. Sin embargo, pueden apelar a su buen gusto, teniendo siempre en mente que la persona mejor vestida es aquella que se ha vestido de tal manera que si les dijeran que describieran cómo estaba vestido él o ella no podrían hacerlo. Y solo dirían: "Lo único que sé es que se veía muy bien."

A continuación, el rasgo de la dramatización. Sean habilidosos para dramatizar cuando tengan que vender su imagen en cualquier ámbito de la vida. Tienen que ser habilidosos para lograrlo. Dominen el momento para dramatizar con palabras y el momento para dramatizar circunstancias. Ya saben, hay ciertas cosas que no se pueden decir con un lenguaje normal – es como si contáramos la vida de los hombres más sobresalientes de la historia, y solo proporcionáramos simples hechos sin ponerle drama y énfasis al contarlo, sonaríamos planos y sin ningún interés para nuestros oyentes. Es conveniente dramatizar aquello de lo que se esté hablando, y esto también es aplicable cuando tengan que hacer negocios con alguien más. Aprendan el arte de la dramatización para darle fuerza a lo que comunican.

Y a continuación, no necesito ni mencionarles la importancia que tiene Ir un kilometro extra, ya abarcamos ese tema en toda una lección que nos llevó buena parte de la conferencia, y por supuesto, en este momento puede calificarse en este rasgo con absoluto conocimiento al respecto.

Y ahora veamos el rasgo de la moderación en el comer, beber, trabajar, jugar, y pensar. La moderación significa nada en exceso, ni demasiado ni muy poco de cualquier cosa. El hábito de comer demasiado provoca tanto daño como beber alcohol en exceso. Así de nocivos son ambos. Mi regla para ir por la vida sin excesos es que no permito que nada se haga cargo de mí. Cuando fumaba, llegué a un punto en el que me di cuenta que los cigarros se estaban haciendo cargo de mi vida, así que decidí dejarlo. Puedo tomar una o dos copas. Y supongo que me podría tomar hasta tres. Pero no recuerdo haber tomado más de ese límite en un evento social, aunque podría hacerlo si así lo quisiera. Lo que pasa es que si alguna vez sintiera que el alcohol se estuviera apoderando de mi voluntad o no pudiera superarlo, lo dejaría de inmediato. Haría exactamente lo mismo que hice con el cigarro. Renunciaría a seguir haciéndolo inmediatamente. Porque lo que yo deseo es ¡estar en posesión solamente de Napoleón Hill, todo el tiempo! Nada de excesos, ni poco ni demasiado. No hay nada en la vida tan dañino como ello. En cambio la moderación es una cosa maravillosa, ¡si no exageran!

A continuación, sean pacientes en toda circunstancia. Veamos el rasgo de la paciencia. Debemos ser pacientes en este mundo en que vivimos porque es un mundo de competencia que constantemente nos exige de la prudencia para entrar en acción en el momento favorable y sacar provecho de las circunstancias. La impaciencia nos puede conducir a decisiones equivocadas y a obtener de la gente el rechazo y un *no* por respuesta cuando es lo que menos deseamos. También se requiere de paciencia para sincronizar nuestras relaciones con los demás y mantener el control de nosotros mismos en todo momento. Pero precisamente es eso de lo que carece la mayoría de la gente. Ya saben, basta con que digamos o hagamos algo incorrecto para sacar de quicio en dos segundos a la mayoría de las personas. Enojarse porque alguien diga o haga las cosas mal es innecesario, pero es algo que finalmente es su elección. Lo mejor es no optar por molestarse.

El rasgo número 23, el porte y la postura correcta de nuestro cuerpo. Mantener el cuerpo en una postura correctamente erguido proporciona más comodidad y proyecta mayor seguridad, que adoptar una postura encorvada como sinónimo de inseguridad. Caminar desgarbado sin preocuparnos en la postura de nuestro cuerpo, es un rasgo particular que nos define como personas descuidadas en nuestra apariencia personal. Es bueno demostrar que se tiene porte y una correcta postura del cuerpo.

Ahora veamos el rasgo número 24, la humildad del corazón basada en un agudo sentido de la modestia. La humildad del corazón. No conozco nada que transmita una humildad sincera como la que brota del corazón. Ya saben, somos muy dados a criticar todo, y a veces nuestra crítica llega hasta las personas con las que trabajamos - pero no a todos, solo a algunos de ellos. Cuando ese afán destructivo de juzgar el comportamiento de nuestros compañeros esté a punto de apoderarse de nuestra voluntad recurran a la reflexión y digan en su interior, seguramente nadie más los escuchará: "Señor ten piedad de todos nosotros, y concédeme la gracia de no juzgar a mis compañeros, ya que he cometido acciones diez veces peor que las que ahora estoy criticando." En otras palabras, traten de mantener su sentido de humildad del corazón, sin importar que sea desagradable lo que les esté afectando. En mi caso, cuanto más éxito tengo, más grande es este sentimiento de humildad del corazón, reconociendo que después de todo, cualquiera éxito obtenido se debe por completo al afecto, al amor maravilloso y a la cooperación de otras personas, ya que sin ello nunca habría podido divulgar mi enseñanza por el mundo de la manera como lo he logrado. Nunca habría beneficiado a la gente del modo como lo he hecho y nunca habría crecido como lo pude hacer, si no hubiera sido por el amor, el afecto y la maravillosa cooperación amistosa de los demás. Y nunca habría conseguido su cooperación si no me hubiera adaptado a ellos en un estado de sincera amistad.

Y finalmente el último rasgo, pero no el menos importante, el magnetismo personal. Este rasgo tiene relación con la emoción del sexo, es un rasgo innato y el único de los rasgos de la personalidad que no se puede cultivar, pero que podemos controlar y dirigir para nuestro propio beneficio. De hecho, los más destacados líderes, vendedores, conferencistas, clérigos, abogados, profesores, y las personas más destacadas en cada campo del conocimiento, son personas que han aprendido a transmutar la emoción del sexo, es decir, a transformar esa gran energía creativa en aquello que más se quiere en la vida. Y no olviden buscar en un diccionario el significado completo de la palabra *transmutar* hasta que se aseguren de entender lo que significa.

Ahora, ya tienen en sus manos un completo panorama de este tema, es un material que les ayudará a descubrirse a sí mismos y que les ayudará a descubrir debilidades que pensaban no tener y fortalezas que hasta entonces había subestimado y que lo sabrán después de responder a las preguntas con las que se calificaran a sí mismos en el test de personalidad de esta lección. Descubran todo acerca de su personalidad, para ver en donde están parados, y averiguar la razón por la que agradan y desagradan a los demás. Lo que quiero que hagan a continuación es que se sienten tranquilamente y vayan respondiendo a cada una de las más de veinte preguntas de que consta el test. Quiero que aprendan a analizar a las personas, empezando por ustedes mismos. Descubran lo que hace popular a la gente, lo que los motiva, y cuando concluya su análisis, tendrán uno de los mayores activos que jamás pudieron imaginar poseer. Muchas gracias....

Ahora que ya han escuchado la presentación del Dr. Hill de acuerdo a la lista original de los rasgos de personalidad y conocen el proceso para calificarse en cada uno de ellos, es el momento de tomar un lápiz y empezar con el examen. La mayoría de estos rasgos son similares a los que acaban de escuchar. Es importante su honestidad al evaluarse a sí mismos. Con esta nueva comprensión que ahora tienen de los elementos clave de una personalidad agradable, ¿cómo se calificarían ustedes? ¿Creen que hayan diferencias de lo que ahora opinan de sí mismos que de lo que opinaban ante de escuchar el audio? Veamos como calcularán su puntuación. Si su calificación en cualquiera de los rasgos es perfecto, o casi perfecto, - un logro poco común – le corresponderá la letra A +. Si están por encima del promedio, les corresponde una A. Si están dentro del rango promedio, les corresponde una B. Si su puntuación es pobre o

SU DERECHO A SER RICO

inferior a la media, les corresponde una C. Y si consideran que su nivel es insatisfactorio en cualquiera de los rasgos, marque una D. Sean lo más honestos que puedan. Calificarse con una puntuación mayor a la que realmente se merezcan sólo fomentará una especie de autoengaño que les impedirá alcanzar sus metas. Este test está incluido en su guía de estudio, y allí mismo podrán hacer sus puntajes correspondientes. Se sugiere que esta misma prueba se repita un mes después de haberse realizado. Y de ahí en adelante efectuar la prueba periódicamente para mantener un registro de sus avances. Comencemos.

1. Una actitud mental positiva.
2. La Flexibilidad.
3. La sinceridad de propósito.
4. Rapidez de decisión.
5. La cortesía.
6. Un tono agradable de voz.
7. El hábito de sonreír al hablar.
8. Una agradable expresión facial.
9. Tacto al hablar.
10. La tolerancia.
11. Sinceridad en el discurso y la forma.
12. Un Buen sentido del humor.
13. Fe en la Inteligencia Infinita.
14. Un agudo sentido de justicia.
15. Uso correcto de las palabras.
16. Control de sus emociones.
17. Alerta ante lo que despierta su interes.
18. Eficacia al hablar.

19. La versatilidad.
20. Acercamiento con la gente.
21. Control del temperamento a voluntad.
22. Esperanza y ambición por el éxito.
23. Moderación en los hábitos.
24. La paciencia.
25. Humildad del corazón.
26. Vestir con propiedad.
27. La buena dramatización.
28. El limpio espíritu deportivo.
29. La capacidad de estrechar la mano con simpatía.
30. El magnetismo personal.

Bueno, ¿cómo les fue? Esperamos que hayan obtenido puntajes altos en esta prueba, eso indicará que tienen una personalidad agradable y que por lo tanto, dominan uno de los más importantes elementos para lograr la riqueza que desean. Su personalidad es su mayor activo, o su mayor responsabilidad. Le da forma a la naturaleza de sus pensamientos, de sus actos, de sus relaciones con los demás, y establece los límites para el espacio que ocupan en el mundo. Su personalidad es la única cosa que no puede permitirse el lujo de ignorar. Al igual que todas las demás conferencias de esta filosofía, les sugerimos que la exposición de este principio presentado por del Dr. Hill la escuchen una y otra vez. En este caso, les servirá para definir y refinar lo que son, y la correcta forma de presentarse ante el mundo que los rodea. Cerramos esta lección con la frase memorable utilizada por filósofos y grandes maestros a través del tiempo: Conócete a ti mismo. Respondan a este llamado, y transfórmense en las mejores personas posibles, y con una personalidad ganadora que les permitirá alcanzar sus metas, de la misma forma como alguna vez lo describiera magistralmente el poeta William Ernest Henley: "Yo soy el amo de mi destino y el capitán de mi alma."

Con esto concluimos la discusión de Una Personalidad Agradable, el quinto principio de *Su Derecho a Ser Rico*....

LA INICIATIVA PERSONAL

El sexto principio de *Su Derecho a Ser Rico* es la iniciativa personal. En sus términos más simples, este es el aspecto que produce la acción de esta filosofía. Veamos su analogía con un coche: los neumáticos están correctamente inflados, el aceite ya fue cambiado, el tanque de combustible está lleno, la batería tiene carga completa, incluso la carrocería está perfectamente lavada y brilla como nueva. Sólo hay un problema: el motor no funciona. Lo que significa que aunque el carro esté impecable no irá a ninguna parte. La iniciativa personal es como una dinamo que no sólo pone en operación toda la acción física, sino también pone en acción su facultad de la imaginación. En el proceso de transformar su propósito definido principal en términos físicos o financieros, también pone en acción el elemento crítico para concluir cualquier acción que haya empezado. Como lo señala el Dr. Hill, existen dos tipos de personas que nunca llegan a nada. Uno de ellos es aquel que nunca hace nada, excepto lo que se le ordena hacer, y el otro es aquel que nunca va más allá de lo que estrictamente se le dice que haga. Por lo tanto, podemos afirmar que La Iniciativa Personal es el hermano gemelo del principio de Ir el kilometro extra. Este principio como el de la personalidad agradable, incluye un test de autoevaluación que está incluido en la guía de estudio. Prepárense a calificarse a sí mismos de manera abierta y honesta según las cualidades de que consta este principio vital para el éxito. Y ahora, una vez más tenemos con ustedes al Dr. Napoleón Hill.

Bueno, esta noche veremos una gran lección. Comenzaremos a ver la Iniciativa Personal. Les digo que es una gran lección, porque es la parte que genera la acción en esta filosofía. No haría mucha diferencia si entendieron o no todos los demás principios que hemos visto, lo importante es que los pongan en práctica, ¿no lo creen? En otras palabras, el provecho que obtendrán de esta filosofía no dependerá para nada de lo que diga en estas conferencias, ni de lo que haya incluido en mis notas o en mis lecciones, ni de todo lo que lleguen a leer en mis libros, sin que lleven todo eso a la realidad. Eso es importante, poner en práctica todo lo aprendido. Esa acción que deberán emprender para empezar a usar esta filosofía con la ayuda de su propia iniciativa personal.

Ahora bien, hay ciertas cosas, ciertos atributos que tienen la iniciativa y el liderazgo, y quiero que empiecen a calificarse en esos atributos. Son 31 en total. Comentaré algunos de ellos que son los que considero de mayor importancia. Por cierto, su calificación en estas cualidades de la iniciativa personal, será el primer paso para hacer de ellas todo un hábito.

No creo que tenga que hacer muchos comentarios con respecto al atributo número 1, el propósito definido principal, porque obviamente, si carecen de un objetivo en la vida, carecen también de suficiente iniciativa personal. Uno de los pasos más importantes a emprender es determinar lo que quieren en la vida. Si aún no han determinado su objetivo de vida, enfóquense entonces en objetivos de corto plazo, como puede ser lo que quieren lograr en este año, o en lo que resta del año. No establezcan propósitos demasiado altos de alcanzar o muy tardados de conseguir. Si se trata de negocios, de sus profesiones o de sus trabajos, pueden establecer su propósito a la obtención de mayores ingresos por sus servicios, no importa el servicio que presten. Después, al final del año, pueden hacer una revisión de ese propósito y subir sus expectativas de logro para ser alcanzados en plazos de uno a cinco años. En otras palabras, ese es el punto de partida de la iniciativa personal, saber a dónde van, conocer su punto de destino, lo que harán una vez estando allí, y el logro económico que obtendrán de todo ello. Como ya saben, la mayoría de la gente en este mundo podría ser exitosa si tan sólo determinaran el éxito que desean y cómo piensan conseguirlo. Hay mucha gente que quiere tener una buena posición y dinero a raudales, pero desconocen esa posición a la que aspiran y la cantidad de dinero que quieren tener, o el plazo en el que lo obtendrán. Así que reflexionemos un poco con respecto a esta cualidad y califiquen la posición en la que creen estar en este atributo número 1.

Ahora veamos el atributo número dos, tener un motivo suficiente para inspirar la acción continua en la búsqueda del propósito principal. Hagan un autoanálisis cuidadoso y averigüen si existe un motivo o motivos suficientes. Sería mucho mejor si tuvieran más de un motivo en su propósito de querer alcanzar su objetivo principal o su objetivo de corto plazo. Pues como ya saben, damas y caballeros, nadie hace nada si no existe un motivo de por medio. Permítanme hacer una corrección en ese punto, es que no lo dije correctamente: ¡nadie que no esté en sus cabales! Es que una persona desequilibrada es fácil que haga muchas cosas sin que medie un motivo, pero la gente normal solo se mueve mediante motivos justificados, y cuanto más fuerte es ese motivo, se traduce en mayor actividad y en una mayor iniciativa personal. Pues como ustedes saben, para ser exitoso de nada sirve tener la mente más brillante de este mundo, ni haber recibido la mejor educación disponible, si no se tiene la disposición para poner en práctica lo poco o mucho que se posee, y que es a lo que llamamos la iniciativa personal.

Número tres, Una alianza de Trabajo en Equipo, es decir, la cooperación amistosa que nos ayuda a potencializar el esfuerzo para lograr nuestros propósitos. Tomen la iniciativa en este momento y averigüen con cuantos amigos contarían en caso de requerir de su cooperación en alguna necesidad que enfrentaran. Hagan una lista de ellos, de esos amigos verdaderos en quien no dudarían en acudir en caso que necesitaran un favor, un aval, una recomendación, o un préstamo de dinero. Porque dicho sea de paso, siempre están latentes esos imprevistos que nos llevan a requerir un préstamo de dinero en cualquier momento ¿Se imaginan que bueno sería siempre contar con alguien que nos ayudara a salir de cualquier urgencia de dinero? Por supuesto, siempre estará la opción de acudir a un banco, con el inconveniente de todos los requisitos y obstáculos que siempre ponen para otorgar los prestamos, Pero también hay momentos cuando nuestra necesidad es por cantidades pequeñas de dinero y de favores equiparables y en esos casos siempre es una ventaja contar con conocidos o amigos que nos saquen de esos apuros. La ayuda de los demás es importante. Particularmente cuando se tienen aspiraciones altas por encima de la mediocridad, siempre es bueno tener el apoyo de una alianza de trabajo en equipo, conformada por una o más personas, que no solo aportan su cooperación, sino que apoyan en forma integral con sus habilidades para la obtención de sus metas. A ustedes corresponde tomar la iniciativa de construir esas alianzas de trabajo en equipo, y asumir la responsabilidad de que sea la unión de mentes creativas con un propósito común y no una reunión de amigos para ayudarlo por ser un buen compañero. Se debe trazar un plan, tener un propósito, encontrar la gente adecuada para hacer su alianza y ya teniendo todo eso presentarles un motivo suficiente a sus aliados para contar con su apoyo intelectual y alcanzar las metas trazadas. Por cierto, me enteré que la gran mayoría de la gente no acostumbra hacer alianzas de trabajo en equipo. Pero no se preocupen si esto mismo pasa con ustedes y tengan que calificarse con un cero en este atributo por no tener ninguna alianza en este momento, lo importante es que se esfuercen en formar una alianza para que la próxima vez que se califiquen obtengan una calificación mayor. Y la única manera en que se puede lograr, es empezando a buscar a partir de ahora mismo al menos un aliado intelectual con quien integrar una alianza con una meta en mente.

Atributo número cuatro, la autosuficiencia en proporción a la naturaleza de su propósito principal. Averigüen exactamente cuánta autosuficiencia tienen. Por cierto, cuando vayan a calificarse y lleguen a este punto de la autosuficiencia, es posible que necesiten algo de ayuda de otras personas. Quizás requieran de un poco de ayuda de la esposa o esposo, del mejor amigo, o de alguien que conozcan muy bien. Tal vez se sientan autosuficientes, pero ¿realmente saben en qué porcentaje lo son? ¿Les interesaría saber cómo pueden comprobar ese aspecto con precisión? Es fácil, simplemente regresen al atributo numero 1, evalúen su propósito principal y vean lo sencillo o complejo que es. Dependiendo de la magnitud de su propósito será la autosuficiencia que tengan. Si carecen de algún propósito o alcanzarlo no implique mayor esfuerzo, tendrán que calificarse muy bajo en ese rubro. Si son autosuficientes, no solo su calificación será alta, sino también su objetivo será lo más alto que nunca hayan alcanzado antes, gracias a la gran determinación que poseen.

Atributo número cinco, suficiente autodisciplina para asegurar el dominio de la cabeza y el corazón, y para sostener nuestros propósitos hasta su cumplimiento. ¿En dónde y cuándo creen que se necesita más de la autodisciplina? ¿Acaso cuando todo marcha bien, es color de rosa y resulta todo exitoso? ¿Es en esos casos cuando más se requiere?

¡Exactamente! Se requiere la autodisciplina cuando las cosas se ponen difíciles y el panorama es completamente desfavorable. ¿Qué tipo de autodisciplina se requiere para esos momentos? De la disciplina mental para llegar hasta donde se hayan propuesto y con la determinación suficiente para llegar sin importar los obstáculos que tengan que superar para conseguirlo. Necesitarán por lo menos de suficiente autodisciplina para sostenerse en el camino y no renunciar a continuar adelante cuando la adversidad se interponga y tengan que enfrentar momentos difíciles.

Y ahora el atributo número seis, la persistencia basada en la voluntad de ganar. ¿Saben cuántas veces una persona promedio tiene que fracasar antes de renunciar a seguir luchando y optar por algo diferente? ¿Una vez? ¿No creen que son demasiado generosos? ¿Una vez? ¿Han oído hablar de ese tipo que siempre fracasaba antes de emprender algo, porque decía que no valía la pena intentarlo pues todo lo que hiciera saldría mal? ¿Han oído hablar de él? Bueno, con ese ejemplo la cifra se reduce a menos uno, ¿verdad? Y eso no es todo, que dirían si les dijera que la gran mayoría de la gente no solo fracasa antes de empezar, sino que de hecho nunca ni siquiera empiezan nada en absoluto. Piensan en cosas que podrían hacer, pero nunca las llevan a cabo. ¿Y sabían también que una gran mayoría inician proyectos pero a la primera de cambios renuncian a seguir adelante a la primera adversidad que enfrentan, optando por dedicarse a otra cosa? Me pregunto, si sería bueno hacerles una pregunta. A ver díganme ustedes que están cerca de mí y con esa franqueza con que nos decimos las cosas, ¿Saben de casualidad cual es el activo más sobresaliente que poseo?

La voluntad de ganar. Bueno, ¡por muy poco y le atinan! En realidad se trata de mi persistencia junto con mi voluntad de ganar y mi autodisciplina para aferrarme a mi propósito cuando las cosas se ponen más difíciles. Esa es mi cualidad más destacada que poseo, y tendré siempre. Y quiero decirles que de no haber tenido esas cualidades, no hubiera podido terminar esta filosofía, nunca habría podido darla a conocer ante tanta gente como ha sucedido, y no hubiera podido estar esta noche platicando aquí con ustedes. Y ¿creen que se nace con esta cualidad o se adquiere? Bueno, la verdad es que si no pudiera adquirirse, no tendría sentido estar hablando al respecto en esta lección, ¿verdad? Ciertamente, es una cualidad que se adquiere. Y por cierto, no es muy difícil adquirirlo. A propósito, ¿Qué es lo que hace que una persona sea persistente? En efecto, ¡El deseo ardiente! ¿Saben lo que es un deseo ardiente? El deseo ardiente es esa motivación que vuelve a la gente persistente, ¿no es así?

Siempre que pienso en la persistencia y el deseo ardiente me remonto de inmediato a mi época de noviazgo. Nunca he puesto más empeño y deseo ardiente en alguna cosa en la vida como lo hice con mi noviazgo. Y estoy seguro que sin esa persistencia no se llega muy lejos en una relación. ¿Creen que se pueda transmutar esa emoción en algo relacionado con sus negocios, profesión o trabajo? ¿Y creen que se sienta la misma emoción cuando se alcanza el éxito en el trabajo que cuando se está cortejando a la mujer de su elección? ¿Se sentirá igual? ¿De casualidad saben lo que significa la palabra *transmutar*? ¿Lo saben? ¿Qué significa?

¡Muy bien! ¡Muy bien! ¡Maravilloso! ¿Alguna vez han intentado transmutar una emoción en algo más? Maravilloso, maravilloso, si aún no lo han intentado, no esperen más, inténtenlo lo más pronto posible, la próxima vez que se sientan de mal humor o deprimidos, traten de cambiar ese estado de ánimo en una emoción de coraje y fe y verán los resultados maravillosos que obtendrán. La transmutación cambia toda la química de todo nuestro cerebro y cuerpo, y nos vuelve más eficaces en lo que hacemos.

Y ahora el atributo número siete, la facultad bien desarrollada de la imaginación controlada y dirigida. ¿Tienen importancia las últimas palabras en esta definición? Claro que sí, porque la imaginación puede ser peligrosa cuando no se le controla y dirige. Una vez hice una investigación de todos los prisioneros de las penitenciarías federales de los Estados Unidos. El estudio fue hecho para el Departamento de Justicia. Los resultados obtenidos mostraron que la mayoría de los presos que allí purgaban sus penas tenían demasiada imaginación, pero que no habían logrado controlarla y dirigirla en la dirección correcta. La imaginación es una cosa maravillosa, pero cuando no se le tiene bajo control y se dirige a determinados fines, de tipo constructivo, puede ser extremadamente peligrosa para uno.

Ahora el número ocho, el hábito de tomar decisiones concretas y rápidas. ¿Ustedes así lo hacen? ¿Toman este tipo de decisiones cuando tienen a la mano toda la información necesaria para hacerlo? Bueno, parece ser que algunos de ustedes son muy modestos. Ya en serio, amigos, si ustedes no tienen el hábito de ser rápidos tomadores de decisiones y contundentes, teniendo los hechos en la mano para serlo, entonces son de ese tipo de personas que se la pasan perdiendo el tiempo en el trabajo, postergando asuntos por resolver, y destruyendo eso tan importante que conocemos como iniciativa personal. Una de las mejores maneras de comenzar a practicar la iniciativa personal es aprendiendo a tomar decisiones de manera firme, contundente y rápidamente cuando se tienen todos los datos disponibles para hacerlo. Por supuesto, no me estoy refiriendo a decisiones y juicios precipitados basados en evidencias a medias, sino a decisiones tomadas basadas en hechos incontrovertibles sobre algún asunto especifico, que nos obliga a ser tajantes y determinados para decidirnos y no caer en esa terrible costumbre de postergar todo como lo hace tanta gente.

Eviten ser de esa gente que postergan todo, porque su indecisión será extensiva a todo aquello que hagan, dicho en otras palabras, no actuarán en base a su iniciativa personal. Atributo número nueve, el hábito de basar sus opiniones en hechos y no en conjeturas. ¿Cuántos de ustedes hacen eso? ¿Cuántos de ustedes realmente se basan en los hechos y no en conjeturas para formar opiniones? Bueno, creo que son un grupo muy sincero. Me pregunto si de verdad así lo hacen, me gustaría saber la cantidad de veces que actúan en base a conjeturas, en comparación con el número de veces que lo hacen basándose en hechos para formar sus opiniones. Me pregunto, si en su ámbito de trabajo anteponen los hechos a las conjeturas para formar su opinión sobre cualquier asunto. ¿Sabían que no tenemos ningún derecho a opinar sobre cualquier asunto, en ningún momento y lugar, a menos que fundamentemos nuestra opinión en hechos comprobables o en hechos a los que les demos validez? ¿Lo sabían? ¿Y por qué creen que eso es cierto? ¿Pueden decirme por qué razón ustedes no tienen derecho a hacer eso? ¡Pues porque no quieren meterse en problemas y fallar al momento de emitir una opinión! Por supuesto, que podemos seguir dando opiniones de lo que queramos y de quien se nos pegue la gana. Incluso podemos opinar sin que tengan que pedirnos que así lo hagamos. En todo caso, lo recomendable es que antes de expresar una opinión tengan el cuidado de investigar y basar su juicio en hechos creíbles o comprobables.

Ahora vayamos al número 10, el entusiasmo o la capacidad de generar voluntariamente el entusiasmo y controlarlo. ¿Saben cómo generar entusiasmo a su antojo?

Bien, ¿qué es lo que sucede antes de que empezamos a

realizar algo con entusiasmo? ¡Es correcto! Debemos sentirlo y emocionarnos, y tener nuestra mente en alerta con un objetivo, motivo o propósito definido. Y luego hacer algo con respecto a nuestro propósito. Lo podemos hacer con palabras, con gestos o expresiones en la cara, o mediante algún otro tipo de acción. Por cierto, la palabra *acción* es inseparable de la palabra *entusiasmo*, siempre van juntas. Ahora bien, hay dos tipos de entusiasmo, el entusiasmo pasivo, que es aquel que se siente pero no se demuestra. Y créanme que hay ocasiones en que este tipo de entusiasmo es algo invaluable, ya que nos ayuda a que no revelemos lo que sucede en nuestra mente ante los demás, y eso es valiosísimo en esos momentos cuando no queremos que eso suceda. Un ejemplo lo podemos ver en ese gran líder o gran ejecutivo, que aunque desborde entusiasmo en su interior, solamente lo demuestra con las personas y circunstancias que así le conviene. ¡No se conforma con encender y apagar su entusiasmo y luego se va! Como lo hacemos normalmente ustedes y yo. ¿O no? Esa es la forma en que la mayoría de las personas lo hace, cuando tienen entusiasmo sólo lo activan y pronto lo desactivan sin llegar a conseguir nada en la vida. El otro tipo de entusiasmo es el entusiasmo controlado, que es aquel que activamos y desactivamos en el momento adecuado, y aquí la iniciativa personal es lo único que puede controlarlo.

Ahora ya saben que si dominan la cuestión de cómo encender y apagar su entusiasmo y lo llevan a la práctica, ni duda cabe que se convertirán en maravillosos vendedores, capaces de todo lo que se imaginen. ¿Sabían eso? ¡Es verdad! ¿Saben de alguien que haya querido vender algo sin poner entusiasmo en su venta? ¿Alguna vez han tratado de vender algo sin demostrar entusiasmo por convencer al comprador? ¿Ya les ha pasado? Quizás digan que ya les ha sucedido, pero en realidad no fue así. Si carecen de esa sensación de entusiasmo y de iniciativa, ninguna venta es posible. Alguien pudo haberles comprado algo, porque lo necesitaba y requería tenerlo, pero en realidad ustedes tuvieron que ver muy poco con esa venta a menos que hubieran contagiado de entusiasmo al comprador. ¿Y cómo se transmite la sensación de entusiasmo a otra persona? ¿Cómo se hace eso, por ejemplo, cuando no se está haciendo una venta?

¡Muy bien! Lo podemos hacer vendiéndonos con los demás, por decirlo de alguna manera. Dicho en otras palabras, el entusiasmo se inicia en el interior de nuestra propia estructura emocional. De ese modo lo sentimos. Por eso cuando tengamos que hablar, debemos hacerlo con entusiasmo. Debemos poner entusiasmo en la expresión de la cara, y acompañarla de una sonrisa muy amplia, lo que es obvio, ya que nadie habla con entusiasmo con el ceño fruncido en su rostro, simplemente ambos gestos no van juntos, ¿verdad? Así es. Igualmente hay muchas cosas más que tienen que aprender acerca de este negocio de expresar el entusiasmo, si es que desean obtener el máximo provecho de esta cualidad. Y sobre todo, saber que en todo ello la iniciativa personal juega un papel muy importante porque de ustedes depende activarlo o desactivarlo, ya que nadie más puede hacerlo por ustedes. Es difícil que les diga cómo ser entusiasta, les puedo decir cuáles son las partes que componen el entusiasmo y la forma de expresarlo, pero sentir esta sensación y la acción de expresarla es algo que depende completamente de ustedes.

Ahora pasemos al número 12, la tolerancia. ¿Saben lo que es la tolerancia? ¿Qué es? ¿Mente abierta en qué? ¿Cuántos de ustedes son de mente abierta en todo? ¡Vamos! ¿De verdad creen que lo son? Odio tener que decir esto pero quiero que sepan que lo que afirman está muy lejos de ser cierto. Es que son mis amigos y me gustaría que lo siguieran siendo. ¿En serio son de mentalidad abierta en todos los temas? Porque admito que yo no lo soy. No soy de mente abierta en todos los temas. Quizás en muchos temas, en donde me gusta ser de amplio criterio. Pero no en todo debiéramos serlo. No debemos tener esa mentalidad abierta hacia cualquier tema, circunstancia o persona, sino solo en aquello que por lo menos justifique nuestro interés. ¿Tienen idea de todas las oportunidades que perdemos solo porque en nuestro camino por la vida nos cerramos mentalmente en contra de alguien que no nos cae bien, cuando quizás esa persona podría ser la que más trajera beneficios a nuestra vida, si tan solo mostráramos una mentalidad más abierta con ella? ¿Sabían que una de las cosas más costosas en una industria u organización empresarial es la mente cerrada de la gente que trabaja allí, ¿lo sabían? Si no lo sabían, quiero que lo investiguen. Lo más costoso en cualquier organización empresarial o industria, son las mentes cerradas de aquellos trabajadores que muestran una actitud cerrada hacia sus compañeros de trabajo, hacia las oportunidades, hacia las personas que las emplean, y hacia sí mismos. Cuando hablamos de intolerancia, a menudo pensamos en alguien con quien no se simpatiza a causa de su religión o preferencias políticas. Nada más lejano de lo que realmente significa. Es un concepto que se extiende a casi todas las relaciones humanas. Si formamos el hábito de mantener en todo momento una mente abierta sobre todo tipo de temas y hacia todas las personas, seremos grandes pensadores, con una gran personalidad magnética y bien recibidos en cualquier ámbito. ¿Sabían que si tan solo habláramos con sinceridad con aquella gente que no nos llevamos bien, podríamos hacerlas cambiar de opinión con respecto a nosotros, pues reconocerían nuestra mente abierta para hablar con franqueza? ¿Lo sabían? Lo único que la gente no tolera es reconocer que están hablando con alguien de mente cerrada y que digan lo que digan sus palabras no surtirán efecto alguno, sin importar lo valioso o veraz del mensaje. Y lo peor de todo es que en este mundo estamos rodeados de ese tipo de gente, cuyas mentes están tan increíblemente cerradas para tantas cosas que no podríamos nunca penetrarla con un taladro ni aunque viviéramos cien años intentándolo. Tienen mentes herméticamente selladas.

Número 13, el hábito de hacer más de lo que le pagan, siempre. ¿Cuántos de ustedes hacen eso? ¡Quiero ver las manos arriba! ¿Qué pasa con los que no lo hacen? ¿Hay algo malo con este hábito? Oh, ya me di cuenta, es por la palabra que use: *¡siempre!* Bueno, está bien, dejemos fuera esa palabra. ¿Cuántos de ustedes siguen la costumbre de prestar más servicio y con mejor calidad a cambio de lo que les pagan por hacerlo, pero no *siempre* sino una parte del tiempo? Bueno, eso está mejor. Eso está mejor. Este atributo indudablemente tiene conexión con su iniciativa personal, pues nadie les tiene que decir que lo hagan, nadie espera esa acción de su parte, es algo que parte de su propia decisión. Pero, dicho sea de paso, es probablemente una de las más importantes y más rentables cualidades que los ayudan a ejercer su propia iniciativa personal. Si tuviera que escoger el momento, el lugar y las circunstancias donde pudiera usar la iniciativa personal en mi provecho, sin duda, es cuando sigo el hábito de prestar un servicio mayor al que me pagan, y esto debido a que tengo el privilegio de decidir yo mismo lo que quiero hacer. Lo importante es cultivar este hábito, no solo de vez en cuando, eso no es muy efectivo, sino lo más continuamente que se pueda. De todos modos, tarde o temprano la ley de los rendimientos crecientes comienza a acumular los dividendos que nos tiene reservados, y se nos devuelven enormemente multiplicados. Quiero decirles que cuando comienzan a vivir siguiendo este principio del kilometro extra, les sucederán cosas inusuales, pero todas ellas agradables.

Ahora el número 14, la delicadeza y el agudo sentido de la diplomacia. ¿Cuántos de ustedes tienen tacto y un agudo sentido de la diplomacia? A ver, déjenme ver sus manos arriba. Vaya, esto me parece muy bien. ¡Me parece muy bien! Ahora bien, tal vez la definición sea demasiado amplia, ¿cuántos de ustedes tienen tacto en sus conversaciones con la gente, me refiero a sólo conversaciones ordinarias?

Bueno, otra vez me parece un resultado bastante bueno. ¿Qué piensan acerca de este asunto de tener tacto? ¿Creen que vale la pena el tiempo que nos toma llegar a dominar esta cualidad? ¿Qué opinan? ¿Creen que si? ¿Por qué? Tienen razón, así es, incluso ahorita mismo lo están haciendo. Teniendo tacto se consigue más fácilmente la cooperación de los demás. Veamos un ejemplo, de pronto viene uno de ustedes y me dice tajantemente *tengo algo que decirle*, y yo respondo: "Está bien, pero permíteme un minuto, sólo un minuto, quizás ni tenga nada que hacer en realidad, pero la forma en que se dirige esa persona para hablar conmigo es lo que automáticamente íme lleva a oponer resistencia de inmediato! Caso contrario si llegara esa misma persona conmigo y me dijera en tono amable: "Apreciaría que pudiera atenderme un minuto por favor." Que distintos ambos casos. En el primer caso más que una petición parecía una orden - una de las cosas más impresionantes que aprendí de Andrew Carnegie en los inicios de nuestra sociedad fue el hecho de que él nunca acostumbraba a mandar u ordenar que alguien hiciera algo. No importaba de quien se tratara la persona a la que le pedía hacer algo, nunca lo hacía ordenando, sino más bien solicitando que se hiciera esa acción, utilizando las frases: "¿Sería tan amable de ..." o, "¿Podría hacer esto..." Lo más sorprendente de este gesto de respeto era la lealtad que todos sus empleados tenían con el señor Carnegie. Siempre con la disposición absoluta de día y de noche para servirle incondicionalmente gracias a ese delicado trato que tenía con ellos. Y cuando era necesario para él disciplinar a uno de sus trabajadores, por lo general los invitaba a cenar a su casa para que después de una suculenta cena, poder hacer la llamada de atención disciplinaria en la privacidad de su biblioteca. Y era hasta entonces que comenzaba con las preguntas.

Hubo un caso en el que uno de sus principales secretarios había sido promovido para convertirse en miembro de la alianza de trabajo en equipo del Sr. Carnegie. Resulta que al enterarse este muchacho de tal noticia, decidió agarrar la parranda con un grupo de amigos en Pittsburg, emborrachándose y desvelándose hasta el grado de llegar al siguiente día a trabajar con un aspecto deplorable, con su cara hinchada y ojos sumidos que revelaban la magnitud de la juerga de la noche anterior. El Sr. Carnegie permitió que esta situación continuara durante unos tres meses, hasta que llegó la hora en que el muchacho fue invitado a cenar a su casa. Fiel a su costumbre, terminada la cena ambos se fueron a la biblioteca y el Sr. Carnegie tomó la palabra diciendo: "bien, supongamos que yo estuviera en tu lugar y tú en el mío. Quiero saber lo que harías si estuvieras en mi cargo y tuvieras un empleado que ha sido promovido para ocupar una importante responsabilidad, y de repente este empleado pierde el suelo y empieza a vivir una vida disipada en compañía de amigos, exceso de alcohol, desvelos y enfocado en todo menos en el trabajo. ¿Qué demonios harías con este caso si estuvieras en mi lugar? Estoy ansioso por saberlo." El joven respondió: "Sr. Carnegie, sé que me va a despedir, así que mejor hágalo ya." El Sr. Carnegie le dijo: "Oh, no, no, para nada. Si pensara despedirte lo hubiera hecho de inmediato y para nada te hubiera invitado a mi casa para una agradable cena. Te hubiera corrido desde mi oficina. No voy a despedirte, solo quería saber lo que harías en mi lugar si tuvieras un caso de este tipo. Y quizás lo estés, ¡y más cerca de lo que te imaginas!" El muchacho corrigió el rumbo, pasó a formar parte del grupo del trabajo en equipo, y con el tiempo se hizo millonario. El mismo se salvó de un destino incierto. Era asombroso el tacto que tenía el Sr. Carnegie para hacer las cosas. Sabía cómo manejar a las personas, sabía cómo hacer para que se autoanalizaran y corrigieran el rumbo. No serviría de mucho que yo les hiciera a ustedes observaciones para corregir su camino, en cambio sirve demasiado que ustedes mismos se autoanalicen en relación a sus defectos y virtudes. El autoanálisis es una de las formas más importantes de la iniciativa personal en la que podemos comprometernos. ¡El autoanálisis! Nunca dejo pasar un día sin que me autoanalice y ver en donde he fallado, conocer mis debilidades, saber en lo que tengo que mejorar, y lo que pudiera hacer para mejorar el servicio que presto a los demás. Lo hago todos los días, y créanme que a pesar de hacerlo durante años aún sigo encontrando aspectos que debo mejorar para ser alguien mejor cada día. Es una forma muy saludable de la iniciativa personal, y muy interesante también. Porque finalmente llegamos hasta donde nuestra honestidad nos lo permite. ¿Tienen idea de cuántas personas existen que son deshonestas con ellas mismas? La peor forma de deshonestidad que conozco es la de inventar pretextos en la mente para justificar nuestros actos, obras y pensamientos, en lugar de autoanalizarnos y descubrir en lo que somos débiles para corregir a tiempo, o, apoyarnos en alianzas de trabajo en equipo cuando sentimos que necesitamos ayuda para rectificar a tiempo. Eso también significa tener iniciativa personal, y es el tipo de iniciativa en el que la mayoría de la gente no se compromete, porque involucra tomar acciones de autoanálisis y autocrítica. ¿Qué preferirían? ¿Qué un extraño les hiciera criticas señalando sus defectos, o que ustedes mismos ejercieran autocritica encontrando esos defectos? ¿Por qué? Pues porque mediante la autocritica ejerzo una especie de confidencialidad al respecto, y con ello evito que mis debilidades se divulguen y puedo corregirlas antes que alguien más se entere. Pero si espero hasta que alguien más me lo haga ver, esa información automáticamente se vuelve del dominio público. ¿No lo creen? Y lo peor es la vulnerabilidad en que uno queda y el riesgo de salir lastimado en nuestro orgullo, sin mencionar el complejo de inferioridad que nos puede causar esa otra persona al señalar nuestras debilidades. La iniciativa personal también significa descubrir nuestros puntos débiles, que son la causa de que no agrademos a los demás, y que impide que sigamos adelante con nuestros proyectos, como algunas gentes lo hacen, sin importar que seamos tan inteligentes o más qué ellos mismos. La iniciativa personal también nos ayuda a establecer puntos de comparación con otras personas que son exitosas. Nos ayuda a establecer comparaciones y análisis con la finalidad de determinar las cualidades que ellos poseen y que a nosotros nos hacen falta. Es sorprendente descubrir lo que podemos aprender de las demás personas, incluyendo esas personas con las que no simpatizamos, porque también son fuente de aprendizaje para nosotros. Cuando esas personas nos aventajan en muchos aspectos, se vuelven nuestra fuente de aprendizaje si pretendemos que nos vaya mejor de lo que nos va. También podemos aprender de aquellos que no les va tan bien, o ino tan bien como a nosotros! ¡Funciona en ambos sentidos!

Número 15, el hábito de escuchar más y hablar sólo cuando es necesario. Me pregunto cuántos de ustedes prefieren escuchar antes que hablar, A ver quiero ver las manos arriba. Aún no sé de alguien que pueda aprender mientras está hablando. Excepto que ese alguien esté aprendiendo a no hablar tanto. Bueno, suena gracioso, pero es muy cierto que esto ocurre. La mayoría de la gente está más acostumbrada a hablar que a escuchar, y cuando alguien más habla, tratan por todos medios de callarlo para tomar ellos la palabra. Si en lugar de hacer eso procuraran escuchar atentamente lo que la otra persona tiene que decir, se darían cuenta que quizás hasta se beneficiarían de lo que se esté diciendo. Escuchen más y hablen solo cuando sea necesario. Piensen primero y luego hablen.

Número 16, el sentido bien desarrollado de observar los detalles. ¿Cuántos de ustedes sienten que poseen un agudo sentido de observación de los detalles? ¿Cuántos de ustedes creen que pudieran caminar por esta calle de State Street o por cualquier otra cercana a Marshall Field, y que al llegar al final de la calle pudieran describir con precisión todo lo que vieron en los aparadores por donde pasaron? ¿Creen que lo podrían hacer? Una vez estaba tomando clases en Filadelfia con un maestro que nos estaba enseñando la importancia de la observación de los pequeños detalles. Este maestro me enseñó que los pequeños detalles son los que conforman los éxitos y fracasos de la vida, ¡no los grandes en absoluto, sino los más pequeños! Y que esos detalles son los que generalmente dejamos de lado porque creemos que no son importantes y por eso ni siquiera les prestamos atención. Como parte de nuestra formación, nos sacaba del aula y nos llevaba a la calle, caminábamos una cuadra, nos cruzábamos a la otra acera y caminábamos en sentido contrario regresando al aula nuevamente, en este trayecto de ida y vuelta, pasábamos cerca de 10 tiendas en cada dirección, una de los cuales era una ferretería en cuyo aparador fácilmente había más de 500 artículos. Acto seguido, volvíamos a hacer el recorrido, pero ahora nos pedía que tomáramos papel y lápiz y durante el trayecto viéramos y anotáramos aquellos artículos que para nosotros eran los más importantes. ¿Y adivinen cuál fue la cifra de artículos más grande que se anotó, durante todo el recorrido que abarcaba más de 20 tiendas?

Se sorprenderán. El número mayor de artículos que alguien registró fue de 56. Y lo asombroso fue que cuando el maestro entró de nuevo al aula después del recorrido había hecho una lista de 746 artículos sin ayuda de lápiz y papel. Y no solo eso, también describió con precisión el aparador de la tienda en que estaba determinado artículo. Yo me negaba a admitir que eso fuera verdad, así que después de clase decidí comprobar que aquello fuera cierto y fui checando los datos que nos había dicho. Tuve que admitirlo, el resultado demostró que su información era precisa en un cien por ciento. En otras palabras, el maestro estaba entrenado para observar los detalles, y no sólo algunos de ellos, ¡sino todos ellos! Y créanme, un buen ejecutivo, un buen líder, y cualquier persona competente es aquella que observa todas las cosas que están sucediendo a su alrededor, sean cosas buenas y malas, o, positivas y negativas. No solo prestan atención a lo que más les interesa, sino también a lo que les puede llegar a interesar o puedan influir en su interés. La atención a los detalles.

Número 18, la capacidad de soportar las críticas sin resentimiento. ¿Cuántos de ustedes pueden hacer eso? Vamos, ¡levanten la mano! Ahora los voy a poner a prueba de otra manera. ¿Cuántos de ustedes aceptan una crítica, una crítica amistosa que venga de otras personas? ¿Cuántos la aceptan? A ver, parece ser que no todos están participando, a ver mis amigos que es lo que pasa con aquellos que no levantaron la mano. Una de las mejores cosas que nos podría suceder es recibir una crítica amistosa de lo que normalmente hacemos en la vida, o al menos de aquello que tiene que ver con nuestras metas. Acepten este tipo de críticas porque siempre está la posibilidad que las cosas que estén haciendo todos los días pudieran ir en detrimento de otras gentes, y que lo que piensan que está correcto ¡en realidad no es así! Si hacen algo mal, lo seguirán haciendo a menos que alguien llame su atención para que lo corrijan. Es por eso que contar con alguien que de vez en cuando les haga este tipo de crítica es algo maravilloso que deben agradecer. Esa crítica por supuesto nada tiene que ver con la que les hacen esas personas a las que no les caen bien y que buscan solo afectarlo. Esa crítica es destructiva y no la deben tolerar por su efecto nocivo que causa en ustedes. También desconfíen de esa crítica amistosa que les hacen bajo el argumento que lo hacen por su bien. Si así lo permiten podrían dañarse a sí mismos. He llegado a escuchar que las celebridades en Hollywood cuando empiezan a confiar en sus agentes de prensa, y a veces así sucede, es porque ya es muy tarde. Eso es verdad. En todo caso, damas y caballeros, lo cierto es que necesitamos tener el privilegio de poder mirarnos a sí mismos a través de los ojos de otras personas, todos necesitamos de ese privilegio, porque les aseguro que cuando caminan por la calle no pueden verse a sí mismos como los ven los demás. Y lo mismo sucede cuando abren la boca y participan en una conversación, generalmente lo que registra la mente de su interlocutor no siempre es lo que ustedes creen. Necesitan de la crítica. Necesitan del análisis y observaciones que reciban de otras personas para rectificar en aquellos aspectos que así lo requieran, porque siempre estarán expuestos a la necesidad de hacer cambios sobre la marcha. De no hacerlo corren el riesgo de no crecer. Pero,

¿sabían que la mayoría de la gente se molesta contra cualquier tipo de sugerencia o crítica que influya en lo que están haciendo? Resienten toda crítica que implique cualquier cambio que tengan que hacer, y en consecuencia, que influya en lo que hacen. La crítica amistosa. Alguien ha dicho que este tipo de crítica no es constructiva. No estoy de acuerdo con eso, yo creo que sí lo es. Es un tipo de crítica maravillosa. Creo que es absolutamente maravillosa. Sólo recuerden que no importa a lo que se diquen, ni el tipo de persona que sean ustedes, ni lo bien que les vaya, es un hecho que nunca lograrán un 100 por ciento de aprobación por parte de los demás. ¡No esperen ese nivel de aceptación! Y no se molesten demasiado si no lo logran.

Número 20, lealtad con la gente que tiene derecho a recibirla. Como pueden ver en mi libro de reglas para calificar a las personas con quien asociarnos, incluí a la lealtad en la parte superior de la lista. Si ustedes no demuestran lealtad a las personas que tienen derecho a recibirla, entonces no tienen nada. No importa lo brillantes, inteligentes, o bien educados que sean, si no son leales a la gente que se merecen ese derecho, pasa a segundo término todo lo bueno que puedan tener. ¿Cuántos de ustedes son leales a la gente que se merece ese derecho? Qué bien, eso es grandioso, vaya que lo es. De acuerdo, no quiero que me digan mentiras, y estoy seguro de que no lo harían, lo único que pretendo es cerciorarme que mediten sus respuestas. Es que sucede que siempre que empiezan a votar lo conveniente sería que siempre se detuvieran un momento a reflexionar su respuesta y en este caso se cuestionaran: "¿De verdad seré leal con la gente que debo serlo?" ¿En verdad soy leal?"

¿Y qué pasa si no lo soy? Piensen entonces en esa persona con la que no son leales y hagan algo al respecto. Deben ser leales hasta con la gente que ni siquiera les simpatice, por la obligación que surge por relaciones de tipo profesional, de negocios, o incluso de tipo familiar – suele pasar que tenemos familiares que para nada nos caen bien. Pero deben ser leales con ellos por la obligación que ya mencioné. Si también ellos en reciprocidad quieren demostrarles lealtad a ustedes, está muy bien, y si no lo hacen, ¡es problema de ellos, no de ustedes! Es un privilegio la lealtad, pero tienen que hacer honor a ese privilegio, por el gran valor que tiene esa cualidad y porque tienen que ser ante todo leales consigo mismos ¡No olviden que viven con su otro yo! Tienen que dormir con él, tienen que mirarlo en el espejo cada mañana y afeitarle su cara. Tienen que darle un baño de vez en cuando. Y sobre todo, tienen que estar en buenos términos con él, ¡no se puede vivir con un compañero tan íntimo y no estar en buenos términos! "Sé fiel contigo mismo, como la noche al día, y no podrás ser falso con nadie más" Shakespeare nunca escribió nada más hermoso y más filosófico que estas palabras. Sean honestos y leales consigo mismos, porque tienen que convivir con su otro yo por siempre. Y si son leales a sí mismos, es mayor la probabilidad que lo sean también con sus amigos y sus compañeros de trabajo.

Número 23, el atractivo necesario de la personalidad para inducir la cooperación. ¿Cómo les suena eso de tener una atractiva personalidad, ¿será algo con lo que se nace o será algo que adquirimos por nuestra propia iniciativa?

Se adquiere. De hecho el único rasgo con el que se nace de todos los 25 rasgos que contribuyen a formar una personalidad atractiva es el magnetismo personal. Es el único rasgo innato de la personalidad. Los restantes 24 factores se adquieren o se cultivan. ¿A través de qué? De la iniciativa personal, por supuesto, depende de nosotros esa decisión. Para cultivarlos, en primer lugar tienen que saber en qué posición están en cada uno de estos rasgos, no confiar siempre en su propio criterio, sino auxiliarse de la opinión de otras personas, que puede ser su esposa o esposo, para recibir una correcta retroalimentación al respecto. Eso es importante porque a veces confiamos en gente que no debemos y nos pueden dar opiniones adversas cuando nos califican. Aún así ¿Sabían que a veces tener esta clase de enemigos nos pueden ser de ayuda de vez en cuando? ¿Por qué creen?

Por supuesto, ¡no son ese tipo de enemigos que tiran golpes! Además, si supieran lo que esos enemigos llegan a decir de ustedes, se darían cuenta que muy probablemente podrían aprender de ellos algo de valor, o por lo menos son un buen desafío para sacar las agallas y demostrarles a los demás que lo que dicen de ustedes es incorrecto y que nada de lo que afirmen los desviará de mantenerse firmes en el logro de sus propósitos. Después de todo eso es una ventaja, ¿no lo creen? Así que no tengan miedo de los enemigos. No tengan miedo de esa gente a las que no les simpaticen, todo lo malo que ellos hablen de ustedes puede convertirse en un acicate que los puede poner en el camino de descubrir el coraje y valor del que ustedes están hechos.

Hace años uno de mis vendedores entró a mi oficina a verme para decirme que llevaba diez años en la compañía, y que en ese lapso había logrado maravillosas cifras de ventas, había sido promovido y ganado mucho dinero, pero que repentinamente en los últimos seis meses sus ventas se habían venido por los suelos. Según él, la gente, como él llamaba a sus clientes, cada vez que lo veían mostraban enfado ante su presencia, y algo que llamó mi atención desde que entró a la oficina era un enorme sombrero texano que llevaba puesto. Así que le dije: "Por cierto, ¿cuánto tiempo llevas usando ese sombrero?" Y me respondió: "Lo compré hace seis meses en Texas." Le dije: "Mira, amigo, ¿Haces tus ventas en Texas?" Me respondió: "no, es raro que trabaje allá," y le dije: "Entonces usa ese sombrero solamente cuando estés allá, porque eso no les agrada a tus clientes pues seguramente consideran que no es apropiado." Me contestó: "Realmente eso hace alguna diferencia?", y le dije: "Te sorprenderías de la diferencia que eso hace en tu apariencia personal. Simplemente es algo que a muchas personas no les agrada y no se sienten a gusto de hacer negocios contigo por tu apariencia." Por supuesto, pueden hacer algo por su personalidad, pueden retroalimentarse de lo que opinan los demás de lo desagradable de su apariencia y corregir esos detalles en su beneficio. Pero lo tienen que hacer ustedes mismos, es su responsabilidad descubrir esas debilidades o aceptar la franqueza de las observaciones por parte de alguien más.

Y ahora el número 24, la capacidad de concentrar toda la atención en un tema a la vez. Siempre que emprendan un proyecto, enfóquense en explotarlo hasta lo máximo y ya que lleguen al clímax de su realización, enfóquense en uno nuevo. ¡No traten de abarcar demasiados asuntos a la vez! Si lo hacen, no concluirán ninguno de ellos en absoluto. Me pregunto cuántos de ustedes han estado cometiendo ese error en sus relaciones con otras personas. Me refiero a las ventas y hablar en público, o cualquier otra actividad que realicen. Ese tipo de errores era una de mis debilidades cuando empecé a hablar en público. Resulta que en cierta ocasión uno de los asistentes a mi platica se me acercó para hacerme una observación al respecto, y creo que ninguna capacitación sobre hablar en público habría sido tan valioso como lo que hizo esa persona, y lo mejor es que fue un consejo gratuito, sin cobrarme nada por ello. Esta persona me dijo: "Usted tiene un maravilloso dominio del Inglés, posee una maravillosa capacidad de entusiasmar, un tremendo bagaje de interesantes conocimientos, pero tiene la mala costumbre de no centrarse en un solo tema a la vez, cambia de tema durante su discurso por algo que no tiene relación con lo que está hablando, y luego cuando retoma el tema original ya no tiene el mismo interés que tenía al principio." Ahora es su turno de calificarse en este punto de concentrar toda la atención en un tema a la vez. Siempre que hablen, piensen, escriban, enseñen, o hagan lo que hagan, enfóquense en un solo tema a la vez.

Y ahora está el hábito de aprender de los errores, si son incapaces de aprender de sus errores, entonces ¡traten de no cometerlos! ¡Una verdad incuestionable a todas luces! Cuando veo que alguien comete el mismo error una y otra vez, no puedo evitar acordarme de un antiguo refrán chino: "Si un hombre me hace tonto una vez, es su culpa, pero si me engañas dos veces, ¡la culpa es mía!" Hay mucha gente que debiera reconocer su culpa por no aprender en absoluto de sus errores cometidos.

Número 26, la disposición de aceptar toda la responsabilidad por los errores cometidos por los subordinados. Si tienen subordinados y ellos cometen

SU DERECHO A SER RICO

errores, son ustedes quienes realmente han fallado, y no los subordinados, siempre acuérdense de eso. Cuando eso ocurra, capaciten al personal para qué haga bien las cosas o cámbielos de puesto donde no tengan ustedes que supervisarlos, y sea alguien más quien asuma esa responsabilidad. Ustedes son responsables por todo lo que hagan sus subordinados.

Número 27, la costumbre de reconocer los méritos y habilidades de los demás. No intenten hurtar los méritos de otras personas. Siempre que alguien haya hecho un buen trabajo, denle todo el crédito que se merece y tiene derecho, nunca minimicen sus logros. Una palmadita en la espalda hace maravillas como reconocimiento de haberse hecho un buen trabajo. A las personas exitosas les agrada el reconocimiento, y hay gente que se esfuerza más cuando son reconocidos que cuando no existe una motivación de por medio. Algunas personas son inmunes a la fácil adulación porque conocen la capacidad que poseen. No sean presas fáciles del halago. Mucha gente lo hace y llegan a creerse todo lo que se dice de ellos. La adulación es dañina tanto para quien lo hace como para quien lo recibe. Había un libro que circuló ampliamente por todo el país, cuyo tema central nos decía que para quedar bien con todo mundo teníamos que recurrir a la adulación. En realidad se trata de un tema muy antiguo y una de las armas más peligrosas y letales. Desde luego que me agrada el elogio, ser admirado y que me feliciten. Pero preferiría que fueran honestos conmigo. En cierta ocasión alguien me dijo: "Oiga Sr. Hill, le agradezco todo lo que ha hecho por mí con sus enseñanzas y sus sabiduría, pero quiero preguntarle si le importaría si paso a su casa esta noche, es que me gustaría hablar con usted acerca de una propuesta de negocios," obviamente pensé de inmediato: "Bueno, parece ser que me está halagando para sacar provecho de mi tiempo en su beneficio." Así que tengan cuidado con el exceso de adulación y el elogio, porque algo buscan de ustedes.

Número 29, tener una actitud mental positiva en todo momento, no lo tocaremos por ahora, más bien quiero que presten atención al número 28, que es el principio de la Regla de Oro en todas las relaciones humanas. No voy a pedirles su opinión con respecto a este punto en particular, sólo quiero llamar su atención sobre el hecho que una de las mejores cosas que pueden hacer en beneficio de ustedes mismos es ponerse en el lugar de la otra persona cuando tengan que tomar cualquier decisión o realizar cualquier transacción en la que esté involucrada esa otra parte. Pónganse en los zapatos de la otra persona antes de tomar una decisión final. Si así lo hacen, muy probablemente los resultados sean justos para ambas partes.

Número 30, el hábito de asumir la plena responsabilidad por todas las tareas que emprenda, sin buscar justificaciones. ¿Saben para lo que es más apta y predispuesta la mayoría de la gente? ¡Para las excusas! Oh eso suena fuerte. Las excusas. Es la invención de pretextos para justificar la falta de éxito, la incapacidad para hacer un trabajo, o renunciar a seguir un proyecto. Si la mayoría de las personas que inventan excusas canalizaran la mitad del tiempo en hacer lo correcto, o intentaran hacer las cosas bien, sin perder el tiempo en justificarse, llegarían mucho más lejos en la vida y en mejores condiciones. En términos generales, la persona que es más inteligente en inventar excusas es la más ineficiente en todo lo que hace. Pasan el tiempo inventando justificaciones anticipadamente, para salir airosos en cualquier circunstancia que atente contra sus intereses. Sólo hay una cosa que cuenta y eso es el éxito. Los resultados son los que hablan. Los resultados. Una vez escribí una frase que hablaba de este tema y me pareció muy efectiva: "El éxito no requiere de explicaciones, el fracaso no necesita de justificaciones" En otras palabras, ser exitoso no necesita de ninguna explicación, y en cambio en el fracaso todas las excusas y explicaciones del mundo no sirven de nada, pues sigue siendo un fracaso a final de cuentas, ¿no lo creen?

Y el número 31, el hábito de mantener la mente ocupada en lo que se desea y lejos de lo que no se quiere. Como ustedes saben en la mayoría de los casos en donde las personas utilizan su iniciativa personal es en relación con aquello que no quieren. ¿Habían pensado en eso? Existe una condición en que la gente no tiene que tomar la iniciativa personal. Es cuando se enfocan en pensar en lo que menos les conviene y al final es eso lo que obtienen de la vida. Somos lo que pensamos. Pero es ahí donde la palabra transmutar la podemos poner en acción. De tal modo que en lugar de pensar en lo que no queremos, como los miedos y todo lo que nos desagrada, lo transformemos en un deseo por todo aquello que deseamos y que estamos ¡determinados a conseguirlo!

Con esto concluimos la discusión de La Iniciativa Personal, el sexto principio de *Su Derecho a Ser Rico*.

ACTITUD MENTAL POSITIVA

Ahora, comenzaremos la discusión de uno de los más importantes principios del éxito: el número siete, Una Actitud Mental Positiva. Esta es la fórmula con la que puede asimilar y poner en práctica toda la filosofía. No se puede obtener el máximo provecho de los otros 16 principios sin entender y aplicar lo que va a escuchar. Tomen esta conferencia con la importancia que tiene y háganla parte de ustedes. Antes de continuar asegúrense de tener a la mano lápiz y papel. El Dr. Hill les proporciona en este audio una lista de los elementos que involucra el desarrollo y uso de una actitud mental positiva. Es importante que tomen nota de todo ello. Igualmente encontrarán información complementaria en su guía de estudio. En esta conferencia el Dr. Hill resume brevemente uno de los componentes clave, los siete miedos básicos. A modo de referencia, estos son: el miedo a la pobreza, el miedo a la crítica, el miedo a la enfermedad, el miedo a la pérdida del amor, el miedo a la vejez, el miedo a la pérdida de la libertad, y el miedo a la muerte. Como refuerzo a la conferencia del Dr. Hill hago la observación sobre un punto crucial y es el hecho que existen dos cosas que la naturaleza penaliza gravemente en el ser humano: el vacío o desesperanza, y la falta de acción u ociosidad. Para entender el daño que causa la inactividad, supongamos que les ataran uno de sus brazos y los dejaran inmovilizados por un largo periodo de tiempo, esto causaría la atrofia de ese miembro, que se marchitaría en su funcionamiento hasta finalmente quedar inútil. Lo mismo pasa con el vacío. Si ustedes no toman el control de su poder de pensamiento, y dejan su mente vacía y abierta a las influencias externas, corren el riesgo de llenarse de pensamientos negativos, y quedan expuestos a depender de las circunstancias y el azar. De esta manera se vuelven un terreno fértil para las semillas del fracaso. Es una gran verdad la afirmación que el éxito atrae más éxito, y que el fracaso atrae más fracaso. Con una actitud mental negativa, se crea miedo y frustración y es lo que sus mentes atraen, pero con una actitud mental positiva, predisponen la mente para atraer todas las riquezas que desean. Después su fe lo guía hacia ese objetivo. Y ahora, ha llegado el momento de presentarle nuevamente al Dr. Napoleón Hill.

Les contaré algo que me sucedió el sábado pasado. Estaba en camino a la agencia de viajes para cambiar mis boletos y poder regresar el lunes en vez del domingo. Cuando entré, el director de la agencia me ofreció su mano cuando se enteró quién era yo y se presentó, mientras me hablaba maravillas de mi libro *Piense y Hágase Rico*. Seguía estrechando mi mano cuando entró al local un amigo suyo, relacionado con una línea aérea, quien al oír el nombre de Napoleón Hill de inmediato me estrechó la otra mano mientras también me hablaba del libro en cuestión, y me dijo: "Quiero comentarle que antes de ingresar a la línea aérea donde trabajo, tenía una organización de ventas con aproximadamente 100 personas, y era un requisito que cada vendedor leyera todos sus libros. Era una obligación." Escuchar eso me hizo sentir bien.

En mis inicios, estaban dos jovencitas muy bonitas de pie en una acera repartiendo literatura electoral. Y al pasar a su lado una de ellas me dijo: "Oiga, ¿Es usted Napoleón Hill?" Me di la vuelta y asenté con la cabeza diciéndole: "Sí, yo soy, ¿quién es usted?" Ella dijo: "Bueno, la verdad hace unos dos años estaba en un club de mujeres cuando usted impartió una conferencia y quien me acompaña es mi prima. Nuestros esposos actualmente gozan de mucho éxito, y todo gracias a que ihan leído sus libros!"

En otra ocasión me dirigía a mi carro cuando vi a un policía levantándome una infracción. Ya se imaginaran, comencé a pensar en todo el discurso que tendría que decir en estos casos, y bueno pues ya saben al final tuve que admitir que los centavos que había depositado por estacionarme por 12 minutos según mi calculo no había sido suficiente y ahora tendría que pagar la diferencia con una infracción, el caso es que en medio de toda esta agradable conversación que estaba sosteniendo en mi interior, quise darme un pequeño baño de vanidad mientras el policía llenaba la infracción. Así que me acerqué suponiendo, por supuesto, que el policía ignoraba de quien era el carro y le dije: "Me imagino que usted no levantaría esa infracción si el dueño fuera Napoleón Hill,

¿verdad?" Y me dijo: "¿Quién?", Le repetí, "Napoleón Hill." Él contestó: "No, no le haría eso a Napoleón Hill, ¡pero sin duda a usted si le haría ese cargo!" Entonces decidí presentarme y saque de mi bolsillo una tarjeta de presentación y se la di junto con mi licencia de conducir, la vio y me dijo: "¡Guau, me dejó con la boca abierta!" tomó la boleta de infracción, la rompió y me dijo que lo mejor era olvidarnos de todo eso. Y acto seguido agregó: "Quizás le interese saber que pertenezco a la corporación de policía de Glendale gracias a la lectura de su libro *Piense y Hágase Rico* "

Bueno, el tema ahora es una actitud mental positiva. Quiero llamar su atención sobre el hecho de que jamás un hombre ha alcanzado nada constructivo y digno de esfuerzo sin la ayuda de una actitud mental positiva, sustentada en un propósito definido, activada por un ardiente deseo, e intensificada hasta que el ardiente deseo lo eleva al plano de la fe aplicada. Ahora, veamos los cinco pasos, las cinco condiciones mentales diferentes que conducen a una actitud mental positiva.

Tomemos el paso número uno, Los Deseos. Todo mundo tiene un stock de deseos, desean esto, desean aquello, y desean eso otro también. Todos tenemos deseos. Bueno, no sucede nada si deseamos algo, ¿verdad? En absoluto. Nada sucede.

Pero qué pasa cuando vamos un poco más allá del simple deseo y le ponemos un poco de curiosidad ociosa al asunto. ¿Creen que algo que valga la pena llega a ocurrir si empleamos la curiosidad ociosa? Muchos de nosotros consumimos mucha parte de nuestro tiempo en esta curiosidad ociosa a menudo, ¿o no es así? Con frecuencia pasamos mucho tiempo espiando lo que hacen y dejan de hacer nuestros vecinos y nuestras amistades, solo por curiosidad. Desde luego, nada de eso conduce a una actitud mental positiva.

Luego un paso por encima de los deseos, tenemos las esperanzas. Esto significa que nuestros deseos al tomar una forma más concreta se convierten en esperanzas, la esperanza de progresar, la esperanza de alcanzar metas, la esperanza de vernos realizados la esperanza de acumular las cosas que deseamos. Bueno, de todas las esperanzas solo una no es eficaz, ¿verdad? Y es que no todos tenemos la esperanza de tener éxito. Sólo esperamos a que eso algún día suceda. Sin embargo, eso es mejor que desearlo, ¿no lo creen? Bueno, ¿cuál es la diferencia entre una esperanza y un deseo?

Así es, están en lo correcto, una esperanza significa seguir adelante, empezar a adoptar la naturaleza de la fe, ¿de acuerdo? Esa es la idea. Comienzan a transmutar el deseo en un estado mental conocido como fe. A continuación, siguen adelante hasta trasmutar las esperanzas en algo conocido como deseo ardiente. Así que llegamos al punto en que nuevamente les pregunto, ¿Hay alguna diferencia entre un deseo ardiente y un deseo común?

Correcto. Un deseo ardiente es un deseo intensificado basado en la esperanza y en un propósito definido. ¿Cómo les hacemos para desarrollar un deseo ardiente por algo?

Si no supiera la respuesta, créanme que fácilmente la obtendría aquí de toda esta andanada de respuestas que me están dando. Pues bien, un ardiente deseo es algo así como un deseo obsesivo, ¿les parece? Y, desde luego, que no podrían tener un deseo ardiente si no existiera algún motivo o motivos que lo respalden, ¿queda claro? Y entre más motivos tengamos para alcanzar un objetivo, más rápido canalizamos esas emociones en lo que conocemos como deseo ardiente. Sin embargo eso no es suficiente, hay algo más, hay otro estado mental que deben tener antes de asegurar su éxito, ¿cuál es? La fe aplicada. Ahora bien, ya han transmutado sus deseos, su curiosidad ociosa, sus esperanzas, e incluso su deseo ardiente, los han transformado en algo superior, y eso es a lo que llamamos la fe aplicada. ¿Cuál es la diferencia entre la fe aplicada y la creencia ordinaria en las cosas? Es correcto. La palabra *aplicada* es sinónimo de acción. Por eso también la podríamos llamar fe activa. Fe Aplicada y fe activa son exactamente lo mismo, significa la misma cosa. Es la fe respaldada por la acción. Es lo que nos ayuda a poner acción a nuestros deseos. Una plegaria solo trae resultados positivos cuando la expresamos en una actitud mental positiva, y son muy eficaces cuando el individuo ya ha condicionado su mente a pensar habitualmente en términos de una actitud mental positiva.

Tienen alguna idea, o mejor dicho, déjenme hacerles la pregunta de esta manera. ¿Tiene cada uno de ustedes idea de cuánto tiempo dedican diariamente en pensar en el lado negativo de las cosas, en comparación con el lado positivo? ¿No creen que sería interesante si pudieran hacer un comparativo durante dos o tres días de la cantidad exacta de tiempo que ocupan para aquellas cosas que se sienten incapaces de realizar en la vida contra aquellas cosas que si se sienten capaces de lograr. O en otras palabras el lado positivo contra el lado negativo. Se sorprenderían de los resultados, de la gran cantidad de tiempo que pasan cada día pensando en cosas negativas. Las personas más exitosas y los grandes líderes desperdician muy poco o nada de su tiempo pensando en cuestiones negativas, y prefieren mejor aprovechar su tiempo en pensar positivamente.

Una vez pregunté a Henry Ford si había algo en el mundo que quisiera o desearía hacer y no pudiera, y me dijo que no, que él no creía que existiera algo que no pudiera lograr. Entonces le pregunté si en el pasado esa posibilidad había existido, y me respondió que sí, que le había sucedido en aquellos días en que aún no aprendía como utilizar su mente. Y le dije: "Bueno, y ahora ¿qué opina al respecto?" Me dijo: "Bueno, ahora cuando quiero hacer o conseguir algo, averiguo lo que tengo que hacer para obtenerlo y empiezo a trabajar en conseguirlo y no pierdo el tiempo en preocuparme de que no lo pueda lograr, porque nada se obtiene en la vida por sí solo." Esa fue una declaración informal, pero quiero decirles que hay un mundo de filosofía envuelto en esa declaración, él enfocaba su mente en hacer algo que estaba en posibilidad de lograrlo, sin desperdiciar su tiempo en pensar que no pudiera conseguirlo o que fuera algo imposible de obtenerlo.

Me atrevo a suponer que si ustedes le plantearan un problema difícil de resolver a la mayoría de de la gente, un problema en verdad difícil, ellos comenzarían a recurrir a todo tipo de justificaciones para no solucionar el problema de inmediato. Y siempre que lo analizaran verían primero la parte más difícil de poderlo resolver y, si acaso lo hicieran, verían después la parte más favorable. No creo que haya ningún problema en pensar que algo no se pueda resolver porque se piense que no hay modo de hacerlo. En todo caso lo mejor sería que cuando se confronten con un problema, lo analicen cuidadosamente y determinen si es algo que se puede resolver, independientemente de su complejidad, y de ser así tomen acciones para hacerlo, pero si está fuera de sus posibilidades poderlo resolver, entonces ni se preocupen en intentarlo.

La realidad es que la mayoría de las personas, cuando están confrontadas con dilemas o problemas difíciles no son capaces de tomar decisiones, comienzan a preocuparse, y luego entrar ¿En qué tipo de estado mental? Empiezan a ver todo negativamente. ¿Y creen que algo que valga la pena se pueda lograr bajo ese estado mental? No, para nada, sólo se consigue enturbiar más el agua con una mente negativa y no se consigue nada que valga la pena. Tienen que aprender a mantener una mente positiva todo el tiempo cuando quieran hacer cosas que valgan la pena.

¿La actitud mental positiva atrae oportunidades o las rechaza? ¿Una actitud mental negativa atrae oportunidades que son favorables a ustedes o las rechaza? Naturalmente que siendo negativos rechazamos las oportunidades, ¿no lo creen? Por supuesto. ¿Y este rechazo de oportunidades tiene algo que ver con sus méritos o su derecho a esas oportunidades? Para nada en absoluto. Por supuesto que no. Todos tenemos derecho a las buenas oportunidades en la vida, pero si tenemos una actitud mental negativa, no podemos acceder a ellas y provecharlas. Así que su trabajo, sobre todo, se debe centrar en mantener una actitud positiva para atraer a ustedes las cosas que más quieren y desean conseguir en la vida.

¿Han pensado alguna vez porque la oración en muchas ocasiones nos reditúa únicamente resultados negativos? ¿Se han puesto a pensar en eso? Y saben, yo creo que ese es el mayor obstáculo para la mayoría de la gente de todas las religiones, que no entienden por qué razón sus plegarias traen muchas veces resultados negativos o contrarios a los que ellos esperan.. Pero no se puede esperar otra cosa, porque existe una ley que gobierna esas acciones. Y es la ley de que nuestra mente atrae solo aquello de lo que la alimentamos. No hay ninguna excepción a eso, es una ley natural, no hay excepciones para nadie, por eso si quieren atraer a través de la oración aquello que quieren y por lo que están pidiendo, tienen que hacerlo con una mente positiva. No sólo tienen que creer, sino también poner acción a su creencia y transmutarla en fe aplicada. Y no se puede tener fe aplicada teniendo una actitud mental negativa, los dos simplemente no van de la mano, ni ocupan un mismo espacio.

Las frases motivacionales las utilizan a menudo aquellas personas que reconocen la poderosa influencia que ejerce el entorno diario en mantener una actitud mental positiva. Toda la planta industrial de la Empresa RG LeTourneau, con aproximadamente 2.000 empleados, es retroalimentada con mensajes positivos impresos en grandes letras y colocados en todos los departamentos. Sus mensajes son similares a los que hemos visto aquí y generalmente se van cambiando a más tardar semanalmente. Todos los mensajes motivacionales son escritos con el propósito de alimentar a los trabajadores con frases positivas. Cada departamento de esa gigantesca planta de la empresa LeTourneau, mandan a remplazar diariamente sus mensajes de quince centímetros de alto, y lo mismo pasa con la cafetería, el objetivo es que todo trabajador los vaya leyendo en su camino a cada uno de los edificios. Y créanme nadie se pasa de largo sin leerlos.

Por cierto, tuvimos una experiencia divertida con ellos. Resulta que un día estaba parado en la cafetería y uno de esos mensajes estaba cerca de donde yo estaba. Ya saben, una cafetería es un lugar lleno de trabajadores haciendo fila para servirse sus comidas del mediodía, y lógicamente allí se concentran grandes grupos de estos trabajadores en diversos momentos del día. Pues resulta que el mensaje en cuestión decía: "Sólo recuerda que el verdadero jefe es aquel que camina por debajo de tu sombrero." Un mensaje demasiado claro de entender para cualquiera, o sea, significaba que uno mismo es realmente el jefe, pero no fue así para uno de los trabajadores que al leerlo exclamó: "Vaya, eso es lo que siempre he dicho, ¡que mi jefe es un piojo!"

Bueno, como pueden ver en la parte superior de la página hay un método mediante el cual uno puede transmutar el fracaso en éxito, la pobreza en riqueza, la tristeza en alegría, y el miedo en fe. La transmutación debe comenzar mediante una actitud mental positiva, debido a que el éxito, la riqueza, y la fe no son compañeros de cama de una actitud mental negativa. El procedimiento de la transmutación es simple, allí se describe, y lo pueden consultar cuando así lo deseen todo el tiempo para que lo asimilen y hagan de él todo un hábito. Veámoslo.

Número uno: cuando el fracaso se apodere de ustedes, no lo vean como un fracaso sino como algo que los llevará al éxito. ¿Creen que eso pueda ser posible? ¿Creen poderlo hacer? Desde luego que no es fácil, en absoluto. Pero se puede. En otras palabras, imagínense el fracaso como la antesala del éxito, véanse del lado del éxito en una ecuación en lugar de estar del lado del fracaso. Vernos del lado del éxito significará que ante cada adversidad podemos buscar la semilla de un beneficio equivalente que viene con cada fracaso, y allí es donde ustedes pueden transmutar el fracaso en éxito. Porque cada adversidad y cada fracaso tiene la semilla de un beneficio equivalente, y si van en la búsqueda de esa semilla, no es posible hacerlo con una actitud mental negativa. Solo una actitud positiva nos garantiza encontrarla. Generalmente no se encuentra al primer intento, pero es un hecho que al final se logra el cometido si se sigue intentando. Ese es el paso número uno.

Número dos, cuando la pobreza amenace con alcanzarlos o apoderarse de su voluntad, imaginariamente transfórmenla en riqueza y piensen en todo lo que desearían hacer con esa riqueza si fuera real. También busquen la semilla de un beneficio equivalente en la pobreza. Recuerdo que cuando era niño, estaba sentado a la orilla del río en el condado de Wise, en donde nací, y allí estaba con hambre y sin suficiente comida después de la muerte de mi madre y antes de la llegada de mi madrastra. Me encontraba sentado a la orilla y preguntándome si tendría suerte de atrapar un pescado y freírlo para saciar mi hambre. Mientras hacía eso, no sé lo que me llevó a cerrar mis ojos y mirar hacia el futuro, y pude visualizarme yendo por la vida convirtiéndome en alguien muy rico y famoso, y regresando a esa misma orilla del río cabalgando un caballo, pero mecánico y accionado por vapor. Podía ver el vapor saliendo de sus fosas nasales. Podía oír sus herraduras golpeando contra las rocas. Era una imagen muy vívida para mí. En otras palabras, llegué en mi imaginación a un estado de éxtasis, allí en medio de ese momento de extrema pobreza, necesidad, deseo y hambre. Con el paso de los años, llegó el momento en mi vida que pude conducir mi propio Rolls Royce de 22,500 dólares y llegué hasta ese mismo lugar a la orilla del río. Estando allí volvieron los recuerdos y me acordé de esa imagen que tuve en mi infancia en medio del hambre y la pobreza. Y me dije, no sé si esa imagen de éxtasis de mi infancia tenga algo que ver con todo lo que ahora disfruto, nadie puede saberlo. Quizás mantuve viva la esperanza y, finalmente, pude transformar esa esperanza en fe y, fue esa fe lo que me llevó hasta conseguir ese caballo de vapor y todo lo demás, que es mucho más costoso que ese mismo caballo producto de mi imaginación.

Miren hacia el futuro e imaginen todas esas cosas que quieren hacer, transformen las circunstancias desfavorables y las adversidades, en algo que sea agradable. Con esto me refiero a que dirijan sus mentes lejos de todo lo que sea desagradable y diríjanla en lo que más desean y anhelan.

Y ahora veamos el número tres, cuando el miedo los alcance, sólo recuerden que el miedo es igual a la fe pero en sentido contrario. Lo mejor es poner en acción su verdadera fe para verse a sí mismos transformándola en cualquier circunstancia o cosas que deseen. No creo que haya alguien que haya logrado escaparse alguna vez de experimentar los siete miedos básicos en un momento u otro, hay muchas personas que lo experimentan en todo el trayecto por su paso por la vida. Ciertamente, si ustedes permiten que el miedo se apodere de su voluntad, y su temor se convierta en un hábito, sin duda alguna solo atraerán a ustedes las cosas que no desean. Tienen que aprender a lidiar con el miedo, transmutándolo o transformándolo mentalmente en lo contrario. En otras palabras, tengan fe. Si tienen miedo a la pobreza, comiencen a pensar de sí mismos en términos de opulencia y de dinero, y enfóquense en idear los medios con los que ganaran ese dinero y en lo qué harán después de ganarlo. Imaginen esa riqueza, la imaginación no tiene límites, y es mucho mejor soñar e imaginar que se tiene mucho dinero, a sufrir con el miedo y la pobreza en que se vive. Les aseguro que no es ninguna virtud y no les deja ningún beneficio solo sentarse y lamentarse por el hecho de ser pobres o necesitar dinero y no saber cómo conseguirlo. Por experiencia creo que no hay nada en este mundo que yo necesite que el dinero pueda comprar, o cualquier otra cosa que pueda comprar que no lo pueda conseguir si deseo adquirirlo. No creo en términos de lo que no puedo, sino más bien en términos de lo que sí puedo conseguir. Y he estado haciendo esto durante mucho tiempo, y es maravilloso que se pueda lograr con tan solo condicionar mi mente a pensar positivamente. Así que cuando surjan circunstancias donde se necesite una acción mental positiva, formen el hábito de reaccionar positivamente en todo momento, y desechen la actitud negativa.

No se obtiene una actitud mental positiva con sólo desearlo, se logra con el paso del tiempo, día a día, poco a poco. No se adquiere de la noche a la mañana. Es bueno crear un ejército de guías invisibles que se hagan cargo de todas sus necesidades y todos sus deseos, y que estén ahí cuando más los necesite. Ustedes ya han oído hablar de mis guías invisibles. Y si no fuera porque se están empapando de esta filosofía y entienden de cuestiones metafísicas, seguramente dirían que es pura fantasía de lo que estoy hablando, sin embargo, les puedo asegurar que esto no es para nada solo ilusiones, sino realmente guías que se ocupan de todas mis necesidades y deseos. Por ejemplo, reconozco que la semana pasada me descuide en mi salud, y fue porque mi guía de la salud me dejó solo en esos días. Pero hice algo al respecto, fui en su búsqueda, le asesté un buen golpe en sus costillas y logré despertarlo, y créanme, a partir de eso ahora tengo más energía que la que tenía al comienzo del curso. Finalmente fue bueno que me hiciera falta la ayuda de este guía, porque pude reconocer que debo estar agradecido con él por ayudarme a mantener mi salud física en buenas condiciones y evitar descuidarme.

Obviamente, estoy plenamente consciente que estos guías son creaciones de mi propia imaginación. No me engaño a mí mismo ni a nadie más hablando acerca de este tema. Sin embargo, para propósitos prácticos, les diré que representan entidades reales y gente real, y cada uno lleva a cabo funciones exactas para las que fueron creados. Y lo hacen todo el tiempo. El primero de estos guías es el de la salud física. ¿Por qué creen que le asigné a este guía el número uno de todos?

Exacto. ¿A poco creen que fuera posible que alguien anduviera por el mundo con una mente apropiada sostenida por un cuerpo enfermo y apoyado en muletas todo el tiempo? Un buen cuerpo físicamente fuerte es el templo del espíritu, y tiene que estar en buen estado, tiene que ser sano y con mucha energía. Se imaginan que encendieran el botón del entusiasmo y no hubiera energía para activarlo, simplemente nada pasaría. Siempre tienen que tener una reserva de energía. La energía es de naturaleza física y mental. Pero yo no conozco a nadie que pueda expresar mucho entusiasmo teniendo su cuerpo aquejado de molestias y dolores. Así que el primer deber de uno mismo es atender a nuestro cuerpo físico, para ver que responda a todas nuestras necesidades en todo momento, y haga lo que se supone debe hacer. Pero también necesita de descanso para compensar la energía que se consume durante el día, por eso cuando pone su cuerpo a descansar la naturaleza comienza a trabajar en él, le proporciona el mantenimiento que requiere para ponerlo a punto, y pueda rendir nuevamente con todo el potencial de que está hecho. Quien hace todo ese trabajo es la entidad a la que llamo el guía de la buena salud, que supervisa y se cerciora que todo el trabajo de revitalizar al cuerpo se haga correctamente.

Y ahora pasemos entonces al guía número dos, el guía de la prosperidad económica. ¿Por qué creen que le asigne el segundo lugar en importancia?

¿Conocen de alguien que proporcione un gran servicio a los demás y lo haga sin cobrar? ¿Cuánto tiempo podemos vivir sin dinero? Claro que se necesita el dinero, tienen que tener una conciencia de lo que gastan, y es precisamente esta segunda entidad quien es responsable de guiarnos para que tengamos esa conciencia del dinero. Mi guía es tan controlado, sin embargo, que no tiene dinero, ¡oh dios mío eso no lo puedo permitir! No puedo permitir que se convierta en codicioso, ambicioso, o lo que es peor, en dispendioso y gaste sin medida el dinero que tengo. Yo tengo lo suficiente, pero no demasiado. Conozco a personas que acumulan demasiado dinero, y que mueren demasiado jóvenes por esforzarse en acumular dinero en exceso que no necesitaban y no podían gastar, en esos casos el único objetivo de ese dinero es el de provocar disputas entre descendientes que lo ambicionan y heredan. Creo que eso no me sucederá a mí. Yo quiero tener únicamente lo suficiente, no demasiado. Y este guía, es exactamente lo que tiene que hacer, avisarme cuando ya haya hecho suficiente para no excederme de más.

¿Saben una cosa? Este asunto de ganar dinero se convierte con el tiempo en una especie de círculo vicioso, en donde mucha gente cae inevitablemente al desear cada vez más sin ponerle tope a su deseo. Comienzan diciendo: "Bueno, voy a hacer mi primer millón y hasta ahí me detengo para poderlo disfrutar." Recuerdo el momento en que Bing Crosby le dijo a su hermano, que era su manager, que ya habían ganado suficiente dinero, cuando reunió sus primeros 50,000 dólares. Sin embargo, ellos trabajaban en un campo donde es común tener ganancias arriba del millón de dólares cada año, y por eso no es raro verlos aún trabajando, pero cada vez con un esfuerzo superior al del año anterior como si fuera una carrera de ratas. Desde luego, no estoy hablando de manera despectiva, simplemente es una alusión metafórica. Bing es amigo mío y lo admiro mucho, pero estoy hablando de todas esas personas de esta categoría que tienen demasiado y siguen esforzándose por hacer más allá de lo necesario. Ahora bien, esta es una filosofía que busca el éxito económico. Pero sin que ello implique destruir sus vidas por morir muy jóvenes por una ambición desmedida de conseguir las cosas. ¡Deténganse cuando ya tengan lo suficiente! Mejor hagan un buen uso de las cosas que ya tienen en este momento, en lugar de tratar de conseguir muchísimas cosas más que no llegarán a disfrutarlo. ¡Oh, qué maravilloso es el mensaje que nos da la biblia! no repetiré palabra por palabra, pero su significado nos dice: Ni mucho, ni poco, solo lo suficiente de todo. Es bueno aprender a determinar lo que significa suficiente y lo que significa demasiado. Esa es una de las bendiciones de esta filosofía, que les proporciona una vida equilibrada, en donde aprenden lo que es suficiente y lo que es demasiado. Ahora el siguiente guía es el más importante, el guía de la paz mental. ¿Creen que fuera maravilloso tenerlo todo en el mundo, que fueran dueños de todo y amos de todo ser viviente, pero sin tener paz mental? ¿De qué serviría? La razón por la que estoy haciendo hincapié en este punto es para hacerles ver que si yo he tenido el privilegio de conocer íntimamente a los más destacados, exitosos y más ricos hombres que este país ha producido jamás, eso ha implicado también dormir en sus casas, comer con ellos, conocer sus familias, sus esposas y sus hijos, y ver lo que pasó con sus descendientes después de sus muertes. He visto todo eso. Y sé la importancia de aprender a vivir una vida equilibrada para tener la paz mental en su paso por la vida, de modo que puedan hacer de su profesión, trabajo diario o a lo que se dediquen, un juego que disfruten a plenitud. Y no hacer de sus vidas algo que aborrezcan o teman, sino un juego que disfruten practicándolo con la misma pasión que cualquier individuo juega un partido de golf o cualquier deporte que ame. Siempre he dicho que uno de los pecados de la sociedad actual consiste en el hecho de que muy pocas personas se dedican a hacer con amor las cosas que realmente les gusta hacer. La mayoría de la gente realiza sus trabajos porque tienen que comer, dormir, y tener un poco de ropa que ponerse. Por eso cuando un hombre o una mujer tiene la posibilidad de poder hacer o trabajar en lo que les gusta, son muy afortunados, y esta filosofía precisamente los conducirá a lograr esa condición. Pero siempre y cuando aprendan a mantener una actitud mental positiva, por lo menos durante una parte importante de su tiempo.

De todos los hombres que colaboraron conmigo en la construcción de esta filosofía, y que representaban el mayor éxito excepcional en cada uno de sus campos, sólo había uno del que puedo afirmar que vagamente se acercó a alcanzar la paz mental junto con sus demás éxitos. John Burroughs, sin duda, fue el que se acercó más a ese estado óptimo de paz mental. Yo diría que después de él estaba el Sr. Edison, y colocaría en el tercer puesto al Sr. Carnegie. Y les diré por qué al Sr. Carnegie le asigné la tercera posición. Resulta que en los últimos años de su vida prácticamente se volvió loco tratando de encontrar la manera de deshacerse de su fortuna y regalarla a donde no causara ningún daño. Eso casi lo volvió loco. Su obsesión, su mayor obsesión en sus últimos años era que esta filosofía estuviera bien organizada y que mientras él viviera pudiera llegar a las manos del mayor número de personas, para que les proporcionara el conocimiento por el cual podrían adquirir cosas materiales, incluyendo el dinero, sin violar los derechos de los demás. Eso es lo que él quería más que a nada en el mundo.

El Sr. Carnegie murió en 1919, antes de que yo pudiera llevar la filosofía hasta un libro, antes de que escribiera los primeros libros sobre el tema, sin embargo, el pudo en vida comprobar la eficacia de la filosofía en 15 de los 17 principios. Solo hay dos personas de las que lamento hayan muerto antes de ver mi éxito personal, pues ambas conocieron solo mi lado del desaliento y la derrota. Esas dos personas son mi madrastra y mi patrocinador, Andrew Carnegie. Hubiera sido una gran alegría para mí y más que suficiente compensación por toda una vida de esfuerzos, si hubiese podido demostrarles a esas dos maravillosas personas los resultados de su obra e influencia, ya que en ellos encontré la inspiración y dirección cuando más lo necesite. No estoy tan seguro que en este momento no estén aquí de pie a mi lado mirando por encima de mi hombro su obra final. Ya saben, hay momentos en los que estoy seguro de que alguien está siempre de pie, mirando por encima de nuestros hombros cuando se hacen cosas más allá de nuestro entendimiento racional.

Muchas gracias. Eso no estaba en mis notas, pero la dama lo trajo a colación con su pregunta, pero créanme que es algo que he pensado que sucede en incontables ocasiones, incluso he notado en los últimos años que siempre que hago cosas a las que pudiera llamar brillantes o destacadas, creo que siempre se realizan gracias a este hombre que está parado aquí mirando por encima de mi hombro, además, en momentos de emergencia cuando tengo que tomar decisiones importantes, casi puedo sentir que ese gran hombre me dice las decisiones a tomar. Casi podría asegurar que al darme la vuelta lo puedo imaginar que está de pie allí en persona. Es allí donde está mi influencia. Y es que este es un buen momento para decirlo. Nunca habría podido hacer lo que hice con relación a esta filosofía, sin la ayuda y colaboración de los quinientos o seiscientos hombres que me ayudaron. Pero ténganlo por seguro que eso no hubiera sido suficiente si no contara también con la ayuda de ese alguien más que mira por mi hombro. Y la razón por la que antes no lo había dicho es para que no se piense que soy favorecido especialmente con sus favores y que quizás alguien más no lo sea en esa proporción. Mi opinión sincera al respecto es que no tengo más de lo que cualquiera puede tener también. Creo que cualquiera que sea mi fuente de inspiración es también la misma fuente de inspiración de todos los demás, está disponible para todos nosotros y así lo creo, de todo corazón.

Bien, ahora veamos dos guías a la vez, son gemelos y son los guías de la esperanza y la fe. ¿Hasta dónde se imaginan que llegarían en la vida si no tuvieran esa eterna llama ardiente de la esperanza y la fe que actúan en su alma? ¿Valdría la pena vivir en esas condiciones? Lo cierto es que deben tener un sistema que les permita mantener la mente positivamente. Porque hay cosas que destruyen la esperanza y la fe, ¿verdad? La gente, las circunstancias, las cosas que no pueden controlar, incluso las eventualidades que surgen en sus vidas, y ante toda esa adversidad deben contar con un antídoto contra todas esas cosas, algo que puedan ustedes manejar y aprovechar. Y no conozco ningún mejor sistema que estos ocho guías que he adoptado yo mismo, y que trabajan en mi beneficio. Ya también es del conocimiento de un gran número de personas para las que trabajan con la misma eficacia como lo hacen conmigo.

Y ahora otros dos guías gemelos, los guías del amor y el romance. No creo que haya algo que valga la pena mejor en la vida que un hombre o una mujer enamorados de lo que hacen. En otras palabras, si ustedes no ponen un poco de amor en lo que están haciendo, no podrán disfrutarlo y sacarle el mejor provecho. Y desde luego, si no hay amor en sus corazones, entonces no son en absoluto seres humanos. La principal diferencia entre los animales inferiores y el ser humano es que el ser humano es capaz de expresar la emoción del amor. Es una cosa maravillosa, un gran sentimiento y un gran constructor de genios y líderes. Es también un gran constructor y desarrollador de buena salud. Haber tenido una gran capacidad de amar, ha sido el gran motivo de haber tenido el privilegio de codearme con genios, no hay excepción a eso, es absolutamente cierto. La función de los dos guías del amor y romance en mi vida es mantenerme enamorado de lo que hago, y mantenerme joven en cuerpo y mente. Eso es justo lo que hacen, y créanme que lo hacen muy bien. No sólo me mantienen joven en cuerpo y mente, sino que también mantienen en alto mi entusiasmo en lo que hago y alejan toda monotonía de mi trabajo. En otras palabras, para mí no existe el trabajo duro porque disfruto lo que hago. Lo que hago lo veo como una diversión porque es un trabajo que se hace con amor.

Reconozco, por supuesto, que al amar lo que hacemos no podemos olvidarnos de la principal prioridad de nuestro trabajo que es la de ganarnos el sustento diario, sin embargo, no hay nada como hacer con placer nuestras actividades y desarrollar un sistema que haga de todas esas labores, incluyendo lavar platos o excavar zanjas o cualquier otra cosa, algo que lo convierta en un trabajo placentero y disfrutable. Cuando voy a casa ayudo a Annie Lou a lavar los platos, no porque ella no pueda hacerlo, sino por sentirme útil haciéndolo iy porque me da mucha alegría hacerlo!

Y tampoco me desvivo por trabajar en el jardín, pensando que si no lo hiciera, Annie Lou lo haría en mi ausencia y me privaría de ese placer – basta con que miren el buen bronceado que tengo y la buena salud que gozo. Oh, es una gran cosa aprender a vivir la vida de manera simple, y aprender a ser un ser humano en lugar de ser un objeto o cualquier otra cosa que no quieren ser, y que nadie quiere ser. El amor y el romance, aprendan a que sea parte de sus vidas, y aprendan a tener un sistema en donde el hábito del amor y el romance se expresen en todo lo que hagan.

Y ahora el último guía, el de la sabiduría total. Su trabajo es coordinar a los otros siete guías. Su responsabilidad es mantenerlos activos, eternamente ocupados en lo que hacen. Y también ayudarlos a ustedes para adaptarse a todas las circunstancias de sus vidas, agradables o desagradables, para que se beneficien de ellas. Sinceramente puedo decir que de mi molino de la vida no sale un grano sin moler, aprovecho todo lo que entra en mi molino. Y de las cosas más desagradables que me llegan, aprovecho todo en mi propio beneficio, y cada grano trato de refinarlo al mínimo posible para que no me afecte en absoluto.

Es maravilloso cuando se llega a reconocer que toda experiencia pasó por sus vidas dejándoles enseñanzas, no hay experiencias perdidas, ninguna experiencia se pierde en absoluto cuando se aprende de ellas. Siempre se puede sacar provecho de cada experiencia en la vida, si tienen un sistema para hacerlo. Por supuesto, si dejan llevarse por sus emociones y no maduran aprendiendo de sus experiencias desagradables, entonces atraerán principalmente más experiencias de este tipo que situaciones agradables. Una cosa peculiar sobre las circunstancias desagradables es el hecho de que son cobardes. Así que cuando se topan con ellas y les dicen, "Vengan aquí pequeñitas, quiero que se pongan a trabajar," A partir de ese momento de una u otra manera evitan toparse con ustedes porque saben que las pondrán a trabajar ¿Habían pensado en eso? Por eso, si ustedes tienen miedo a las circunstancias desagradables, ellas llegaran a sus vidas en multitudes, llegaran por la puerta trasera y la puerta principal, llegaran cuando menos las esperan, y cuando aún no están preparados para lidiar con ellas. Particularmente no me gusta invitar a mi vida a experiencias desagradables, pero si son lo suficientemente tontas para buscarme, se toparan con mi molino de la vida que las triturará. Aprovecharé lo que quede de ellas, y evitaré que vuelvan a toparse conmigo.

El eterno deseo de que caigamos en errores es el precio que hay que pagar por tener una actitud mental positiva, a causa de los enemigos naturales del pensamiento positivo, entre ellos: el pensamiento negativo que maniobra constantemente para apoderarse del control de nuestras mentes. ¿Sabían ustedes que hay entidades que trabajan todo el tiempo maniobrando para conseguir apoderarse de sus lados negativos de la vida? Por eso es que tienen que estar eternamente en estado de alerta para ver que esas entidades no se apoderen de ustedes. Procuren lidiar constantemente con sus miedos acumulados, sus dudas y sus limitaciones autoimpuestas, para que no lleguen a concretarse ni se conviertan en la influencia dominante de su mente. Y eviten las influencias negativas cerca de usted, incluyendo a las personas con las que trabajan, las personas que viven con ustedes, inclusive algunos de sus propios familiares que sean negativos, porque si no tienen cuidado, corren el riesgo de ser como ellos, porque responderían del mismo modo. Puede que estén obligados a vivir en la misma casa con alguien que sea negativo, pero no por ello ustedes tienen que serlo también por efecto de la misma convivencia. Admito que es un poco difícil poder inmunizarse contra ese tipo de influencia, pero se puede lograr. Yo lo he hecho. Mahatma Gandhi lo hizo, y miren lo que hizo al inmunizarse contra ilas cosas que no quería!

Y ahora el número tres, las influencias negativas cerca de usted, incluyendo personas que son negativas, y el número cuatro, algunos rasgos negativos que se forman en nosotros desde que nacemos. Estos rasgos se pueden transmutar también en rasgos positivos, tan pronto como se logran identificar. Estoy convencido de que hay una gran cantidad de personas que desde que nacen van formando de forma automática rasgos naturales de carácter negativo. En otras palabras, son personas que nacen en un ambiente de pobreza, en donde todo su entorno se respira pobreza, crecen y desarrollan en esa condición de pobreza y no conocen otra situación distinta a la de la necesidad extrema. Yo nací en esas condiciones y por eso lo afirmo. Y ha sido una de las cosas más difíciles que tuve que superar, este miedo a la pobreza que traigo desde mi origen.

Y ahora veamos la falta de dinero y la falta de progreso en su negocio o profesión o vocación de vida. Ustedes pueden pasar la mayor parte de su tiempo preocupándose por lo que pasa en su vida, o puede transmutar ese estado mental en encontrar formas de superar esas preocupaciones. Piensen positivamente en lugar de asumir posturas negativas. Preocuparse por las cuestiones negativas, no resuelve nada excepto que los sumerge más profundamente en la negatividad. Eso es todo lo que tienen que hacer.

Y luego, el amor no correspondido y las frustraciones emocionales en sus relaciones con el sexo opuesto. No permitan que los amores no correspondidos destruyan su equilibrio mental como lo hace mucha gente, les toca a ustedes hacer algo al respecto, para mantener una actitud mental positiva, y reconocer que su primer deber es para con ustedes mismos. Dominen el control de sí mismos y no permitan que nadie emocionalmente o de alguna otra manera alteren su equilibrio. Creo que el Creador no tenía la intención de que las cosas fueran de esa manera, y por eso ustedes no deberán permitir que eso ocurra.

Ahora veamos la mala salud, real o imaginaria. Este es un tema que puede preocuparnos mucho, enfermedades que se imaginan tener pero que físicamente son inexistentes. Ya saben, es a lo que llamamos hipocondría, algo que vale dos dólares y medio por consulta médica.

Cinco dólares, tienen razón, es que solía costar anteriormente solo dos dólares y medio. Ahora cuesta cinco dólares y a veces ¡mucho más de esos cinco dólares!

El caso es que pensar en enfermedades imaginarias es algo que consume mucho de nuestro tiempo por dejarnos apoderar de pensamientos negativos con respecto a nuestra salud en lugar de crear o diseñar una buena conciencia de cuidarnos mediante una actitud mental positiva. Piensen en términos de salud y su actitud mental se enfocará indudablemente en ocuparse de que mantengan su estado de salud general en buenas condiciones. Piensen que su salud está bien y así lo estarán. ¿Alguna vez lo han experimentado?

Ahora veamos la intolerancia, la falta de una mente abierta en todos los temas, como consecuencia de tener una actitud mental negativa.

Y ahora la codicia por poseer más posesiones materiales de los que se necesita. Ya he hecho un amplio comentario sobre este tema. Y como ya lo he dicho, este tema tiene que ver con el precio que tenemos que pagar por tener una actitud mental positiva. El desconocimiento de la magnitud real de nuestro poder mental y su ilimitado potencial para el logro de cualquier cosa que deseemos.

Y ahora la falta de un propósito definido principal y la falta de una filosofía definida que nos guíe por la vida. La gran mayoría de personas carecen de una filosofía de vida, ¿sabían eso? No tienen ninguna filosofía que los guíe por la vida. Van por la vida a la deriva y como hoja seca que lleva el viento sin rumbo fijo. Viven sin esperanzas, ni planes, ni futuro. Y nadie puede ayudarlos al respecto, ya que no tienen ninguna filosofía de vida. No gustan de someterse a las reglas y dependen de la suerte y el infortunio. Y generalmente el infortunio es su eterno acompañante. Todos necesitamos tener una filosofía de vida.

Ahora bien, hay muchas filosofías, solo que en este caso estoy más interesado en las que son como esta filosofía de vida, que es la razón por la que la estamos estudiando aquí. Esta filosofía les ayuda a que vivan de tal modo que sus vecinos y la gente que los rodea los miren como algo deseable, se sientan felices de tenerlos allí, y ustedes se sientan felices de convivir con ellos, y no sólo disfrutar de la prosperidad, la alegría y la paz mental, sino también reflejarla en todos aquellos que entran en contacto con ustedes. Esa es la forma en que la gente debe vivir, esa es la clase de actitud mental que las personas deben tener para vivir.

Y, por último pero no menos importante, el hábito de permitir que otros piensen por ustedes. Si permiten eso, nunca tendrán una actitud mental positiva, ya que no será suya su propia mente.

Todo mundo desea ser rico, pero no todo mundo sabe lo que constituye la riqueza duradera, y aquí les presento las doce grandes riquezas. Quiero que se familiaricen con ellas. Solo que les advierto que para que alguien pueda llegar a ser rico, deberá poseer equilibradamente la misma proporción de todas estas doce grandes riquezas. Es de notar que en estas riquezas al dinero le asigné el último lugar de la lista por la sencilla razón de que hay otras 11 riquezas más importantes que el mismo dinero, estas doce riquezas son las siguientes: una actitud mental positiva, una buena salud física, armonía en las relaciones humanas, la libertad del miedo, la esperanza de mayores logros, la capacidad de aplicar su fe, la disposición a compartir las bendiciones que reciben, el compromiso del amor, una mente abierta a todos los temas y a todo tipo de gente, una completa autodisciplina, sabiduría para entender a los demás, y para cerrar con broche de oro, el dinero, muchas gracias.

Con esto concluye la discusión de Una Actitud Mental Positiva, el séptimo principio de *Su Derecho a Ser Rico*.

La Autodisciplina

El octavo principio de *Su Derecho a Ser Rico* es la Autodisciplina, pero no hablamos del tipo de autodisciplina que normalmente se nos viene a la mente. El Dr. Hill define a este activo vital, como algo con un significado muy específico y trascendente. Significa, "tomar posesión de su propia mente." Lo único sobre lo que usted tiene un control completo e indiscutido es el poder que tiene sobre sus pensamientos. Esto implica desarrollar un control sobre usted mismo, para controlar su mente y enfocarse en las cosas que quiere y haciendo caso omiso de las cosas que no desea. Hacer esto es esencial para lograr el éxito. Si no controla sus pensamientos, no podrá controlar sus acciones. En términos más simples, el principio de la autodisciplina le enseña a desarrollar su autocontrol, haciendo que piense primero antes de actuar. Al aplicar este principio, se aprovecha el poder de los demás principios de esta filosofía y permite su aplicación práctica en sus actividades diarias. Es un inmenso poder que genera beneficios ilimitados a quien lo aplica. Escuche la conferencia, lea la guía de estudio, y comience a apreciar el potencial que le espera una vez que entienda y aplique este principio de la autodisciplina en su vida personal. Y ahora, una vez más aquí está el Dr. Hill.

Cuando entraron a este recinto, se les entregó una

copia de la primera edición de la revista *El Éxito Ilimitado*. A la mitad de la misma hay una parte titulada "Reto a la Vida." Y es esta parte en particular en la que quiero llamar su atención, porque viene a ser mi respuesta a una de las peores derrotas que he tenido en toda mi carrera. Lo traigo a colación porque les proporcionará una idea de lo que yo hago para transmutar una circunstancia desagradable en algo útil.

Cuando viví esa desagradable experiencia, surgió una verdadera razón para salir y luchar, y no me refiero a la lucha mental o verbal, me refiero a la lucha física. No tuve que salir a un campo de batalla para pelear con el enemigo, arropándome en los arboles y portando armas de ataque, más bien hice mi lucha buscando mi beneficio personal pero nunca dañando a alguien más. Preferí mejor expresar mi lucha a través de este ensayo, "Reto a la Vida", que dice:

"Vida, no me puedes dominar, porque me niego a tomar tu disciplina muy en serio. Cuando intentas hacerme daño, me río, y la risa no conoce dolor alguno. Agradezco tus alegrías en dondequiera que me topo con ellas. Tus dolores no me desalientan, ni me asustan, porque la risa se anida en mi alma. La derrota temporal no me entristece, simplemente le pongo música a las palabras de derrota y las convierto en canción. Tus lágrimas no me afectan, porque reír es mi mejor compañero y sustituto de la pena, el dolor, la tristeza y el desaliento.

"Vida, eres voluble y tramposa, no lo niegues. Permites que la emoción del amor anide en mi corazón como si fuera un aguijón para pinchar mi alma, pero he aprendido a esquivar la trampa de tu acción utilizando la risa. Has intentado seducirme con riquezas, pero a cambio he logrado engañarte prefiriendo transitar por el sendero que conduce al conocimiento. Me induces a construir hermosas amistades, y luego conviertes a mis amigos en enemigos para endurecer mi corazón, pero logro esquivar tus malas intenciones y me río de tu intento, apelando a mi criterio para elegir mis amistades. Haces que los hombres me tiendan trampas para volverme desconfiado, pero al final salgo triunfante, pues poseo un activo precioso que nadie más puede robar. Es el poder de dominar mis propios pensamientos y ser yo mismo. Me amenazas con la muerte, sin saber que para mí la muerte significa solo un sueño largo y tranquilo, y el sueño es la más dulce de las experiencias humanas con excepción de la risa. Te gusta avivar el fuego de la esperanza en mi corazón, y luego apagarla abruptamente rociando agua en tu intención. Pero te gano nuevamente, al reavivar el fuego, y así reírme de ti una vez más.

"Vida, por lo que a mí respecta estás derrotada, porque no tienes nada con lo que puedas alejarme de la risa, ni argumentos para llevarme a la sumisión. Por eso brindo levantando mi copa de la alegría por una vida pletórica de risas."

Quizás piensen que es fácil tener este tipo de reacción emocional a una experiencia desagradable del que se ha salido dañado y herido por la traición de los demás. La idea de venganza en contra de aquellos que los han dañado o lastimado significa simplemente la falta de autodisciplina. Si aún no están ustedes familiarizados con sus propios poderes, ni han aprendido a beneficiarse de ellos, no se rebajen a asumir una actitud de venganza en contra de aquellos que los han calumniado, difamado, o engañado de un modo u otro, o incluso que solo haya tratado de hacerlo. No lo hagan. Y si lo han hecho, no vuelvan a hacerlo. Porque lo único que conseguirán será reducir el aprecio por ustedes mismos y por el Creador. Hay una mejor manera, una mejor arma que estoy tratando de poner en sus manos, con el que puedan defenderse contra todo aquel que pretenda lastimarlos. Tómenme la palabra y usen la autodisciplina de la que estamos hablando esta noche, y verán que nunca más nadie los arrastrará al nivel de ellos – porque ustedes mismos estarán marcando el nivel al que desean tratar con la gente, y queda de los demás ponerse al nivel de ustedes, o quedarse atrapados en el fango. No hay pecado en ello. Ajusten su propio nivel alto y permanezcan firmes, pase lo que pase. Tienen la mejor manera de defenderse, usando su mente y sabiendo que hacer con ella, de ese modo nunca estarán indefensos.

Me saldré un poco del rumbo que llevamos, pero quiero contarles algo para que refuercen mejor sus ideas. Cuando nuestro editor eligió esa parte del "Reto a la Vida" de alguno de mis libros para publicarla en la primera edición, le dije que estaba bien, pero que quería que cada uno de los estudiantes tuviera en sus manos una copia de la revista, porque mi intención era contarles la historia de fondo de ese ensayo. Tal vez les interese saber que ese ensayo, fue en gran parte el responsable de que Mahatma Gandhi se interesara en mi filosofía y lo publicara en toda la India. Este ensayo ha logrado influir en millones de personas y, a su vez, directa o indirectamente, beneficiará también a millones de personas por nacer aún. Por lo tanto, su poder radica no tanto en la brillantez del ensayo, sino en el pensamiento posterior del mismo. Se trata de que reaccionen a las circunstancias desagradables de la vida, de tal manera que no se dejen conquistar por ella. Nadie puede vencerlos. Ustedes tienen la risa en su alma, con esto quiero decirles que con esa actitud pueden estar sentados muy cerca, en el mismo plano donde el propio Creador actúa, hasta ese plano nos lleva llenar de risa nuestras almas. Es algo maravilloso. Es una cosa maravillosa llenarse de risa en el alma y en el rostro, al hacerlo nunca se quedarán sin amigos, nunca les faltarán oportunidades, y nunca se quedarán sin un medio de defenderse contra las personas que ignoran todo acerca de la risa.

Haré una pausa en silencio, mientras recuerdan lo que les he dicho sobre la risa.

Bien, ahora hablemos de la autosugestión, es decir, transmitir a nuestra mente subconsciente pensamientos e ideas por medio de la autodisciplina hasta convertirlas en un hábito. La parte medular y punto de partida para desarrollar la autodisciplina es tener un propósito definido. En cada una de las lecciones que comprende esta filosofía, se hace hincapié en todo momento de la necesidad de nunca alejarnos de nuestro propósito definido. Es un punto insoslayable al que debemos apegarnos en todo momento, por ser el punto de partida de todo logro y de todo lo que se haga, sea bueno o malo. Todo parte e inicia con un propósito definido. Ahora bien, ¿Cuál creen que sea la razón de tener que repetirse a sí mismos una idea o un deseo para poderlo alcanzar? ¿Qué sentido tiene escribir su propósito principal y memorizarlo, repitiéndolo día tras día? ¿Por qué tener que hacerlo?

Es correcto. Es para imbuirlo en su mente subconsciente, y hacer que ella lo convierta en un hábito todo eso que escucha de ustedes decir. Incluso puede tratarse de mentiras, que al repetirse una y otra vez, se llega al grado de no saber diferenciar lo que es una mentira y lo que no lo es. El subconsciente no lo sabe diferenciar. Sé de personas que han hecho precisamente eso. El deseo obsesivo es la dínamo que dota de vida y acción a un propósito definido. El deseo obsesivo. ¿Cómo formamos un deseo obsesivo en primer lugar? Veamos como ocurre.

Es correcto. Lo logramos haciéndolo parte de nuestra mente, hasta el grado de ver su traducción en manifestaciones físicas en cada circunstancia de la vida. En otras palabras, supongan que tienen el deseo obsesivo de conseguir suficiente dinero para comprar un nuevo Cadillac, que mejore sustancialmente el Ford actual que ahora poseen, pero sin los ingresos suficientes para poderlo comprar. ¿Qué tendrían que hacer? Bueno, lo primero sería ir a una agencia de autos donde vendan el carro de sus sueños y hacerse de uno de esos bonitos catálogos donde aparece su auto deseado, eligiendo el modelo, color y detalles que más le atraen. Luego, cada vez que se subiera a su Ford y antes de iniciar la marcha, cerrar sus ojos por un momento e imaginarse que el carro que está a punto de manejar es precisamente ese hermoso y nuevo Cadillac que tanto anhela. Imaginar cada detalle en sus interiores, y su potencia al conducirlo por las calles. Alimentar su imaginación, haciéndose a la idea que ya es propietario de ese lindo vehículo, imaginarlo como si ya fuera de su propiedad.

Suena tonto, ¿verdad? La verdad es que puede sonar tonto, pero no lo es tanto, les puedo asegurar que para nada es una tontería. Yo hice lo mismo cuando me hice de mi primer Rolls Royce. ¿Alguna vez les he contado acerca de cómo conseguí mi primer Rolls- Royce? ¿Alguna vez se los conté? Resulta que una noche mientras estaba en una conferencia en el hotel Waldorf Astoria, platicaba ante la audiencia que antes que terminara la semana, ya me veía como propietario de un Roll Royce que había alimentado en mi imaginación, pese a no tener el suficiente dinero en el banco para conseguirlo. Curiosamente uno de mis estudiantes, que estaba esa noche entre los asistentes a mi conferencia, tenía exactamente un vehículo igual al que yo había imaginado, incluso hasta en los mínimos detalles. Pues bien, el estudiante en cuestión me llamó al hotel a la mañana siguiente, diciéndome: "¿Podría bajar? Aquí tengo el coche que desea Sr. Hill," bajé y allí estaba el carro de mis sueños y mi estudiante con la factura del carro y con las llaves listas para entregármelas. Se ofreció a conducirme en el carro por unas calles para enseñarme uno que otro truco necesario por conocer mejor el vehículo y sacar el mayor provecho de él. Me llevó por Riverside Drive y finalmente me entregó las llaves diciéndome: "Bueno, Sr. Hill, estoy feliz de tener el privilegio de dejar en sus manos este hermoso carro." Aquello fue algo maravilloso. Ni siquiera habíamos comentado acerca del precio, pero cuando le pregunté, me respondió: "Bueno, usted fije el precio. Le diré lo que pagué por él, pero", agregó, "usted lo necesita más que yo. En realidad no lo ocupo para nada. En cambio usted lo necesita, y personalmente quiero que sea suyo."

Pero tengan cuidado con sus deseos obsesivos, porque su mente subconsciente lo traduce en su equivalente material. La autodisciplina no se puede lograr de la noche a la mañana. Se debe desarrollar paso a paso, mediante la formación de hábitos definidos de pensamiento y de acción física. Tienen que mentalizarse de que tienen que actuar y hacer algo al respecto. En otras palabras, cuando Alan subió hasta este escenario, ¿pudieron notar el cambio químico que se produjo en sus mentes mientras estaba haciendo eso? Por supuesto que sí, y me di cuenta y lo sentí, hasta esta distancia de veinte metros que me separa de todos ustedes, pude sentir la vibración. Pero, supongamos que sólo se quedaran en sus asientos y se concretaran solo a repetir de manera monótona todo lo que estoy hablando sin ponerle acción a sus palabras, eso no sería para nada benéfico para ustedes, ¿no lo creen? La diferencia es el entusiasmo, eso es definitivo.

Ahora bien, la razón por la que les sugiero que sean cuidadosos con lo que deseen y aniden en su corazón, es porque si ustedes siguen las instrucciones establecidas en la presente lección, no duden que conseguirán lo que se propongan. Por eso asegúrense, antes de establecer cualquier deseo obsesivo por algo, que lo que anhelan sea algo con lo que estén dispuestos a vivir después que lo hayan conseguido.

¡Aunque creo que hay deseos de los que se pueden arrepentir! Oh, creo que ya entendieron a lo que me refiero, muchas de esas gentes casadas que hoy nos distinguen con su presencia. ¡Qué grandioso es tener en su mente un deseo superior por encima de todo lo demás!, algo que quizás sea difícil de conseguir, y que al conseguirlo vivirá con eso el resto de sus vidas. Por eso les digo que tengan cuidado con lo que desean. Quiero que sepan que de los 500 o más hombres que colaboraron conmigo en la construcción de esta filosofía, cada uno de ellos era inmensamente rico. No me enfoqué en otro aspecto como no fuera basarme en las vidas de aquellas personas que tradujeron sus deseos inmensos en un gran éxito financiero, no me di el lujo de perder el tiempo enfocándome en personas más pequeñas financieramente. Eso no sería aplicable hoy en día, pero en ese entonces sí lo era. Y quiero decirles que cada una de esas personas de abundante riqueza material, desafortunadamente carecían de una paz mental en sus vidas. Al fijar sus deseos de riqueza, se obsesionaron con conseguirla viviendo en la preocupación por tener más y descuidando lo más importante que era su paz mental y la armonía con sus semejantes. Tristemente no aprendieron la lección.

Si todos esos hombres hubieran recibido en su tiempo las observaciones que he hecho en este escenario los primeros cinco minutos, si tan solo hubieran tenido a su alcance esta lección, en los primeros días antes de volverse inmensamente ricos, sin duda alguna hubieran aprendido a mantener un balance adecuado de sus vidas con sus riquezas materiales y al hacerlo el saldo a su favor podría haber sido mayor de lo logrado. Para mí, el espectáculo más triste del mundo es ver a un hombre muy rico que no posee nada más que puras riquezas monetarias. Y créanme que son muchos los hombres en esta condición. Otra cosa lamentable es ver la facilidad con la que jóvenes, hombres y mujeres, entran en posesión de grandes riquezas sin haberse esforzado por obtenerlas.

El poder del pensamiento es lo único sobre lo que ustedes tienen un control absoluto. Un control que se ejerce a voluntad. El Creador al ceder el control a los seres humanos sobre sus mentes, los dotó del poder más importante que pudo haberles proporcionado. Este es un hecho asombroso que merece la más profunda consideración. Si ustedes valoran esa misma importancia, indudablemente descubrirán las ricas promesas que estarán a su alcance al adueñarse de su poder mental a través de la auto-disciplina. La autodisciplina conduce a una buena salud física y paz mental, debido a la armonía que se desarrolla dentro de la propia mente. Si no fuera gracias a la autodisciplina, no sería posible estar aquí de frente a ustedes, que conocen de mi vida, y poderles afirmar con la absoluta confianza y seguridad que tengo todo lo que necesito y deseo en este mundo.

Hubo un tiempo en el que tuve mucho más dinero en el banco que lo que tengo ahora invertido en muchos lados, pero no era tan rico entonces como ahora. Hoy me siento con más riqueza porque tengo una mente equilibrada, no guardo rencores, no tengo problemas, y mi mente está libre de miedos. He aprendido a través de la autodisciplina a equilibrar mi vida y mis libros con la vida. Tal vez no estoy totalmente en paz con los recaudadores de impuestos, pero lo importante es la paz que encuentro con ese gran hombre que mira por encima de mi hombro todo el tiempo. Y esa paz con él ha sido posible solo a través de aprender el arte de la autodisciplina, que me ha ayudado a responder de manera positiva a las adversidades y obstáculos de la vida.

No sé lo que haría, ni cómo reaccionaría si alguien se me acercara y me golpeara el rostro muy fuerte sin ninguna provocación. No sé lo que haría. Todavía soy muy humano, y creo que por lo mismo, quizás devolvería el golpe y lo asestaría en el plexo solar de mi ofensor para derribarlo. No dudo que lo haría, pero si tuviera unos segundos para pensar en ello, en vez de hacer eso, perdonaría a esa persona en vez de odiarlo. Lo compadecería por ser tan tonto de agredir sin causa alguna. Muchos de los errores que solía cometer, ahora los he corregido con el tiempo, y he logrado rectificar mi forma de ser gracias a la autodisciplina. Ahora me siento más en paz con los demás, con el mundo, y sobre todo en paz conmigo mismo y con mi Creador. Eso es una cosa maravillosa que podemos poseer, más que cualquier otra riqueza. Si no están en paz consigo mismos o con sus prójimos, y con la gente con la que interactúan, entonces olvídense de ser totalmente ricos. Nunca lo serán hasta que aprendan a través de la disciplina a estar en paz con todo tipo de gente, sin importar razas y credos. He estado ante distintas audiencias conformadas por católicos y protestantes, Judios y gentiles, personas de diferentes credos y razas. Simplemente porque para mí todos son iguales. No sé de diferencias porque en mi mente eso no existe.

He logrado superar prejuicios y me he vuelto inmune a las diferencias raciales que tanto daño causan. No permito que esas cosas me afecten. Y como bien saben, una de las peores maldiciones que padecemos en todo el mundo, y en particular aquí en Estados Unidos, es todavía no haber aprendido a convivir en armonía con nuestros semejantes. Estamos en el proceso de aprendizaje, pero estoy seguro que cuando todos estemos adoctrinados con esta filosofía, tendremos una mejor sociedad en este país, y espero que en otros países también.

La autodisciplina les permite mantener fija su mente solo en aquello que más quieren y los aleja de lo que más les perjudica. Si logran cultivar el hábito de mantener su mente ocupada y enfocada en lo que más quieren y desean en la vida, entonces habrá valido la pena el tiempo y dinero invertido en este curso, pues la retribución que obtendrán será infinitamente superior a su inversión. La autodisciplina les ayudará a ahuyentar de sus mentes todo aquello negativo como la miseria, las decepciones, y las personas que los hieren.

Ahora, con todo lo anterior, me resulta más fácil decirles lo que tienen que hacer para ser ricos. Sé muy bien lo difícil que es mantener la mente fija y enfocada en el dinero que quieren tener, sobre todo, cuando no se tiene nada al momento de iniciar el proceso. Sé muy bien lo que es eso. ¿Cómo lo sé? Eso quiero que lo adivinen y me lo digan.

Eso es correcto. Tienen razón. Lo entiendo porque sé lo que es tener hambre, no tener un hogar y carecer de amigos. Sé lo que es ser ignorante y analfabeto. Sé todo eso por experiencia. Y sé lo difícil que resulta convertirse en un destacado filósofo y difundir su influencia en todo el mundo a pesar de la pobreza y la ignorancia. Afortunadamente, eso quedó en el pasado. Pude superarlo. Y sé que si yo pude conseguir todo lo que he logrado, ustedes también lo pueden conquistar, si toman posesión de su mente y la enfocan en lo que quieren. Mantengan su mente ocupada en lo que desean y en ver las cualidades de los demás, sin permitir que les quede tiempo de pensar en aquello que es negativo y en los defectos de la gente.

Y hablando de lo que no les agrada de los demás, ¿Han procurado examinar cuidadosamente a esas personas más de cerca, sin que interfieran prejuicios que los etiqueten de antemano? Al hacerlo, no busquen sus defectos, para justificar la opinión que tienen de ellos, no hagan eso, hacerlo es muy fácil y nada recomendable. Eso es lo que un hombre débil haría, pero una persona fuerte hace lo contrario y busca antes que todo las cualidades en los seres humanos a través de la autodisciplina. Nadie es tan malo en este mundo, que no tenga cosas buenas en su interior. Si buscan esas cualidades, las encontrarán, pero si no lo hacen nunca lo hallarán.

Creo que uno de los males de esta época en la que estamos viviendo, y quizás ha sido el mal en todas las épocas, es el hecho que cuando entramos en contacto con otras personas, si nos dan la más mínima razón para buscarles defectos, no solo aprovechamos la oportunidad de hacerlo sino que multiplicamos esas deficiencias y las magnificamos más de lo que pueden ser. Ser así nos desacredita y va en perjuicio nuestro por la subestimación que hacemos de los demás. Nunca subestimen a nadie más, ni mucho menos a los enemigos, porque ellos pueden destruirlos más fácilmente de lo que se imaginan. Mejor conviertan al enemigo y a la gente que les desagrada en sus mejores aliados, si tan solo comienzan a cambiar primero ustedes mismos en la forma que los analizan. No traten de cambiar a los demás a su propia forma de pensar y actuar, lo mejor es empezar a trabajar en ustedes mismos para ser más comprensivos e indulgentes, y no ser rencorosos ante las provocaciones y ofensas de los demás, al hacerlo tendrán una de las más grandes oportunidades de la vida de ¿hacer qué?

De tener la prerrogativa de poseer la iniciativa personal que ellos han perdido. Si una persona los hiere, con o sin provocación, esa persona ha perdido la iniciativa que ustedes demuestran tener, y ¿en qué consiste esa iniciativa? En el derecho que les asiste a ustedes para perdonar y sentir lástima por esa gente que los hiere.

Quiero hacer hincapié en las tres paredes mentales que nos protegen contra las fuerzas externas. En una ocasión ya me escucharon hablar de estas tres paredes mentales, pero solo que esa vez traté el tema casualmente, y por ello quizás no les dejé la clara impresión de la necesidad de construir una forma de inmunizarse a sí mismos contra las influencias externas que perturban la capacidad mental, provocan la ira, generan infelicidad y fomentan los miedos. Es una forma de protegerse de alguna manera contra todo eso. Tengo un sistema que funciona a las mil maravillas, especialmente para cuando llegue el momento que ustedes alcancen la fama y la fortuna por todo el mundo, como yo lo he logrado, y tengan tantos amigos haciendo citas para entrevistarlos; con este sistema podrán elegir a quienes de ellos atender y a quienes no. Este sistema es algo que no les debe faltar. Al principio no les hará falta, como tampoco me hizo falta a mí, pero ahora es imprescindible en mi caso. Créanme que adoro a mis amigos de todo el mundo, pero debo reconocer que de no ser por este sistema, mis adorados amigos absorberían todo mi tiempo. Mantengo mi comunicación con millones de ellos a través de mis libros, pues es el medio ideal para entrar en contacto, pero cuando su intención es acercarse más personalmente conmigo, entonces recurro a este sistema para saber de cuánto tiempo dispongo para atenderlos. Y este sistema no es más que esas tres paredes imaginarias que mencioné hace un momento, y por cierto ni siquiera son imaginarias, son bastante reales.

La primera de ellas es una pared muy amplia, que se extiende más allá de mí, y que no es muy alta, aunque con la suficiente altitud para detener a cualquiera que no tenga una buena razón para llegar hasta mí. Obviamente, esto no es necesario en el caso de mis estudiantes, pues ellos cuentan con una escalera para escalar el muro y llegar hasta mí, cuando así lo desean, de la manera más fácil y sencilla. Sin embargo, los extraños que no tienen ese privilegio de ser mis estudiantes, tienen que superar esa pared para entrar en contacto conmigo formulando su petición de una manera más formal. No pueden tocar el timbre de mi casa, ni llamarme por teléfono pues mi nombre no aparece en ningún directorio telefónico. Tienen que hacer su solicitud de manera formal.

Seguramente se preguntarán, ¿por qué tengo esa pared? ¿Por qué no desechar esa idea y dejar que todo mundo se me acerque, me escriba y yo responda a todas las cartas que me llegan de todas partes del mundo? ¿Por qué mejor no hacer eso? ¿Verdad? Resulta que en cierta ocasión recibí cinco sacos llenos de cartas. Eran tantas que ni siquiera podía detenerme a leer quien me las enviaba, mucho menos abrirlas. No tenía suficientes secretarias para poder checar mi correspondencia, por lo que miles de esas cartas nunca se abrieron. Llegaban de todo el país. Bastaba que se me diera un poco de publicidad para que llovieran las cartas de distintas partes del país. Por cierto, hay un reportaje sobre mi persona en la última edición de la revista *Printer's Ink*, y como resultado he estado recibiendo cartas de mucha gente que me conoció aquí en Chicago hace 35 y 38 años, que no sabían que estaba aquí. Por todo esto, es por lo que les digo que se necesita tener un sistema para este tipo de situaciones.

Ahora, volviendo al tema de esa primera pared; inmediatamente después se entra en contacto con otra pared que no es tan grande, pero si mucho más alta, que aunque mis estudiantes quisieran escalarla, no lo podrían hacer ni con la ayuda de una escalera. Sin embargo, hay una manera de superar ese muro. Simplemente, con que tengan algo que yo quiera, lo pueden lograr y con mucha facilidad. Otra opción es que tengan algo en común conmigo, un objetivo común, con eso pueden traspasar ese muro y llegar a mí muy fácilmente si estoy convencido de que el tiempo que dedico a ustedes va a ser de beneficio mutuo para ambos, ustedes y yo, pero si el beneficio es solo para un lado, entonces será imposible traspasar esa pared. Son muy pocas las excepciones a esta posibilidad, pero si ese fuera el caso, mi juicio personal lo determinaría. Y les aseguro que en eso no hay nada de egoísmo, solo es por necesidad únicamente.

Si logran traspasar esa segunda pared, entonces hace su aparición una tercera pared mucho más angosta, pero tan alta como la eternidad. Ningún ser viviente ha logrado traspasar esa pared. Ni siquiera mi mujer lo ha logrado, por mucho amor que le tenga y tanta cercanía que existe entre ambos, porque ella sabe que ese lugar es el santuario de mi alma en donde nadie entra más que el Creador y yo, y nadie más. Nadie más en absoluto. Y ahí es donde hago mi mejor trabajo. Cuando voy a escribir un libro, me retiro a mi santuario, para diseñar mi obra en comunión con mi Creador, en busca de orientación. Cuando llego a una difícil decisión en mi vida y no sé qué camino tomar, me refugio en mi santuario en busca de respuestas. Pido orientación y siempre la consigo. ¡Siempre. Siempre!

¿No creen que es algo maravilloso tener este sistema de inmunidad? Algo totalmente opuesto al egoísmo. Su primer deber es con ustedes mismos. Como lo describiera poéticamente Shakespeare: "Por encima de todo sé sincero contigo mismo, y de ello se seguirá, como la noche al día, que no puedas ser falso con nadie más." Me emocioné hasta la médula cuando leí esas líneas. Lo he leído cientos de veces y lo he repetido miles de veces, porque es muy cierto que ¡el primer deber es para con nosotros mismos! Sean fieles a sí mismos, protejan su mente, protejan su conciencia interior. Utilicen la autodisciplina para tomar posesión de su propia mente y dirigirla a las cosas que quieren y alejarse de lo que no quieren. Esa es su prerrogativa, el Creador les dio ese poder, como el don más importante y precioso que entregó a la humanidad. Y por eso la mejor forma de corresponder y mostrar su agradecimiento es aprovechar ese don y utilizarlo.

Haga una lista de aquellos cinco rasgos de su personalidad en los que requiera mejorar con la ayuda de la autodisciplina. No me importa lo perfecto que crean ser, no existe una sola persona en esta clase que no requiera mejorar, y si realmente son honestos y no saben las respuestas, recurran entonces a sus parejas para que les hagan ver esos rasgos de su personalidad en los que necesiten mejoría. A veces ni siquiera es necesario preguntarles, pues les dicen en que aspectos están mal. En cualquier caso, lo importante es que determinen esos cinco rasgos de su personalidad que tiene que cambiar, y anótenlos.

Ahora, mentalmente escriba el rasgo numero uno a mejorar. Seguramente todos en esta sala estarán pensando en aquel rasgo que más les gustaría cambiar. No corregirán ningún defecto hasta que hagan un inventario de ellos y los anoten en papel, para empezar a corregirlos de inmediato.

Después de determinar esos cinco rasgos a mejorar mediante la autodisciplina, inicien el proceso de mejorar esos aspectos inmediatamente. Si por ejemplo son egoístas para compartir sus oportunidades o bendiciones con otras personas, empiecen a corregir ese defecto de carácter. No importa lo mucho que duela, no duden en iniciar este cambio. Si son codiciosos o ambiciosos, comiencen a cultivar el hábito de compartir. Si acostumbran ver principalmente lo malo en los demás, dejen ese hábito de inmediato y cambien su actitud. Comiencen a elogiar las cosas buenas de las personas y se sorprenderán de empezar a ver con otros ojos a la misma gente. Pero no exageren, porque pensarán esas personas que persiguen otro propósito con esa actitud. Sean razonables al respecto. Cuando alguien se acerca a mí y me da la mano y dice: "Napoleón Hill, siempre quise conocerlo, le agradezco mucho por los libros que ha escrito, por todo el bien que me han hecho y quiero decirle que mi éxito en mi profesión o negocio se lo debo todo a sus obras "Piense y Hágase Rico" y "La Ley del éxito," Cuando me dicen esas cosas, sé que esa persona me está diciendo la verdad, porque puedo inferirlo por el tono de su voz, la mirada en sus ojos, y la forma en que me estrecha la mano, y todo eso lo agradezco. Pero cuando los elogios se salen de proporción, más allá de lo que realmente merezco, lo capto de inmediato y sé de antemano que esa actitud persigue algún beneficio de por medio. Por lo tanto, sean cautelosos y apelen a su criterio cuando eso suceda.

Ahora, el siguiente paso es hacer una lista de todos los rasgos de personalidad de las personas más cercanas a ustedes que consideren necesitan mejorar mediante la autodisciplina. Desde luego, analizar a los demás es más fácil, por lo que no tendrán ningún problema en absoluto para formar esa lista, pues será una tarea sencilla. Quiero que noten la diferencia en cuanto a la facilidad que encontrarán en ese caso, comparado con la acción de analizarse a si mismos los rasgos de carácter a cambiar. El autoexamen es una cosa muy difícil, ¿lo sabían? Muy difícil. Porque generalmente analizamos las cosas a nuestro favor, y pensamos que todo lo que hacemos, independientemente de lo que sea, está correcto, y entonces si las cosas no salen bien es por culpa de los demás nunca por fallas propias. Siempre.

Muchos de mis estudiantes me comentan que antes de conocer esta filosofía, los desacuerdos que tenían con mucha gente se los atribuían erróneamente a esas gentes, y que con la ayuda de la filosofía pudieron darse cuenta de la realidad de que los verdaderos culpables de esas diferencias eran ellos mismos y no los demás. Me dicen que solo mediante la autodisciplina pudieron abrir los ojos y pudieron mejorar para ver con mejor claridad las cosas buenas de la demás gente. Y esa es precisamente la forma en que la autodisciplina funciona. Es sorprendente comprobar la cantidad de defectos que podemos encontrar en las demás personas, a diferencia con lo que podemos hallar en nuestra propia persona. Creo que todo mundo antes de condenar a alguien más, debería pararse ante un espejo y decir: "Mira amigo, antes de empezar a criticar a alguien más, y propagar chimes sobre esa persona, ¿por qué no mejor te miras a los ojos para ver si tienes las manos limpias? Recuerde el famoso pasaje de la Biblia, "El que esté libre de culpas, que lance la primera piedra." Eso está muy bien. Lancen la primera piedra antes de comenzar a condenar a otras personas, y cuando hagan de esto todo un hábito no duden que llegarán al punto en que serán más indulgentes con sus semejantes.

Ahora bien, ¿Cuál creen que sea la forma más importante de autodisciplina que todo aquel que aspire al éxito excepcional debe llevar a cabo? ¿Cuál consideran que es? Es solo uno y es sobresaliente.

Por supuesto que es el control de sus pensamientos, el control de su mente. De hecho, no hay nada más importante en el mundo, excepto ese grandioso poder de controlar su mente. Al poder ejercer este control, automáticamente podrán controlar todo aquello con lo que entren en contacto cuando así lo deseen. Nunca podrán ser los amos de las circunstancias, ni del espacio que ocupan en este mundo, hasta que primero aprendan a ser los dueños de su propia mente..

Con mucha frecuencia me han escuchado hablar del Sr. Gandhi, este gran hombre logró liberar a la India del dominio británico utilizando estos cinco principios: La definición de propósito, él sabía lo que quería. La fe aplicada, llevaba sus planes a la acción al hablar con sus semejantes, adoctrinándolos con el mismo deseo que él tenía sin que por ello tuviera que recurrir a la violencia o actos vandálicos y asesinatos. El Kilómetro Extra, haciendo un esfuerzo más allá de lo normal. El Trabajo en Equipo, el esfuerzo conjunto que quizás este mundo nunca había visto antes, con al menos 200 millones de ciudadanos que contribuyeron a formar esa gigantesca alianza de trabajo en equipo, y cuyo objetivo común fue obtener la libertad de la nación sin necesidad de recurrir a la violencia. Y el quinto principio, la autodisciplina llevada a una escala sin paralelo en los tiempos modernos. Ni duda cabe que esos cinco elementos hicieron de Mahatma Gandhi el amo y vencedor del gran Imperio Británico. Indudablemente.

La autodisciplina. ¿En qué parte del mundo podrían encontrar a un hombre que soportara estoicamente todas las cosas que Gandhi soportó, todos los insultos, todas las encarcelaciones por las que él tuvo que pasar, y solo defendiéndose y pagándole al enemigo con la misma moneda? Nunca recurriendo a la violencia, solamente sustentándose en la fuerza de sus argumentos, en su propia tierra y con sus propias armas. Y eso es algo que se debe hacer cada vez que se tenga que pelear con alguien más: escoger nuestro propio campo de batalla y elegir nuestras propias armas, y entonces si aún así no ganamos, será por nuestra propia culpa. Quiero que recuerden eso, quiero que lo tengan siempre presente, porque tendrán que enfrentar mil batallas de una manera u otra a lo largo de sus vidas, y solo así podrán salir triunfantes. Tienen que ser más inteligentes que el enemigo, y la forma de hacerlo es eligiendo su propio campo de batalla y sus propias armas para poder vencerlo.

¿Qué connotación le dan a todo esto que les estoy diciendo? Quizás esto no signifique mucho para ustedes en este momento, pero sin duda lo tendrá cuando tengan que enfrentar problemas por resolver. Cuando eso suceda, recuerden esta conferencia y estas palabras que les estoy transmitiendo esta noche, escojan su propio campo de batalla y sus propias armas para vencer al enemigo. Solo condiciónense ustedes mismos antes de pelear, de que no destruirán a nadie, ni causaran ningún daño, sino que solamente defenderán sus propios derechos. Y cuando tomen esa actitud, de antemano habrán dado el primer paso a la victoria sin ni siquiera haber empezado, sin importar lo fuerte o inteligente que sea su adversario, simplemente con esta táctica es seguro que vencerán.

Deben crear un sistema mediante el cual tomen la posesión absoluta de su propia mente y logren mantenerla ocupada solamente en aquellas circunstancias y deseos de su elección y totalmente lejos de las cosas que no quieran. Pero, ¿Cómo pueden mantener su mente alejada de las cosas que no quieren, me lo podrían decir? Quiero saber si tienen una idea clara al respecto.

Por supuesto, esa es una pregunta elemental. Y con esto no estoy insultando a su inteligencia, sólo es hacer hincapié en un punto que quiero que me lo repitan. Sé que no tengo nada en especial y que no fui bendecido con algo extraordinario que ustedes no posean, y quizás mis cualidades apenas si son la mitad de lo que ustedes tienen. Sin embargo, mi experiencia personal fue más difícil que la de la mayoría de ustedes, y si logré superarme y alcanzar el éxito es porque también ustedes lo pueden lograr, pero antes tendrán que tomar posesión de sus mentes, para poder aspirar a responsabilidades y éxitos mayores. Y solo mediante la autodisciplina podrán conseguirlo. Esa es la manera en que podrán mantener sus mentes ocupadas solo en lo que más desean y olvidarse de lo que no quieren. Imaginándose que ya están en posesión de esas cosas que anhelan, aunque físicamente aún no las hayan conseguido, porque la posesión mental de lo que aspiren debe ser siempre el primer paso. Si prescinden de este deseo mental, nunca podrán tener la posesión física de lo que desean. Eso ténganlo por seguro. Todo lo que anhelen o deseen, primero lo deben crear e infiltrar en su actitud mental. Y deben tener una plena certeza al respecto, viéndose a sí mismos ya en posesión de lo que quieren, y eso solo es posible mediante la autodisciplina.

Su recompensa por controlar su mente es el dominio de su propio destino a través de la orientación de la Inteligencia Infinita. ¿No les parece maravilloso? Que los recompensen por ¡tomar posesión de su propia mente! Hacerlo les permitirá entrar en contacto directo con la Inteligencia Infinita, algo portentoso sin lugar a dudas. Cuando les digo que hay una persona que está mirando por encima de mi hombro y me guía para vencer obstáculos, les estoy diciendo la verdad. Siempre que enfrento problemas sin saber qué decisión tomar, me basta con recordar que esta fuerza invisible está a mi lado, para orientarme y tomar la decisión correcta, porque toda mi fe está depositada en él.

¿Cómo sé que eso es verdad? ¿Cómo podría afirmar con tanta seguridad que eso realmente ocurre? Sólo hay una manera de comprobarlo, y es poniendo en práctica esa fe. Es la única manera en que puedo demostrarlo, y fiel a mi costumbre, nunca puedo afirmarles que algo es verdad hasta no haberlo comprobado antes. Si les digo que eso sucede es porque ciertamente así es.

Pero, también hay castigos para aquella gente que no toma posesión de su propia mente. No hacerlo se traduce en ser víctima toda su vida de los vientos perdidos de las circunstancias, que siempre estarán más allá de su control. ¿Cuáles son esos vientos perdidos de las circunstancias de las que estoy hablando? Me refiero a todas esas influencias negativas con las que entran en contacto y siembran en ustedes la semilla de la desconfianza e incapacidad para superar las adversidades. A menos que controlen su mente, tendrán que pagar esa pena por el resto de sus vidas.

¿No les parece extraño y profundo a la vez, que de ustedes mismos dependa su destino terrenal? ¿Y que de no apoderarse de su mente, tendrán que pagar una pena que los acompañe por el resto de sus vidas? ¿Y que al contrario, al emplear este don la recompensa es muy grande y llena de satisfacciones? ¡Qué cosa más profunda! Si no tuviera evidencia alguna de que existe un Creador y una causa primaria, entonces no me atrevería a afirmar con plena certeza de que existe en todo una primera causa. Lo cual es algo muy profundo para cualquier ser humano. Recibir un gran activo y ser penalizado por no usarlo o ser recompensado por utilizarlo, es la suma y sustancia de lo que ocurre cuando se utiliza la autodisciplina para tomar posesión de su propia mente, y dirigirla hacia las cosas que desean.

No importa lo que quieran de la vida, eso no es de la incumbencia de nadie, excepto de ustedes mismos. ¿Están escuchando lo que les estoy diciendo? ¿Se oyó claramente? Lo que quieren solo les compete a ustedes, a nadie más. No olviden eso. No permitan la influencia de alguien más en sus deseos personales. Nadie más debe determinar lo que quieran hacer. Si esa ha sido su costumbre de vida, a partir de ahora condúzcanse diferente y hagan lo que realmente quieren. No hacerlo de esa manera, será un insulto al Creador, que los dotó con el don de tener la última palabra en sus decisiones personales. Yo así lo hago todo el tiempo.

No causo daño ni hiero a nadie, y bajo ninguna circunstancia podría causarle daño alguno a alguien más. Todo lo que hacemos en beneficio o perjuicio de los demás, se nos regresa multiplicadamente, nadie puede contra esta ley eterna. Es por eso que no podría ser un fiscal, y me siento tan orgulloso de no haber seguido mi inclinación de convertirme en abogado. En una ocasión tuve una larga visita de mi hermano Vivian, él es abogado, y se especializa en demandas de divorcio, especialmente de casos de divorcio de gente muy adinerada. Y quiero decirles la penalidad que ha tenido que pagar por involucrarse tanto en la parte mala de las relaciones matrimoniales. Han sido tantos casos de divorcio que ha enfrentado que llegó a la conclusión de que todas las mujeres eran malas y por eso nunca decidió casarse. Él nunca ha tenido el placer de tener una esposa como yo lo tengo, por el mal y erróneo concepto que tiene de las mujeres, al juzgarlas en forma generalizada por los casos que él ha llevado. Eso es muy común que a todos nos pase, de juzgar a todo mundo solo por algunas malas experiencias que hemos tenido. Y eso no siempre es justo, y ciertamente un punto de vista equivocado por parte de mi hermano.

Con esto quiero llamar su atención sobre algunas de las cosas esenciales de la vida que necesitan saber para conocerse a sí mismos y a los demás, y para que entiendan la forma de adaptarse a la forma de ser de aquellas personas que son difíciles de tratar. Necesitan este conocimiento, porque es mucha la gente en este mundo que son difíciles de tratar y con las que requerimos convivir todos los días en nuestra vida cotidiana. Es inevitable que nos topemos con ese tipo de personas, y por lo tanto, en lugar de eludirlas debemos hacer algo por nosotros mismos para llevarnos bien con ellas. Por todo esto, ¿les parece sensata esta explicación o no? Yo creo que sí.

Estamos hablando de la autodisciplina, y obviamente necesitamos saber lo que significa. Ante todo, significa el control completo sobre el cuerpo y la mente. Un control total. No significa cambiar la mente o el cuerpo, significa poder controlarlos. La gran emoción del sexo propicia que la mayoría de las personas se metan en más problemas que todas las otras emociones juntas, y pese a ello, es la más creativa, la más profunda y la más divina de todas las emociones. Los problemas que genera en la gente se debe a que no se sabe cómo controlar y dirigir correctamente esta emoción. Su transmutación es una excelente opción, y puede lograrse con la ayuda de la autodisciplina.

Lo mismo ocurre con otras facultades del cuerpo y la mente. No se trata de que las cambien completamente, sino que asuman el control de esas facultades y reconozcan lo que tienen que hacer, para tener una buena salud y paz mental. También significa cultivar el desarrollo de hábitos cotidianos que le permitan a su mente mantenerse ocupada en las cosas y circunstancias que desean y desechar las que no quieran. Lo que significa no aceptar o someterse a la influencia de cualquier circunstancia o influencia indeseable. A nada de eso en absoluto. No ser rehén de circunstancias negativas. Pueden tolerar esas influencias indeseables, pero nunca someterse a ellas, porque ustedes son más fuertes sin lugar a dudas para dejarse conquistar. De este modo, le permiten un mayor margen de operación a su imaginación en cuanto a lo que quieren y no desean para su persona. Determinarlo es un asunto estrictamente personal.

En resumen, les diría que deben construir una protección de tres muros a su alrededor para que nadie sepa lo que suceda con ustedes o con sus mentes. ¿No les parece interesante? ¿No les gustaría que nadie en este mundo, quien quiera que sea, pudiera indagar acerca de ustedes? ¿Quién lo haría? Si están en su sano juicio ¡no lo harían! ¿Les gustaría que nadie supiera todo lo que ustedes piensan de los demás? Seguro que no lo harían.

Bueno, en realidad hay mucha gente que comete el error de permitir que los demás sepan lo que sucede en su mente, basta con que hablen sin parar para enterarse de todo lo que piensan. Ya saben, me refiero a ese tipo de personas exageradamente comunicativas a las que preferimos evitar y dejarlas con la palabra en la boca y huir. Es suficiente con darles cuerda para enterarnos de todo acerca de ellos, lo bueno y lo malo. J. Edgar Hoover, con quien colaboré profesionalmente muchas veces y con quien sigo colaborando ocasionalmente, me dijo una vez que los sujetos que están bajo investigación son la mejor ayuda de todas las fuentes de información juntas. Le pregunté "¿Por qué?" y me dijo: "porque suelen hablar tanto, que ni trabajo cuesta sacarles la información." Así fue su respuesta.

Díganme cuáles son sus miedos, y les diré cómo dominarlos. Desde el preciso instante que saben cómo atemorizar a alguien, saben exactamente como controlarlo sobre esa base. No me gusta controlar a alguien despertando su temor. En absoluto. Si quiero ejercer control sobre alguien, lo hago en base ¿a qué? Por supuesto, en base a que esa persona que quiero controlar me lo permita. La persona promedio habla demasiado para su propio bien.

Con esto concluye la discusión de la Autodisciplina, el octavo principio de *Su Derecho a ser Rico*.

El Entusiasmo

Probablemente todos alcanzamos un cierto grado de éxito en algo. Sin embargo, sólo las personas que adquieren el hábito de transformar la llama del entusiasmo en deseo logran alcanzar realmente un gran éxito en cualquier cosa. El noveno principio de *Su Derecho a Ser Rico* es el Entusiasmo, uno de nuestros principales activos, y esa fuerza interior que constantemente nos impulsa hacia adelante a que hagamos nuestro mejor esfuerzo. ¿Qué es realmente el entusiasmo? Según una definición de diccionario dice lo siguiente: "la posesión absorbente o controlada de la mente por la acción de cualquier interés o búsqueda; un vivo interés." No hay nada malo en ello, pero el Dr. Hill agrega algo más a su definición de entusiasmo. Según su definición dice que es nada más y nada menos que la fe en acción. Bien, ahora preparémonos a escuchar a la persona que nos explicará este poderoso principio. El Dr. Hill.

Bueno ahora estamos en el tema del entusiasmo, y que mejor momento para hablar de este tema que ahora mismo, en donde ustedes son el mejor ejemplo de entusiasmo en este momento. Ante todo, el primer paso para generar entusiasmo es tener un deseo ardiente. En otras palabras, el deseo ardiente es el inicio del entusiasmo, y cuando se aprende como desarrollar en uno mismo ese deseo, está de más cualquier instrucción adicional para tener entusiasmo, pues ya se tiene la base de su principio. Cuando se desea algo intensamente y se toma la decisión de conseguirlo, es porque hay un deseo ardiente de fondo que nos ayuda a fortalecer nuestro proceso de pensamiento y pone a trabajar a la imaginación para idear las formas y medios para conseguir lo que queremos. Ese entusiasmo dota de más viveza a nuestra mente y la pone en un estado de más alerta ante cualquier oportunidad que surge. Empezamos a ver oportunidades que antes no veíamos gracias a que nuestra mente se llena de entusiasmo por un ardiente deseo de alcanzar el propósito definido que tenemos.

Hay dos tipos de entusiasmo, el activo y el pasivo. El entusiasmo activo es más eficaz. ¿A que me refiero con activo y pasivo? Les voy a dar un ejemplo de entusiasmo pasivo. Henry Ford, era la persona más carente de entusiasmo activo que haya visto en mi vida. Nunca le oí reír, ni una sola vez. Cuando me daba la mano era como estar agarrando un pedazo de jamón frío, no hacía más que estirar la mano y retirarla, uno tenía que darle movimiento al saludo. Y en su conversación, no había magnetismo en su voz, ni evidencia alguna de demostración de algún tipo de entusiasmo activo. Entonces, ¿Cómo demostraba su entusiasmo, porque es indudable que tenía entusiasmo para haberse propuesto un objetivo importante y haberlo alcanzado tan exitosamente? Su entusiasmo era pasivo, lo manifestaba en su interior solamente y luego lo transmutaba en imaginación. Después con el poder de su fe y su iniciativa personal seguía adelante en el logro de su objetivo. Él tenía la seguridad de alcanzar lo que se proponía, se mantenía alerta ante las oportunidades y apegado a poner en práctica su fe a través de su entusiasmo, su entusiasmo pasivo. Pensaba y hablaba interiormente de sus planes y del provecho y la alegría que obtenía al cumplirlos.

Una vez le hice una pregunta, eso fue mucho después de haber alcanzado el éxito y resuelto sus problemas económicos, le pregunté si alguna vez había querido conseguir o hacer algo que no hubiera podido, y me respondió con un *no* cortante. Aunque después agrego: "No en los últimos años." Dejando abierta la posibilidad de que en los primeros años de su vida pudieron haber quedado en el camino objetivos incumplidos. Así que le dije: "Bueno, entonces, en otras palabras, Señor Ford, no hay nada que necesite o quiera que no pueda conseguir", y me dijo: "Así es, es correcto." Le dije: "¿Cómo sabe que es verdad? ¿Y cómo le hace usted para asegurarse que todo lo que desea puede saber de antemano que lo logrará desde antes de empezar?" Me contestó: "Bueno, durante mucho tiempo, he formado el hábito de poner mi mente a trabajar activamente en cada problema. Si tengo un problema siempre hay formas de poderlo resolver. Hay muchas cosas que no puedo hacer, pero otras tantas que si las puedo solucionar, y eso es lo que hago enfocarme en lo que puedo resolver y hacerlo." Y agregó: "Al usar únicamente la parte que resuelve mis problemas, la otra parte negativa simplemente se desvanece, construyo puentes donde hay ríos, no donde están secos."

¿No les parece grandiosa una declaración como esa? Él únicamente abordaba problemas u objetivos donde sabía de antemano que podían resolverse, y solía decir que cuando deseaba lanzar un nuevo modelo o aumentar su producción, ponía de inmediato a trabajar a su mente en el plan que permitiría lograrlo. Nunca le prestó atención a los obstáculos, porque sabía que su plan era lo suficientemente fuerte y definido y siempre respaldado por una fe capaz de derribar cualquier barrera y adversidad en su camino. Y dijo una cosa asombrosa al afirmar que si adoptamos la actitud de enfocar nuestras mentes solo en aquellos problemas que podemos resolver, los problemas que no pueden ser resueltos toman sus maletas y se van. Cito simplemente sus palabras.

Coincido plenamente con sus dichos, porque describen claramente lo que ha sido mi experiencia, que si quiero lograr algo en la vida debo trabajar intensamente con un entusiasmo desbordado. Pongan acción a las palabras, dibujen en sus mentes lo que quieren obtener, sigan alimentado esa imagen hasta que se vuelva más definida de lo que desean. Hagan uso de las herramientas de que dispongan ahora para moverse a cumplir sus deseos y verán que de forma automática nuevas y mejores herramientas llegaran a su vida para lograr sus anhelos. Esa es una de las cosas extrañas de la vida, pero es la forma en que funciona.

Los oradores públicos y maestros suelen expresar su entusiasmo mediante el control de la voz. De eso no hay ninguna duda al respecto. Una de mis estudiantes que me acompañó hasta aquí esta noche me regaló un gran cumplido. Quería saber si había recibido algún tipo de entrenamiento para mi voz, si tenía algún entrenador de voz, o algo por el estilo, y por supuesto le dije que no había educado mi voz en absoluto. Le dije que había tomado un curso para hablar en público hacía mucho tiempo, pero que de poca utilidad me había servido. En otras palabras, le dije que usaba mi propia técnica, y ella dijo: "Bueno, la verdad es que tiene una voz maravillosa, y muchas veces me preguntaba si era producto de un cuidadoso entrenamiento para saber transmitir el entusiasmo en sus conferencias." Le dije: "En realidad la respuesta a tu pregunta con respecto a mi voz, es esta: no me preocupo por el tipo de audiencia que tenga, si son inexpertas o insolentes, lo que realmente importa, es que estén conscientes de una cosa, que cuando les digo algo es porque creo en lo que les estoy comunicando." Soy sincero al respecto. Y eso es lo que dota a la voz de un control grandioso, expresar el entusiasmo con fe, con la convicción que lo que se está diciendo está respaldado por la total creencia en lo que se afirma, y que al hacerlo el mensaje será para bien de los demás como de ustedes mismos.

He visto a oradores que se desplazan constantemente por todo el escenario, se mecen el cabello repetidamente, meten sus manos a sus bolsillos y hacen uso de incontables gestos personales. Todos esos gestos distraen mi atención, así que me he entrenado para estar en una sola posición mientras estoy en el escenario, nunca me gusta desplazarme y muy raras veces extiendo mis manos mientras hablo. Y es que lo que busco realmente antes que cualquier otra cosa es transmitir la sinceridad de lo que estoy hablando y que todo mi entusiasmo respalde el tono de mi voz, si aprenden a hacer eso, créanme que tendrán de su lado una cualidad maravillosa.

El entusiasmo se debe sentir antes de poder expresarlo. No veo cómo alguien que tuviera el corazón destrozado, bajo estrés o en problemas, fuera capaz de poder transmitir entusiasmo. Tuve una presentación una vez en Nueva

York, donde la estrella del espectáculo acababa de tener una maravillosa actuación, me sorprendí al saber que tan solo tres minutos antes de subir al escenario esta artista acababa de enterarse que su padre acababa de fallecer. Nadie podía haberse imaginado que esta artista estaba pasando por un momento tan triste mientras realizaba su extraordinaria presentación. No denotó en ningún momento el difícil trance por el que estaba pasando. Se había entrenado para ser una actriz por siempre, sin importar las circunstancias. De no haber contado con ese entrenamiento no habría podido llegar a ser la gran actriz que era.

Un actor debe compenetrarse del personaje que está intentando retratar en el escenario, si no lo hace entonces no es un actor. Podrá decir impecablemente los parlamentos que le corresponde, pero nunca causará una buena impresión en el público a menos que sienta lo que su personaje está intentando transmitir. Los realmente grandes actores en todos los ámbitos de la vida – no precisamente los que están en un escenario, sino los que existen en la vida privada - son todas esas personas que son capaces de representar el papel del personaje que están tratando de retratar. Lo sienten, se lo creen, se tienen confianza, y no tienen ningún problema en transmitir a los demás su espíritu de entusiasmo.

Este entusiasmo es un poderoso tónico para todas las influencias negativas que entran en nuestra mente. Si deseamos destruir una influencia negativa, solo tenemos que recurrir al entusiasmo. Ya se los he dicho, el entusiasmo y la negatividad no comparten la misma habitación al mismo tiempo. Eso no es posible. Empiecen a formar el hábito de ser entusiasta sobre cualquier cosa, los reto a que no permitan que sus mentes sean invadidas por pensamientos de duda, incertidumbre y miedo, evítenlo siendo entusiastas

Aprendan a practicar a desactivar y activar su entusiasmo en las conversaciones cotidianas. Lo pueden lograr intensificando o disminuyendo el tono de su voz mientras platican, poniendo una sonrisa a sus palabras, o inyectando un tono agradable a lo que dicen. A veces se puede lograr bajando el tono de la voz y no subiéndolo mientras platican. Otras veces, si pueden subir el tono de voz para dejarse oír claramente y sepan sus interlocutores lo que están tratando de comunicar. Dicho en otras palabras, aprendan a inyectar entusiasmo en sus conversaciones cotidianas y tendrán en cada persona con la que entran en contacto alguien con quien practicarlo.

Mi sugerencia de que practiquen con cualquier persona con la que entran en contacto es buena idea, si se detienen un momento y observan lo que ocurre con ustedes cuando comienzan a hacerlo. Naturalmente, cuando lo hagan cambien el tono de su voz, y hablen con la intención deliberada de hacer que la otra persona sonría mientras platican con ella. No es bueno poner entusiasmo al decirle a otro compañero lo que piensan de él, sobre todo si lo que piensan decirle no es algo agradable, porque por más entusiasmo que le pongan, no esperen que su compañero reaccione positivamente. Cuando le digan a otra persona lo que piensan de ella aclarándole que es por su propio bien, es mejor que lo hagan sonriendo. A nadie le agrada que le llamen la atención, ni que le adviertan que es por su propio bien la observación que le hacen, porque siempre presienten que hay detrás un motivo egoísta o de envidia acompañando esa observación.

La monotonía en un discurso lo hace ser siempre aburrido, cuando no se tiene la capacidad de imprimir variedad y color al discurso y bajar y subir la inflexión de la voz, cuando eso ocurre se cae en una monotonía espantosa, .independientemente de quien esté hablando o de lo se esté hablando. Simplemente supongan que estuviera aquí dando mi conferencia ahora mismo, pero utilizando un mismo tono de voz, y aún cuando dijera exactamente lo mismo que estoy diciendo, si no lograra imprimirle color a mi voz, ¿creen que recibiría una ovación tan entusiasta como la que me brindan cuando estoy frente a ustedes? ¡No! ¡Por supuesto que no! ¡Desde luego que no! Puedo venir frente a ustedes con toda la seguridad que no los pondré a dormir mientras hablo, ¿de qué modo? Manteniéndolos despiertos con preguntas inesperadas y luego haciendo que ustedes mismos las respondan. Pero sobre todo imprimiéndole entusiasmo a mi voz, bajando y subiendo el tono, y manteniendo su interés ante el siguiente tema a tratar. Esa es una buena manera de mantener interesada a una audiencia, despertando su expectativa por el siguiente tema a tratar. Cuando la voz es monótona y carente de entusiasmo en lo que se está diciendo, el oyente sabrá claramente con anticipación lo que piensan decirle, mucho antes de que lo digan. Y no importa lo que vayan a decir, al oyente no le interesará saberlo ¡sin importar de lo que se trate!

El entusiasmo, es una cosa maravillosa, y lo hermoso del entusiasmo es que pueden encenderlo y apagarlo ustedes mismos, sin necesidad de consultar a alguien más.

Las expresiones faciales también deben demostrar entusiasmo, basta con una sonrisa apropiadamente dirigida.

No me gusta platicar con alguien a corta distancia que tenga una expresión seria en su rostro y que nunca cambie esa seriedad en lo más mínimo. Aunque el tema de conversación fuera de naturaleza seria, me agrada ver que la otra persona suavice su rostro con una sonrisa. Si observaran al señor Stone cuando está hablando, notarían que a menudo se detiene durante sus discursos para esbozar una sonrisa, es esa maravillosa sonrisa de ganador que lo caracteriza y que suaviza todo su rostro al sonreír. Con esa sonrisa desarma a cualquiera con quien esté hablando. Cuando tiene que hablar de un tema desagradable con alguien más que no quiere escucharlo, basta con que sonría para desarmar a esa persona. Él es un maestro en eso. Yo no lo soy, pero puedo serlo cuando así me lo proponga, créanme. Eso también es parte de tener autodisciplina, ser capaz de mirar a la otra persona y avisarle por el tono de nuestra voz, que lo que estamos diciéndole es sincero y que lo hacemos en su beneficio.

La expresión facial es una de las cosas que ustedes pueden hacer con entusiasmo. Comiencen ahora mismo a observar a la gente que expresa su entusiasmo en sus relaciones conversacionales, y también a las personas que no lo hacen. Y obtendrán una gran lección sobre lo atractivo de la personalidad, estudiando a las personas. Fíjense particularmente en aquella persona que personalmente les simpatice, y averigüen la razón de esa simpatía hacia él o ella. Lo más probable es que se darán cuenta que no es tanto su modo de ser o conversación lo que despierta su simpatía hacia esa persona, sino el entusiasmo que desborda al hablar y que lo vuelve agradable ante sus ojos.

Formen hábitos definidos que les ayude a expresar

entusiasmo en sus conversaciones ordinarias. Practiquen frente a un espejo. Para empezar hablen con ustedes mismos si no cuentan con alguien dispuesto a escucharlos. Verán lo interesante que es hablar consigo mismo. Y digan cosas que les agrade oír, no digan cosas que no quieran escuchar frente a un espejo. Durante años y años seguí esta misma práctica hasta que llegó el día en que me dije frente al espejo: "Mira, Napoleón Hill, yo sé que admiras el estilo de escritura de Arthur Brisbane, su estilo claro, conciso, definido y la sencillez de su lenguaje, se que admiras todo eso, pero Napoleón, no solamente te vas a igualar con él, ¡sino también lo vas a superar!" Y damas y caballeros, eso fue justo lo que hice. Hablar con este compañero, y convencerlo que lo podía lograr.

No es absurdo hablar consigo mismo frente a un espejo, no es vana palabrería. Lo que si deben hacer es asegurarse de cerrar la puerta del baño antes de hacerlo. ¡No dejen la puerta abierta! Y no hablen demasiado alto, si hay gente alrededor que esté muy cerca, porque probablemente busquen ayuda profesional para ustedes porque ¡creerán que se están volviendo locos! Utilicen la discriminación en todas estas cosas, pero real y verdaderamente trabajen exhaustivamente en ustedes mismos, es algo que están obligados a hacer en un momento u otro. Cuando quiero alcanzar un mayor grado de eficiencia todo el tiempo, mi proceso de educación nunca debe terminar, debo estar totalmente abierto a esa oportunidad en todo momento. Ya saben, cuando se es inmaduro se tiene que crecer hasta llegar a la madurez con experiencia y conocimientos, y no estancarnos por creer que somos muy viejos para seguir aprendiendo. ¡Nadie quiere llegar a eso! El aprendizaje nunca se debe detener.

Yo nunca pienso que tengo la última palabra en todo, sigo aprendiendo, aprendiendo de los demás. Puedo conseguir mucho más de ustedes que ustedes de mí, por la sencilla razón que tengo varios cientos de donde aprender y en cambio ustedes solo tienen una persona para hacer lo mismo ¿Alguna vez pensaron en eso? Sin embargo, nada aprendería de ustedes si no tuviera una mente abierta todo el tiempo.

Al expresarse con entusiasmo en sus conversaciones diarias, observarán con gusto la manera como sus interlocutores asimilan ese entusiasmo y lo reflejan de nuevo a ustedes como algo propio. Puede cambiar la actitud de alguien que estiman tan solo con inyectarle entusiasmo. Es algo contagioso, que se asimila y refleja proyectándose de nuevo hacia ustedes como si fuera algo propio del interlocutor. Todos los vendedores, los maestros vendedores entienden ese arte. Si no lo dominaran, no serían todos unos maestros en las ventas. Inclusive no serían simples vendedores si no supieran como levantar el entusiasmo en sus compradores. Y no importa lo que se esté vendiendo, funciona también cuando se trata de venderse ustedes mismos ante los demás. Opera igual que si vendiera servicios, mercancías o cualquier otra cosa.

Hablemos de un buen vendedor, supongamos que alguien de ustedes entra a una tienda, y lo primero que hará será escoger a un buen vendedor que conozca bien su negocio, lo reconocerá fácilmente porque no solo se encarga de mostrar la mercancía, sino porque le proporciona información adicional del producto en un agradable tono de voz. A la mayoría de los vendedores en las tiendas, no podríamos llamarlos vendedores en absoluto, pues no tienen la menor idea sobre el arte de las ventas. Son, algo así como levantadores de pedidos y para nada vendedores. A menudo los oigo decir: "Bueno, ya he vendido mucho por hoy." Una vez escuche a un repartidor de periódicos decirle a un cliente que había vendido muchos periódicos ese día, en realidad no había vendido nada, ya que solo le había entregado el periódico al comprador y recibido dinero a cambio. Eso no tenía nada que ver con lo que es una venta, pues lo único que hacía él era colocar el periódico a la vista de todos y esperar que el comprador llegara y le pagara. Sin embargo, él pensaba que era un vendedor, y pensaba que era muy bueno vendiendo, cuando en realidad hay tanta gente que solo envuelven la mercancía y se la entregan a cambio de un pago. Hablar de un verdadero vendedor es distinto, si entran a una tienda a comprar una camisa y salen de allí con calcetines, ropa interior, una corbata, y unos tirantes, es porque allí había un vendedor que los convencieron de comprar más cosas de lo que buscaban. Bueno, en mi caso no lograrían venderme unos tirante porque no acostumbro usarlos, pero si lograrían venderme un cinturón, igual que como me sucedió hace dos días. Resulta que no necesitaba un cinturón, pero el vendedor me mostró uno que estaba muy bonito y que yo sentía que encajaba con mi personalidad, así que lo compré persuadido principalmente por el poder de convencimiento del vendedor. Créanme, tampoco soy inmune al efecto del arte de las ventas.

Cuando de pronto se topen con algún tipo de circunstancia desagradable, aprendan a transmutarlo en una sensación agradable, repitiendo su propósito principal con gran entusiasmo. Dicho en otras palabras, si cualquier tipo de circunstancia desagradable llega a sus vidas, en lugar de lamentarse, frustrarse o dejarse invadir por el miedo, simplemente cambien ese pensamiento por algo maravilloso que tengan planeado hacer en unos meses, unos años, en algún tiempo determinado. Comiencen a ponerle entusiasmo en las cosas que desean y no desperdicien su tiempo en ocuparse en cuestiones de derrotas y adversidades.

Como ustedes saben hay mucha gente que se deja hundir en la depresión ante la muerte de un ser querido. He conocido a personas que llegan a enloquecer en ese trance. Cuando mi padre falleció en 1939, por supuesto que sabía que era algo inevitable, sabíamos de la condición de su salud, y que era cuestión de tiempo que eso sucediera, así que condicioné mi mente para que tan lamentable momento me afectara lo mínimo posible emocionalmente. Una noche recibí una llamada de mi hermano estando en mi casa de Florida. Tenía algunos invitados con los que estaba tratando asuntos de tipo editorial, cuando de pronto entró la sirvienta para avisarme que mi hermano quería hablar conmigo, así que tomé la llamada y platique con él durante tres o cuatro minutos. Me dijo que mi padre había fallecido y que el funeral sería el siguiente viernes. Platicamos un poco de otras cosas, y finalmente le di las gracias por haberme avisado. Regresé con mis invitados, nadie sabía lo que había sucedido, ni siquiera los miembros de mi familia lo supieron sino hasta el siguiente día. No había ninguna expresión de dolor ni nada por el estilo. No tenía caso. Ya no podía hacer nada por él, ¡estaba muerto! ¿Por qué llorar hasta morir por algo que no se puede hacer algo al respecto? Tal vez digan que soy de corazón duro. No lo soy en absoluto. Sabía que eso iba a suceder, me acostumbre a esa idea, con la intención que ese lamentable suceso no destruyera mi confianza y me llenara de miedo. En momentos tan difíciles como estos, tienen que aprender a ser inmunes para no salir muy afectados emocionalmente. Como ustedes saben, no es nada sano estar afectados emocionalmente. No se come bien, no hay felicidad y el éxito está ausente. Las cosas salen mal cuando tenemos ese estado mental, y a nadie le gusta tener todo en contra. A nadie le gusta estar enfermo. Muchos quisiéramos ser exitosos y tener salud. Que las cosas nos salgan bien, y la única forma de lograrlo es no permitiendo que no se afecten nuestras emociones.

Y no creo que alguien puede amar más profundamente, y con más frecuencia de lo que yo lo he hecho. Y aunque en mi vida hubiera enfrentado circunstancias de amor no correspondidas, no permitiría que esas circunstancias me afectaran. ¿Por qué? Porque ¡tengo autocontrol! y no permito que nada destruya mi equilibrio. Nada en absoluto. Yo no quería que mi padre muriera, pero murió y no había nada que yo pudiera hacer al respecto. No tenía caso que me hubiera dejado morir también solo porque él ya había partido, no obstante, he visto mucha gente que si lo hace y dejan que su dolor las mate también. Este ejemplo quizás sea extremo, pero es muy ilustrativo para todos. Tenemos que aprender a adaptarnos a lo desagradable de la vida y ¡no dejarnos vencer por ellas! Y la manera de lograrlo es desviando su atención de lo desagradable en algo que sea agradable y poniendo todo el entusiasmo para darle vuelta a la hoja y fijar nuestra atención en otra cosa. Ustedes tienen el derecho a tener un control completo de sus vidas.

Y recuerden desde ahora en adelante, que tienen el deber con ustedes mismos de hacer algo diariamente por mejorar su técnica de expresar su entusiasmo, sin importar lo que sea. Hemos visto solo algunas de las cosas que pueden hacer, pero no me he referido a todas ellas. Tal vez, en sus circunstancias, teniendo en cuenta sus relaciones con los demás, sepan lo que deben hacer. Intensifiquen su entusiasmo con el fin de hacerlo más beneficioso para otras personas.

Y quiero decirles algo, que creo es lo más apropiado para cerrar esta conferencia, si tienen un esposo o esposa y quieren mejorar la relación con su pareja donde él o ella lo complementen en aquellos aspectos donde muestren más debilidad, entonces agradézcanlo porque son totalmente afortunados. Esa es una fortuna que no se puede cuantificar, un activo que es incomparable con cualquier otra cosa en este mundo, ya que la relación de trabajo en equipo entre un hombre y su esposa puede superar y dominar todas las dificultades que puedan enfrentar. Esta empatía se logra uniendo sus actitudes mentales, multiplicando su entusiasmo, y fortaleciendo sus debilidades. Se los agradezco mucho.

Con esto concluye la discusión del Entusiasmo, el noveno principio de *Su Derecho a Ser Rico*.

La Concentración

La Concentración, a veces llamada la atención controlada, es el décimo principio de *Su Derecho a Ser Rico*. Es la forma más elevada de la autodisciplina. Es el acto de coordinar todas las facultades de su mente. Es el poder mental organizado. Es una manera de concentrar todos sus esfuerzos para ir detrás del propósito principal de su vida, y conseguirlo. En resumen, la función esencial de la concentración es la de ayudarles a desarrollar y mantener hábitos de pensamiento, que les permita fijar su atención en un fin deseado y mantenerse firmes en sus propósitos hasta conseguirlos. La concentración es poder. Un poder que está a su alcance. Ahora con ustedes una vez más, el Dr. Hill.

Nunca he conocido a personas en la cumbre del éxito en diversos campos del conocimiento que no se hayan caracterizado por tener gran poder de concentrarse en una sola cosa a la vez. A veces la gente califica despectivamente a estos personajes como "mentes de una sola idea" ¿Alguna vez han oído ese término? Bueno, cada vez que alguien dice que soy como ese tipo de personas, de una sola idea en la cabeza, le doy las gracias, porque hay muchas personas que acostumbran enfocarse en varias cosas a la vez y al final no logran resolver ninguna de ellas. He observado que las personas exitosas son aquellas que han desarrollado una gran capacidad para concentrar su mente en una sola cosa a la vez. Cuando hayan aprendido a lograr este tipo de concentración, darán un paso muy valioso para verse a sí mismos en posesión de aquello que más desean y en lo que tienen concentrada su atención. Los nueve motivos básicos, son el punto de partida de toda concentración; es decir, no pueden concentrarse en un objetivo específico sin que haya un motivo para hacerlo. Por ejemplo, si quieren ganar mucho dinero, supongamos para poder comprar una finca o una granja, entonces su atención se centrará totalmente en ganar el dinero necesario para comprar lo que quieren. Es sorprendente ver como la concentración cambia completamente nuestros hábitos, atrayendo más oportunidades de ganar dinero como nunca antes lo pudieron imaginar.

Sé que así funciona, porque hace unos años lo comprobé cuando quería comprar una finca de mil acres. Por supuesto que no sabía lo grande que era un terreno de tal extensión, pero eso no me importaba, yo estaba enfocado en comprar mil acres. El costo aproximado era de 250 mil dólares para obtener lo que andaba buscando, una cantidad de dinero mayor a lo que disponía en ese momento. Pero, increíblemente desde el mismo día en que fije mi mente en la extensión de terreno que quería, comenzaron a surgir oportunidades de conseguir ese dinero como nunca antes lo había experimentado. De pronto se incrementó lo que recibía por regalías de mis libros, aumentaron las conferencias que impartía, y se multiplicaron mis servicios de asesoría en negocios. Estaba vendiéndome la idea de que conseguiría el dinero que necesitaba, a través de los múltiples servicios que realizaba. Finalmente, pude comprar la finca. No adquirí los mil acres que deseaba, pero conseguí seiscientos acres. Cuando le dije al vendedor que andaba buscando una extensión de mil acres, me dijo, "solo tengo seiscientos, por cierto ¿sabe usted lo grande que son 600 acres?" Le respondí: "Tengo una idea aproximada," entonces me dijo:" ¿Le importaría acompañarme a recorrer la finca?"

Así lo hicimos, iniciamos el recorrido una mañana soleada, con un par de palos de golf que nos servirían para golpear en la cabeza a las serpientes de cascabel que nos encontráramos. Empezamos desde una de las orillas y caminamos sin parar, subimos y bajamos por las montañas Catskill y hasta el mediodía apenas llevábamos recorrida la mitad de toda la extensión. Ya para esa hora, el vendedor me dijo: "sólo estamos a la mitad de toda la extensión del terreno", y le dije: "Bueno, en vez de recorrer nuevamente todo el camino de vuelta, rodeemos para regresar. Ya he visto suficiente. Seiscientos acres es muchísimo." Finalmente compré el terreno, después llegó la depresión en 1929, 30 y 31. Y no lo pude conservar. Lo importante fue que logré reunir el dinero en su momento para comprar el lugar. Y no lo habría logrado si no hubiera fijado mi mente ¡en una sola idea!

La definición de propósito o el objeto de nuestra obsesión es el espíritu en movimiento que está detrás de un motivo. Pero de nada sirve tener un motivo a menos que tengan un deseo o propósito obsesivo que lo respalde. Ahora bien, ¿Cuál es la diferencia entre un propósito normal y un deseo obsesivo? ¿Cuál es la diferencia?

Así es, están en lo cierto, la palabra *intensidad* es muy buena, es una palabra muy adecuada. En otras palabras, desear algo o tener esperanza en algo, es lo mismo que si no sucede nada, pero cuando ponemos un ardiente deseo o un obsesivo deseo detrás de lo que queremos, nos ponemos en acción y empezamos a atraer lo que necesitamos para hacer realidad lo que deseamos. Pero ¿Cómo podemos desarrollar un deseo obsesivo en algo? ¿Pensando en muchas cosas a la vez y cambiando nuestro propósito según lo requiramos? No, por supuesto que no. Se logra seleccionado un objetivo y haciéndolo parte de ustedes, mientras comen, respiran, duermen, y hablan de él con quien esté dispuesto a escucharlos y si no es posible, repitiéndolo a sí mismos. En efecto, la repetición es una forma de decirle al subconsciente exactamente lo que quieren, así que sean claros, precisos, y muy seguros, y por encima de todo lo demás, exíjanle al subconsciente que esperan resultados. Y no engaños.

La iniciativa personal es el mecanismo de arranque que pone en operación a la concentración. Y luego la fe aplicada es la fuerza que sostiene y mantiene la acción en marcha. En otras palabras, sin la fe aplicada, el proceso se vuelve muy difícil, ya que no importa lo que estén haciendo, su andar se volverá lento y pueden llegar hasta el grado de desistir de continuar adelante en sus planes. La fe aplicada nos mantiene en acción cuando los obstáculos nos impiden avanzar y cuando los resultados no son lo que esperábamos.

Por cierto, ¿Alguien de ustedes ha sabido de alguna persona que desde el inicio de un proyecto haya sido exitoso permanentemente sin enfrentar ningún obstáculo en su camino? ¿Han sabido de algún caso así? Desde luego que no hay casos de ese tipo, y probablemente ni los habrá. El camino es difícil, siempre, con todo mundo, no importa lo que se tenga planeado hacer, lo bueno es que tienen mucha información en cada una de estas lecciones que los ayudará a solventar los posibles obstáculos. Concéntrense en cada una de estas lecciones cuando llegue el momento. Ponga todo a un lado y enfoquen su atención en la lección respectiva y agreguen a las notas todo lo que puedan conseguir que se relacione con el tema en cuestión. Consulten la lección respectiva cuantas veces sea necesario, y cuando digo que hay que concentrarse en cada lección, me refiero a que consulten la lección muchas, muchas veces y mediten en ella cuidadosamente, prestando atención a todos los detalles, y no permitiendo que su mente ande divagando ocupándose de otras lecciones que no importen por el momento, enfóquense solo en lo que les interesa en ese instante.

La alianza de Trabajo en Equipo es la fuente de poder que se requiere para asegurar el éxito. ¿Se imaginan que haya alguien que pueda perseguir un objetivo de carácter excepcional, sin necesidad de contar con el apoyo de la inteligencia, influencia y educación de otras personas? ¿Han sabido de alguien que haya alcanzado un gran éxito sin la cooperación de otras personas? Nunca he sabido de algo así, y vaya que llevo mucho tiempo trabajando en esta área del éxito, tal vez más que una persona promedio, y sin embargo, hasta ahora nunca he encontrado a nadie todavía que haya escalado niveles muy altos del éxito sin la amistosa y armoniosa cooperación de otras personas. También no es raro que haya gente que se aproveche de la inteligencia y dinero de los demás para sacar provecho personal de vez en cuando. Lo importante es reconocer que la alianza de trabajo en equipo es necesaria en nuestro proceso de concentración cuando estamos aspirando a algo por encima de la mediocridad. Por supuesto, esa ayuda no sería necesaria si nuestra preocupación y atención la enfocáramos en el fracaso. Para eso no se requiere de ninguna alianza, aunque con seguridad no le faltaran compañeros de desgracia que quieran hacerles compañía voluntariamente. No faltarán muchos voluntarios si su aspiración es el fracaso. En cambio si su aspiración apunta al éxito, tienen que seguir las sugerencias que les estoy proporcionando, simplemente no se descuiden y dejen de llevarlas a cabo.

La autodisciplina es el vigilante responsable que nuestras acciones se muevan en la dirección correcta., incluso cuando las cosas se ponen difíciles. Y por cierto, una situación en donde se necesita más de la autodisciplina, es cuando tienen que enfrentar condiciones y circunstancias adversas, es en esos casos cuando más se requiere de la autodisciplina para mantener su fe en lo alto, y tener la determinación para no renunciar a sus propósitos ante la posibilidad de la derrota. Sin la autodisciplina no podrán concentrarse en conseguir lo que desean. Oh, que distinta serían nuestras vidas si no existieran las adversidades y las circunstancias difíciles, podríamos concentrarnos en lo que quisiéramos sin enfrentar problema alguno.

La visión creativa o imaginación es el arquitecto que diseña los planes prácticos para la acción posterior a la concentración. Antes de poderse concentrar inteligentemente en algo, tienen que contar con planos diseñados por un arquitecto, que es su imaginación o la imaginación conjunta de una alianza de trabajo en equipo. ¿Qué sucede cuando emprenden un proyecto sin un plan práctico o definido?

¿Han sabido de alguien con buenas ideas y propósitos, pero que no pasa de ser un fracasado por no contar con un plan para llevar a la realidad sus propósitos, conocen a alguien así? ¿Saben de algún caso? ¿Acaso no es común ver a mucha gente con buenas ideas pero con pésimos planes para llevarlas a cabo? Y ahora hablemos del principio que garantiza la cooperación armoniosa de los demás. Ir el kilómetro extra. Este principio es imprescindible en el aspecto de la concentración. Cuando recurren a alguien en busca de ayuda, es aconsejable antes haber hecho algo en beneficio de esa persona o de alguien más, con la finalidad de crear un motivo para que ellos nos correspondan con su ayuda. Esa motivación también es necesaria cuando se trata de alianzas de trabajo en equipo. Y ¿cuáles son algunos de esos motivos, que mueven a los demás a brindarnos ayuda o cooperación para emprender un determinado proyecto? ¿Cuáles son algunos de esos motivos, cuál es el motivo principal? Por supuesto, el deseo de obtener ganancias financieras, sería el motivo principal en todo proyecto de negocios y de tipo profesional. Si ustedes fueran empresarios en donde el propósito principal de su negocio fuera generar ganancias, y no retribuyeran apropiadamente a sus principales colaboradores o integrantes de su alianza que lo ayudan en su propósito principal, entonces ténganlo por seguro que no los retendrían a su lado por mucho tiempo. Correrían el riesgo de que esos colaboradores abrieran sus propios negocios, se fueran con la competencia, o simplemente renunciaran a seguir trabajando con ustedes. Cierta vez me sorprendí al escuchar decir al Sr. Carnegie, Andrew Carnegie, que le pagaba a Charlie Schwab 75.000 dólares al año de salario y durante algunos años un bono complementario de un millón de dólares. Y así lo hizo durante varios años. Para mí eso era una enorme cantidad de dinero, lo era en ese entonces y lo es ahora. Sentí curiosidad por qué un hombre de gran inteligencia como el Sr. Carnegie le pagaba a un empleado suyo un bono que equivalía a diez veces más de su salario. Así que le pregunté: "Señor Carnegie, ¿tiene la obligación de pagar tanto dinero?" Y lo que me respondió fue: "La verdad es que no podría darme el lujo de dejarlo ir y que se fuera a trabajar con la competencia. Es algo que no podría permitirme hacer." Había mucho significado de fondo en esa declaración. En otras palabras, su empleado era muy valioso para él, y por esa razón quería conservarlo, y el Sr. Carnegie sabía que la única forma de convencerlo era demostrándole que nadie más le pagaría lo que él estaba dispuesto a pagarle.

Después tenemos la Regla de Oro aplicada, que proporciona la guía moral a la acción en la que uno está concentrado.

Ahora hablemos de la precisión de pensamiento, que nos salva de soñar despiertos y de crear planes ilusorios. Y ¿sabían que la mayor parte del tiempo dedicamos nuestros pensamientos a enfocarlos en soñar despiertos, y llenarnos de esperanzas y buenos deseos? Eso es lo que hacemos. Es mucha la gente que pasa la mayor parte de su tiempo soñando despierta, esperanzada y llenas de buenos deseos, pero sin hacer nada para hacerlo realidad. Nunca toman ninguna acción concreta, física o mental, para llevar a cabo sus planes.

Tuve una experiencia hace mucho tiempo cuando estaba dando una conferencia sobre esta filosofía en Des Moines, Iowa. Resulta que después de que la conferencia había terminado, un anciano ya de edad avanzada y no muy fuerte, se dirigió hacia el escenario con paso tambaleante y hurgando en sus bolsillos extrajo un gran fajo de papeles todos desordenados, buscaba algo entre ellos hasta que finalmente encontró un papel amarillento, y me dijo: "No hay nada nuevo, Sr. Hill, en lo que acaba de decir, ¡desde hace 20 años yo ya tenía esas ideas y están aquí escritas en este papel!" ¡Claro que sí le creí! Millones de personas también tenían esas mismas ideas. Pero nadie hizo nada al respecto. No hay nada nuevo en esta filosofía, nada nuevo, excepto la Fuerza del Hábito Cósmico, que es lo único novedoso - y que, en rigor, no es nada nuevo, simplemente una interpretación del ensayo de Emerson sobre la compensación, pero descrita por mí en términos que la gente pueda entenderlo la primera vez que lo lea. Y en efecto, allí estaba ese anciano transportando sus ideas en el bolsillo, en lugar de haber sido Napoleón Hill, si tan solo se hubiera decidido a llevar a cabo sus planes antes que yo lo hiciera. No faltará que alguno de estos días, alguno de ustedes retome mi obra a partir de donde llegue a dejarla y crean una filosofía basada en lo que he hecho y con mucha posibilidad de superar lo que he logrado hasta ahora. Quizás esa persona se encuentre justo en este recinto ahora mismo.

Hablemos ahora del aprendizaje de la derrota que garantiza que sigamos adelante cuando las cosas se ponen difíciles. ¿No les parece maravilloso saber que en esta filosofía que están aprendiendo, está el secreto para aprender del fracaso, la adversidad y la derrota y obtener un beneficio de cada una de esas experiencias? ¿Saben de qué beneficio estoy hablando?

¿Creen ustedes que pudiera haber un beneficio en un hombre que sufrió los estragos de la gran depresión y perdió hasta el último centavo que tenía y se vio forzado a empezar desde cero nuevamente? Bueno, si no lo creen, basta con que echen un vistazo al escenario para que sepan de quien estoy hablando. Esa ha sido una de las bendiciones más grandes que he tenido, porque me convirtió en una especie de sabelotodo. Ganaba mucho dinero y lo ganaba con demasiada facilidad hasta que la crisis me obligó a empezar de nuevo. Desde entonces no he dejado de esforzarme y trabajar mejor que nunca, sin esa experiencia vivida probablemente estaría allí en mi finca en las montañas de Catskill en vez de estar aquí impartiendo enseñanza. A veces la adversidad es una bendición disfrazada, y otras veces no llega disfrazada, lo importante es la actitud que tomen hacia ella. Nadie se puede considerar derrotado hasta que así se acepta mentalmente, solo recuerden que no importa cuál sea la naturaleza de su adversidad, siempre hay una semilla de un beneficio equivalente, mientras fijen su atención en las circunstancias y busquen lo bueno que les dejó esa experiencia en lugar de buscar lo malo. No desperdicien su tiempo lamentándose por las oportunidades que hayan dejado ir o los errores que hayan cometido, mejor acepten los hechos, analícenlos y aprendan de ellos evitando volverlos a cometer.

La atención controlada implica la mezcla y aplicación de muchos de los otros principios de esta filosofía. La persistencia es a lo que llamaríamos la frase de lucha que está detrás de todos estos principios. La atención controlada es el hermano gemelo de un propósito definido. Solo imagínense lo que podrían lograr con esos dos principios; con el propósito definido sabrían exactamente lo que quieren, y luego podrían aplicar la concentración para enfocarse totalmente en la realización de ese objetivo.

¿Saben lo que le pasaría a sus mentes, a sus cerebros, a toda su personalidad, y a ustedes mismos si lograran concentrarse en un objetivo concreto? Podrían fijar su atención completa en lo que quieren, es decir, aprovechar todo su tiempo disponible, aparte de su tiempo para dormir, trabajar y divertirse, para verse a sí mismos en posesión de lo que representa su propósito definido. Verse a sí mismos en posesión de lo que quieren lograr, verse a sí mismos elaborando los planes para conseguirlo, y dando los pasos para ir avanzando poco a poco en cumplir su deseo, concentrándose en ello día tras día. Es seguro que al poco tiempo llegarían al punto en que cada vez que voltearan se toparían con una nueva oportunidad que los acercaría cada vez más al logro de su objetivo. Cuando saben lo que quieren, es sorprendente la cantidad de oportunidades que surgen en su camino y que están exactamente relacionados con lo que desean.

Hace algunos años vivía en Florida y recibí una carta muy importante que llegó a la oficina de correos de Tampa, Florida. Esperaba esa carta porque había hablado de larga distancia al National City Bank de Nueva York, y me habían hecho saber que la enviarían, el caso es que la misiva se encontraba en la oficina de correos y me habían informado que la tendría en mis manos antes del mediodía. Llamé al jefe de correos, que era amigo mío, y me dijo que la carta ya estaba en camino, yo vivía en el campo aproximadamente a diez millas, y me aseguró que en ese momento estaría en algún lugar entre Tampa y Tampa Parish. Me dijo que ya estaba en camino por la ruta número 1 y que era prácticamente imposible que tuviera la carta en mi poder antes del mediodía, a no ser que el cartero corriera sin parar para llegar a tiempo. Me

SU DERECHO A SER RICO

dijo: "Te diré en qué buzón puedes localizarlo, acaba de pasar la estación 9 así que te diré como seguir su ruta para que lo alcances y recojas tu correspondencia." La ruta 1 era el mismo camino que utilizaba para viajar desde Tampa a Tampa Parish, mi hogar. Recorría ese camino todos los días y sin embargo, nunca me había dado cuenta que hubiera buzones en ese camino, pero a partir de que empecé a buscar el buzón en donde estaría mi carta, tuve que reconocer que nunca había llegado a ver tantos buzones en toda mi vida. Créanme, cada 50 metros había un buzón. Y todos estaban numerados, yo buscaba el número que el jefe de correos me había proporcionado y en el que probablemente estaría a esa misma hora.

Bueno, finalmente me encontré con él, y recuerdo que era un lunes, un día en que tenía una enorme carga de correo por entregar, así que me dijo: "Lo siento pero no puedo hacer nada por usted, no sé en donde está su carta, primero tengo que deshacerme de toda esta correspondencia para localizarla." le dije, "Oye amigo, me urge tener esa carta, me urge mucho. Tu jefe me dijo que te alcanzara y no aceptara un no por respuesta, que lo buscaras entre toda la correspondencia y me la entregaras. Si no lo crees, busquemos un teléfono para que le llames y confirmes lo que te estoy diciendo." Entonces me dijo: "¡Es ilegal, no puedo hacer eso!," le dije, "Ilegal o no, tengo que tener esa carta, me urge tenerla. Escucha amigo, no tiene caso seguir discutiendo, tienes trabajo por hacer y yo también, ambas responsabilidades son importantes, no te tomará mucho tiempo buscarla, la puedes localizar rápido." "Oh, diablos" exclamó y me dijo: "Está bien." Así que se puso a trabajar, y al extraer la tercera carta del paquete resultó que era la mía. Tan solo al tercer intento, por eso no cabe duda que cuando saben lo que quieren y están determinados a conseguirlo a costa de lo que sea, no es tan difícil como pudiera pensarse.

A menudo he pensado en esa experiencia, y lo he confirmado por las experiencias de otras personas que saben lo que quieren y tienen éxito al conseguirlo. No permiten que nada los detenga en absoluto en su propósito. ¿Y los obstáculos? Simplemente no prestan atención a cualquier obstáculo. Con frecuencia observo al Sr. Stone, mi distinguido socio de negocios mientras habla con sus vendedores. Cada vez que lo escucho hablar me emociono, porque ese hombre no conoce el significado de la palabra *no* por respuesta. Es la persona más segura y firme que haya conocido cuando se trata de saber lo que quiere, y la persona más firme en rechazar cualquier negativa. En otras palabras, cuando surgen obstáculos en su camino, los enfrenta y los supera. Nunca permite que lo detengan. Eso también es concentración. Es la definición de propósito llevada a la práctica.

Tomemos por ejemplo el caso de Henry Ford. Todo mundo sabe cuál era su obsesivo propósito definido, todo mundo lo sabe, actualmente la mayoría de la gente ha sacado provecho de esa obsesión manejando o viajando en su sueño hecho realidad. Por supuesto que estoy hablando del automóvil de bajo precio. ¿Verdad? Él no permitía que nadie lo disuadiera de sus planes, llegué a ver a inversionistas que se acercaban al Sr. Ford con oportunidades que me parecían de lo más promisorios, y sin embargo, su respuesta siempre era que no podía apartarse de su propósito principal, que era fabricar y distribuir por todo el mundo automóviles confiables de bajo precio. Y, por supuesto, empecinarse en su objetivo lo hizo fabulosamente rico. He visto a cientos de gentes invertir en el sector automovilístico con muchísimo más dinero que el Sr. Ford invirtió en sus inicios, y que han fracasado estrepitosamente en sus propósitos y cuyos nombres nadie se acuerda. También he conocido a muchos hombres mejor educados que el señor Ford, con mejores personalidades, y con mayores cualidades que las que él tenía, pero sin la disciplina para apegarse a una definición de propósito de modo como él lo hacía cuando las cosas marchaban mal.

El Sr. Edison, en el campo de la invención, es un ejemplo maravilloso de lo que la concentración puede hacer, y si quieren saber la verdad, les diré que si al Sr. Edison se le ha catalogado como un genio en todo el sentido de la palabra, fue porque solía crecerse ante la adversidad y nunca desistir ante los obstáculos. Simplemente imagínense a alguien que pudiera soportar 10,000 fracasos diferentes antes de alcanzar el éxito como él lo hiciera con la lámpara eléctrica incandescente. Diez mil intentos fallidos, ¿Se pueden imaginar a si mismos pasando por la triste experiencia de tener diez mil intentos fallidos y preguntándose si debieran checarlos para ver si no están locos? Me quedé pasmado cuando me enteré de eso, vi sus libros de registro, había dos pilas de libros muy altas, cada libro de aproximadamente 250 páginas, y en todas las páginas había un plan diferente que había intentado y había resultado en fracaso. Un día le dije: "Señor Edison, supongamos que no hubieras encontrado la respuesta, ¿qué estarías haciendo ahora?" Me respondió: "Estaría en mi laboratorio, trabajando, en vez de estar aquí perdiendo mi tiempo con usted." Pero lo dijo sonriendo aunque lo que había expresado lo había dicho con toda sinceridad.

La Inteligencia Infinita siempre está de nuestro lado

cuando sabe que no nos derrotamos ante la adversidad. No rendirnos ante las dificultades nos garantiza que la Inteligencia Infinita estará con nosotros. Recuerden que cuando las cosas se ponen difíciles se pone a prueba nuestra fe, nuestra iniciativa, nuestro entusiasmo, y nuestra resistencia, y cuando la naturaleza sabe que pasamos todas las pruebas y que no aceptaremos un *no* por respuesta, nos dice: "Está bien, han pasado las pruebas y merecen su recompensa" Creo que la naturaleza o la Inteligencia Infinita o Dios, o como lo quieran llamar, le gusta transmitir su información a las personas en términos simples, a través de hechos que podamos entender.

Y seguramente esta filosofía entra dentro de esa categoría. No necesita ser consultada en un diccionario o en una enciclopedia, ni leerla, escucharla y entenderla para saber que existe. Su propia inteligencia le dice el momento en que se topa con cualquiera de estos principios y el provecho que obtendrán de ellos. Ustedes saben que no necesitan de ninguna prueba, sencillamente saben que existen. Y esta filosofía no existiría hoy si no me hubiera concentrado en mi propósito durante más de veinte años de adversidades y derrotas. De lo que no me queda duda es que concentrarse en lo que uno quiere deja dividendos, y vaya que lo hace, pues así lo corrobora mi propia experiencia, en el sentido que si uno se mantiene aferrado a lo que se desea, sin importar las adversidades, la Inteligencia Infinita siempre estará de nuestro lado. Obviamente, no creo que esto sea válido en el caso de Hitler. No tengo duda de que él tenía un propósito definido, y que se aferró a ese objetivo a pesar de tener todo en contra, sin duda su deseo era obsesivo, pero ¿Qué tenía de malo su propósito?

Eso es correcto, su propósito iba en contra de los planes de la Inteligencia Infinita, en contra de las leyes de la naturaleza, y en contra de las leyes del bien y el mal. Bajo estas condiciones, pueden estar seguros que sin importar lo que hagan, su propósito estará predestinado al fracaso, y si llegara a funcionar solo produciría penurias, dolor e injusticias en los demás. Lo que deben hacer para tener a la Inteligencia Infinita de su lado es actuar correctamente. Y solo se actúa correctamente cuando todo lo que se hace beneficia a todo mundo, incluyendo a ustedes mismos.

Veamos ahora un caso contrario, la vida de Cristo: él se concentró totalmente en desarrollar un sistema de vida que promoviera la hermandad del hombre. Sin embargo, no le fue muy bien mientras vivió, pero su obra demuestra que hizo lo correcto, porque aún después de su muerte pudo sembrar sus ideas en las 12 personas con las que inició. Y por eso creo que lo que hacía y predicaba era lo correcto, porque de no haber sido así, sus ideas no hubieran trascendido y estarían ahora en el olvido, ya que hay algo en la naturaleza o en la Inteligencia Infinita que hace que todos los males se destruyan con el virus de su propia destrucción. Y en eso, no hay excepción. Todo lo malo, todo aquello que va en contra del plan general de la naturaleza o de las leyes naturales del universo, traen consigo el virus de su propia destrucción.

Tomemos ahora el ejemplo de William Wrigley Jr., quien por cierto fue la primera persona que me pagó por enseñarle esta filosofía. Los primeros cien dólares que gané vinieron de William Wrigley, el amigo del mecanógrafo. Bueno, es increíble tan sólo pensar lo que este hombre pudo lograr con solo un paquete de goma de mascar de cinco centavos. Siempre que paseo por el Bulevar Michigan y veo de noche iluminarse ese hermoso edificio blanco a la orilla del río, no puedo menos que sorprenderme lo que puede lograr la concentración y un paquete de goma de mascar de cinco centavos. Los firmantes de la Declaración de Independencia y la concentración de George Washington, Abraham Lincoln y Thomas Jefferson se enfocaron en proporcionar libertad personal a todos los estadounidenses y, eventualmente, a todos los pueblos del mundo. Es muy posible que ese suceso de 'la historia haya marcado el nacimiento de la libertad de la humanidad, porque no conozco ninguna otra nación sobre la faz de la Tierra que se haya concentrado en la libertad del individuo como lo hacemos aquí en Estados Unidos. Y no conozco tampoco ninguna otra filosofía, ni otras personas que hayan participado en cualquier otro estudio cuyo objetivo haya sido liberar a tantas personas como las que están estudiando esta filosofía.

Con esto concluye la discusión de La Concentración, el décimo principio de Su Derecho a Ser Rico.

PRECISIÓN DE PENSAMIENTO

Con el undécimo principio del Dr. Hill, la Precisión de Pensamiento, penetrarán en los secretos más íntimos de *Su Derecho a Ser Rico*. Analizarán el misterio de todos los misterios, el poder de la mente humana. Toda persona que tiene la intención de lograr algún tipo de éxito duradero debe aprender el arte de pensar con precisión. Debe entender los fundamentos del pensamiento, incluyendo el razonamiento inductivo, el razonamiento deductivo, y la lógica. Debe aprender a distinguir entre los hechos importantes y los que no lo son. Debe aprender a separar los hechos reales de lo que es la ficción, las emociones y opiniones. Y en última instancia, debe aprender a usar su propia mente, para no permitir que nadie más, ni conocidos, ni amigos, ni familiares, ni expertos en medios, ni ninguna autoridad tomen decisiones por ellos. Recuerden que todo comienza con una idea o un pensamiento. Si las ideas se sustentan en una lógica o razonamiento incorrecto, las ideas resultantes son también erróneas. No es fácil convertirse en un pensador preciso, pero es absolutamente necesario llegar a serlo. Ahora con ustedes, para guiarlos en este propósito, el Dr. Napoleón Hill.

Bien, abordaremos una maravillosa lección esta noche, el tema de la precisión de pensamiento. Ya saben, un tema del que todo mundo habla, pero no hacen nada al respecto. La precisión de pensamiento. Qué maravilloso es analizar los hechos, pensar con precisión, tomar decisiones basadas en una precisión de pensamiento y no en sentimientos emocionales. La mayoría de las opiniones que emitimos y las decisiones que tomamos, ustedes y yo, y todos los demás, se basan en cosas que deseamos o emociones que sentimos, y no sobre hechos concretos en absoluto. Y cuando se trata de confrontaciones entre sus emociones, entre las cosas que quisieran hacer y lo que sus mentes les dicen que hagan, ¿cuál de ambas creen que es el que sale victorioso?

¿Por qué le damos tan pocas posibilidades a nuestra cabeza? ¿Por qué no mejor consultamos más al respecto?

Muy bien, muy bien, veo que están saliendo chispas por todos lados, casi lo puedo ver. Se dice que la mayoría de la gente no piensa, solo creen que lo hacen. Estoy de acuerdo en eso. Ahora bien, hay ciertas reglas y normas sencillas que pueden aplicar y en esta lección abordaremos cada una de ellas, que les ayudará a evitar los errores comunes que se cometen por carecer de precisión al pensar, es decir, aquellos juicios rápidos que hacemos presionados por nuestras emociones.

Saben, la verdad del asunto es que sus emociones no son nada fiables en absoluto. Por ejemplo, hablemos de la emoción del amor. Es la mayor y más grande de todas las emociones, pero sin embargo, es la más peligrosa también. Y quizás la que más problemas causa. Los mayores problemas en las relaciones humanas surgen más de la incomprensión de la emoción del amor que de todas las demás emociones combinadas. Bueno, comencemos a estudiar la precisión de pensamiento y veamos exactamente de lo que se trata.

En primer lugar, hay dos tipos de pensamiento, basados en tres fundamentos principales, estos son: el razonamiento inductivo, que se basa en supuestos hechos o hipótesis desconocidas. Luego está el razonamiento deductivo, que se basa en hechos conocidos o en lo que se cree que son hechos conocidos. Y luego está el pensamiento lógico, que es la orientación por experiencias pasadas similares a los que se están analizando. Esos son los tres tipos de pensamiento que tenemos. De estos tres ¿cuál creen que es el que más utilizamos? ¿El razonamiento inductivo, el deductivo, o el pensamiento lógico?

Es correcto. El razonamiento inductivo se basa en supuestos hechos o hipótesis desconocidas, en donde suponemos los hechos, no los conocemos realmente pero asumimos que existen y sobre esa base emitimos juicios sin nada de solidez. Ahora bien, cuando hacemos eso, dependemos de la suerte y debemos estar listos para cambiar nuestras decisiones rápidamente, por basarnos en supuestos hechos y no en base a hechos conocidos como es el caso del razonamiento deductivo. El razonamiento deductivo nos permite contar con hechos más contundentes de los que podemos deducir ciertas acciones a realizar para nuestro beneficio o para cumplir nuestros deseos. Este tipo de razonamiento se supone que es el tipo de pensamiento que la mayoría de la gente utiliza, solo que sin obtener mayor provecho de él.

Hay dos pasos importantes en la precisión de pensamiento, ante todo separar los hechos de la ficción o de testimonios de oídas. Ese es el primer paso que se debe hacer antes de involucrarnos totalmente en cualquier pensamiento, debemos saber distinguir si estamos tratando con hechos concretos o con hechos ficticios. Con evidencias reales o con pruebas de oídas. Cuando nos basamos en testimonios de oídas, nos corresponde ser excepcionalmente cuidadosos de mantener la mente abierta y no llegar a tomar decisiones finales, sino hasta que hayamos examinado los hechos con mucho cuidado.

El segundo paso es saber que los hechos se dividen en dos tipos: los que son importantes y los intrascendentes. Ahora bien, ¿qué es un hecho importante? Les sorprenderá saber que los hechos de los que más nos ocupamos la mayoría de la gente – hablando de hechos, no de testimonios de oídas, ni de hipótesis – son aquellos que son intrascendentes o relativamente poco importantes. ¿Por qué? Bueno, primero veamos lo que es un hecho importante, y entonces sabrán la razón.

Un hecho importante se supone que es aquel que podemos utilizar ventajosamente en la consecución de nuestros propósitos principales o en cualquier deseo subordinado que conduzca hacia la consecución de esos propósitos. Eso es lo que significa un hecho importante y algo que mucha gente no acostumbra, porque prefieren pasar más tiempo en hechos irrelevantes que no tienen nada que ver con la realización de sus propósitos y que les dejarían mayor beneficio. Desde luego en esta categoría incluiría a aquellos individuos que gustan de meterse en los asuntos de los demás, a los chismosos, y todo ese tipo de gente que desperdicia su tiempo pensando y hablando de los asuntos de los demás en chismes y rumores - en otras palabras, que les gusta perder el tiempo en hechos sin importancia. Si dudan que lo que acabo de decir es verdad, hagan un balance de los hechos con los que lidia cada día y luego hagan un resumen de los resultados al final del día, y verán que son muy pocos los hechos realmente importantes con los que tienen que ver cotidianamente. De preferencia hagan este ejercicio en un domingo o día libre cuando estén ausentes de sus ocupaciones normales o negocios, porque es cuando normalmente una mente ociosa generalmente se pone a trabajar en hechos sin importancia.

Cuando uno basa sus opiniones en hechos sin importancia, generalmente son opiniones carentes de valor alguno, ya que se basan en parcialidades, prejuicios, intolerancias, conjeturas, o testimonios de oídas. Les sorprendería saber que son muchísimas las personas que acostumbran emitir opiniones sin base alguna, y que opinan porque lo supieron de terceras personas, porque lo leyeron en un periódico, o por la influencia de alguien más. La mayor parte de nuestras opiniones son el resultado de influencias externas sobre las que no tenemos ningún control. Los consejos gratuitos que nos ofrecen amigos y conocidos no suelen ser digno de consideración. ¿Por qué creen?

Porque carecen de sustento y son puntos de vista muy subjetivos. Los consejos gratuitos que voluntariamente recibimos de amigos y conocidos por lo general no son dignos de consideración. Entonces ¿Qué clase de consejo es el más deseable, en qué momento lo necesitamos? ¿Cómo le podemos hacer para obtenerlo, y qué tipo de consejo sería el más recomendable? Sin duda el consejo más recomendable es el que nos proporciona un especialista, que es el más capacitado para atender el problema en cuestión, y es mejor pagar por estos servicios que recibir consejos gratuitos.

Y hablando de asesoría gratuita, déjenme platicarles lo que le sucedió a un alumno mío, que primero fue mi amigo y después mi alumno, en California. Durante tres años esta persona solía venir a mi casa cada fin de semana y pasaba tres o cuatro horas; normalmente por una asesoría de ese tipo yo cobraba $ 50 dólares la hora, pero tratándose de un amigo y conocido no le cobraba nada. Disfrutaba de tres o cuatro horas de asesoría gratuita, y no representaba para mi ninguna carga proporcionársela. Nunca escuchó de mi ninguna sola palabra que tuviera que ver con algún cobro. Y así estuvimos durante tres años hasta que finalmente llegó una tarde y le dije: "Mira Elmer, te he estado dando asesoría gratuita durante tres años y en todo este tiempo no has visto de mi parte ninguna mala actitud, ni escuchado ninguna mala palabra que haya dicho quejándome al respecto. Ahora bien, debo decirte que nunca obtendrás ningún provecho de esta asesoría hasta que te cueste. Por qué no continuamos y empiezas con el curso de maestría inmediatamente, podrías continuar e integrarte al curso como cualquier otro estudiante, y solo entonces te garantizo que le verás provecho a este curso." Sacó su chequera, me pagó el importe del curso, se integró a las clases y lo terminó. A partir de ese momento sus asuntos de negocios comenzaron a prosperar. Nunca he visto a alguien crecer y desarrollarse tan rápido como él lo hizo. Solo hasta que pagó una suma sustancial por un servicio de asesoría, es cuando pudo llevar a la práctica y sacarle el máximo provecho a lo que aprendió.

Y esa es la naturaleza humana de la que estoy hablando, es un hecho que todo consejo gratuito tiene el mismo valor que lo que ofrece. Todo en este mundo vale según lo que cuesta. Entonces ¿cuánto valdrá el amor y la amistad? ¿Tienen algún precio? Simplemente traten de conseguir amor y amistad sin tener que pagar un precio y verán que tan lejos llegan. Esas son dos cosas que sólo se pueden conseguir dando lo mismo a cambio. Sólo se puede obtener un verdadero McCoy, dando a cambio otro McCoy, esa es la única manera de lograrlo. Y si intentan engañar, obteniendo amistad y amor sin dar a cambio nada, su fuente de alimentación pronto se agota.

Los pensadores precisos no permiten que nadie piense por ellos. ¿Qué opinan de eso? ¿Cuántas personas creen que existen que son influenciadas por la radio, la televisión, los periódicos, las demás personas y los familiares y que permiten que piensen por ellas? ¿Cuántas creen que haya así? ¿Qué porcentaje dirían ustedes que hay de ese tipo de personas que permiten eso?

Bueno, dicen que algo así como un 97, o 99 por ciento, incluso alguien por allí dijo que era un 100 por ciento. Bueno, ¡sus porcentajes no están del todo mal! Quiero decirles que sus cálculos no están nada mal, y no bromeo. Es enorme la cantidad de personas que permiten que los demás piensen por ellas. Tengo un activo del que me siento muy orgulloso de poseer, es algo que me enorgullece muchísimo, y apuesto a que nunca imaginarían lo que es. O ¿adivinan de lo que estoy hablando?

Tengo un activo, tengo un activo que me enorgullece, y que no tiene nada que ver con el dinero, ni cuentas bancarias, ni bonos, ni acciones, ni nada por el estilo, es algo más valioso que todo eso. He aprendido a valorar las evidencias reales, a obtener todos los datos verídicos que puedo de todas las fuentes disponibles, para integrarlas como información confiable y tener la última palabra en la toma de mis propias decisiones. Eso no quiere decir que sea un sabelotodo, o que dude de todo mundo, o que no necesite de la asesoría de alguien más. Desde luego, eso no es verdad, porque cuando lo requiero busco la asesoría de alguien más, pero cuando la he obtenido, yo mismo determino cuanta de esa asesoría acepto y cuanta tengo que rechazar. Ciertamente, cuando tomo una decisión, nadie podría dudar que es una decisión de Napoleón Hill - aunque puede ser que sea una decisión basada en un error, sigue siendo solo mía. Yo así lo decido y no permito que nadie influya en ello. Eso no implica que sea duro de corazón y que mis amigos no tengan ninguna influencia sobre mí, claro que la tienen. Pero en última instancia soy yo quien determina el grado de influencia que tienen sobre mí y el peso que tienen en mis decisiones. Ciertamente nunca permitiría que un amigo ejerciera tal influencia en mí como para causarle un daño a otra persona, sólo porque ese amigo así lo quisiera, y que es algo que ya han intentado hacer algunas veces. Eso nunca lo permitiría. Por eso tomen sus propias decisiones, porque creo que cada vez que eso sucede los ángeles en el cielo se alegran cuando descubren que un hombre o mujer deciden por sí mismos, y no permiten que sus familiares, sus amigos, sus enemigos y demás personas afecten la acción de pensar con precisión.

La razón por la que hago énfasis en esto, damas y caballeros, es porque la mayoría de la gente nunca toma posesión de sus propias mentes, que es el activo más valioso que todos tenemos, lo único de todo lo que nos dio el Creador en lo que podemos ejercer un control absoluto, y una de las cosas que menos usamos, pero en lo que más permitimos que los demás influyan y golpeen como si se tratara de un balón de futbol. Desde luego no me refiero a ustedes. Me estoy refiriendo a esas otras personas que así lo hacen. Esas gentes que no están en esta clase. No sé cuál sea la razón por la que en nuestro sistema educativo o en nuestro sistema de enseñanza no se le informa a la gente que poseemos el activo más grande de este mundo, que consiste en el privilegio de usar nuestras propias mentes y dominar nuestros propios pensamientos para dirigirlos en el logro de cualquier objetivo que deseemos. ¿Por qué no se le dice esto a la gente? ¿Por qué? ¿Me lo pueden decir?

Así es. No lo dicen porque tampoco saben que poseen este activo. No ha existido el adecuado sistema para darlo a conocer. Y quiero decirles que siempre a donde llega esta filosofía y empieza a actuar, la gente empieza a prosperar como nunca antes. Notan la diferencia hasta que empiezan a descubrir que son dueños de su propia mente y que pueden utilizarla en todo lo que deseen. Con esto no me refiero a que se posesionan de su mente de forma inmediata, sino que más bien lo van haciendo poco a poco a la vez. Lo que sí es un hecho es que con el tiempo los asuntos de su vida comienzan a cambiar, y la razón de ese cambio es su descubrimiento de este gran poder mental que empiezan a utilizar.

No es confiable formarse una opinión sobre la base de informes periodísticos. Luego escuchamos comentarios como: "lo supe por el periódico" que es una frase que inmediatamente etiqueta a quien lo dice como una persona de opiniones nada confiables. ¿Con que frecuencia escuchan frases como: "Me enteré por los periódicos," "Me lo dijeron," "Según cuentan," o "Dicen por ahí" ? Cuando escucho a alguien empezar una conversación con cualquiera de estas frases, mentalmente me pongo mis orejeras para no hacer caso de nada de lo me van a decir, pues es información que no vale la pena escuchar. No me gusta darle credibilidad a información que carece de sustento y en donde no se puede identificar la fuente de donde salió esa información. Por eso evito prestarle atención en absoluto a quien acostumbra usar las frases: "Me enteré por los periódicos", o, "Me contaron," o, "Es lo que dicen." No es que lo que estén diciendo no sea exacto, sino que la fuente de donde se enteraron es imperfecta, por lo que lo más probable es que tal afirmación sea errónea también.

Las malas lenguas y los chismosos no son fuentes confiables para enterarnos sobre cualquier tema o asunto. ¿Y por qué no son confiables? Simplemente porque es información sesgada sin sustento. Cuando oímos hablar a alguien en forma despectiva referirse a otra persona, ya sea que el interlocutor conozca o no a esa tercera persona, el solo hecho de emitirse un juicio tan despectivo de alguien ausente, nos pone en guardia y nos obliga a manejar con desconfianza todo lo que esa persona nos diga, Y desconfiamos porque esa persona nos demuestra la poca confiabilidad que le podemos tener. ¿Sabían eso?

Creo que el cerebro humano es una cosa maravillosa. No puedo menos que asombrarme por la gran inteligencia del Creador y de su maravillosa creación de la raza humana, y la forma en que la dotó de los mecanismos necesarios para detectar y distinguir entre la falsedad y la verdad. El oyente siempre distingue la falsedad en lo que escucha porque la falsedad siempre revela su existencia, sentimos su presencia y sabemos que está allí. Y lo mismo sucede cuando alguien está diciendo la verdad. Hasta el actor más consumado del mundo – la persona chismosa -

no nos podría engañar si utilizáramos ese fino sentido para distinguir las mentiras y las verdades. ¿Y creen que sucedería lo mismo cuando nos llenan de halagos algún querido amigo? Bueno, en ese caso estamos hablando de un cumplido, y es menos peligroso depender de ello, pero sin duda si deseamos saber si hay sinceridad en ese gesto, aplicaríamos el mismo análisis que cuando dudamos por hechos no confiables. Por ejemplo, supongamos que quisiera recomendarle a ustedes a un amigo para que le dieran trabajo, y acompañara esa petición con una carta de recomendación llena de elogios, o que les hablara por teléfono y lo recomendara verbalmente hablando maravillas de él. En este caso si ustedes fueran pensadores precisos, manejarían la situación cuidadosamente y optarían por complementar esa información con una investigación adicional de esa persona. Estarían en su derecho de dudar de la veracidad de sus antecedentes. ¿no lo creen? Aquí lo importante es que entiendan que con esa actitud, no indicaría que fueran ustedes unos desconfiados o cínicos. Lo que estoy tratando es llamar su atención sobre la necesidad de utilizar este cerebro que nos dio el Creador para pensar con precisión y estar en la búsqueda de hechos comprobables.

Existe mucha gente que se engaña a si misma deliberadamente, y no hay peor engaño en este mundo que el que uno se hace a sí mismo. Un viejo proverbio chino dice: "Un hombre puede engañarme una vez y es su culpa, ¡pero si me engaña dos veces la culpa es mía!" La gente simplemente no parece estar acostumbrada a pensar con precisión o a investigar lo que le dicen. Por ejemplo, uno nunca imaginaría que los banqueros, siendo tan astutos, pudieran ser víctimas de estafas, y sin embargo así a veces sucede. Conocí uno de los estafadores más famosos del mundo, Barney Burch – no sé qué ha pasado con él, solía operar aquí en Chicago. Lo entreviste en varias ocasiones. Y un día le pregunté qué tipo de personas eran las más fáciles de timar, y me dijo: "Los banqueros, ¡porque se dan ínfulas de ser muy inteligentes!" Solamente estoy citando textualmente lo que me dijo. De todos modos, no haga mucho caso de lo que dicen los chismosos.

Los deseos son a menudo lo más lejano de ser un hecho concreto, y pese a ello la mayoría de la gente tiene la mala costumbre de asumir hechos que armonicen con sus deseos, ¿lo sabían? Por eso actúen como pensadores precisos y desconfíen un poco hasta de ustedes mismos. A veces deseamos tanto que algo sea verdad, que lo asumimos como tal, y nos comportamos como si así lo fuera. Si aman a una persona, pasan por alto sus defectos, cuando la aman demasiado. Pero, en realidad necesitamos conocer bien a la gente antes de admirarla o amarla, porque en mi caso he admirado a mucha gente que después han resultado ser muy peligrosas. En verdad muy peligrosas. De hecho creo que la mayoría de mis problemas en mis primeros años en la profesión se debieron a que confiaba demasiado en la gente hasta el grado de permitirles usar mi nombre, y muchas veces no lo usaron con prudencia. Eso me ha ocurrido cinco o seis veces en mi vida, porque he confiado demasiado en la gente. ¿Por qué confiaba tanto en ellos? Porque los conocía y eran buena gente, Además de que decían y hacían cosas que me agradaban. Desconfíen de esas personas que buscan a toda costa agradarles, porque se corre el riesgo de pasar por alto sus defectos.

No sean demasiados duros con ese amigo que les hace observaciones y los induce al autoanálisis, no sean tan duros con él, porque puede ser el amigo más importante que hayan tenido en su vida. Esa persona tal vez los irrite, pero hace que se autoanalicen cuando así se requiere. A todos nos gusta conocer y relacionarnos con personas que estén de acuerdo con nosotros, así es la naturaleza humana, pero muchas veces algunas de esas personas con las que nos asociamos, que sueles ser muy encantadoras y agradables con nosotros, llegan a aprovecharse de nuestra amistad.

Actualmente la información de que disponemos es abundante y la mayor parte es gratuita, pero los hechos son difíciles de comprobar y por lo general hay un precio asociado por hacerlo. Ciertamente, el precio es el laborioso trabajo de investigación para confirmar su veracidad, pero eso es lo mínimo del precio que se tiene que pagar para validar los hechos. La sencilla pregunta, "¿Cómo lo sabes?" Es la pregunta favorita de un pensador preciso. Cuando un pensador escucha una versión que no puede aceptar, de inmediato le dice a quien lo afirma, "¿Cómo lo sabes? ¿Cuál es tu fuente de información?" Con esa simple pregunta de identificar la fuente de una información, muchas veces es suficiente para que el portador de la noticia se sienta en el limbo e incapaz de responder. O, cuando responde nos dice, "Creo que así fue porque me lo dijeron." No hay forma de creerle porque no hay sustento por ningún lado que se le busque.

Yo creo que existe un Dios. Como mucha gente lo cree también. Pero les aseguro que hay muchas personas que dicen creer en Dios, pero que al cuestionárseles sobre la más mínima evidencia de su existencia se sienten acorraladas sin poder responder. Yo si puedo dar pruebas de su existencia. Cuando digo que creo en Dios y me preguntan: "¿Cómo lo sabes?" Soy capaz de presentar todas las pruebas. No dudo en absoluto de su existencia más que cualquier otra cosa en este mundo, ya que el orden del universo no podría existir hasta el infinito, sin que haya una causa primaria, y sin un plan detrás de ello. Ustedes saben que eso es absolutamente cierto. Y sin embargo, hay una gran cantidad de personas que se comprometen a demostrar la presencia de Dios mediante tortuosos medios que de acuerdo a mi libro de leyes no constituirían ninguna evidencia. Todo lo que existe, incluyendo a Dios, es una prueba evidente, y cuando no hay tales pruebas, se asume que no existe nada.

Ahora bien, cuando no se dispone de datos para emitir una opinión, un juicio o un plan, recurrimos a la lógica en busca de orientación. Nadie ha visto jamás a Dios, pero la lógica dice que Él existe por necesidad, tiene que existir o no estaríamos aquí, no podríamos estar aquí sin una causa primaria, sin una inteligencia superior a nosotros mismos.

Esa cosa llamada lógica, es una cosa maravillosa, ya saben, hay momentos en los que tenemos corazonadas, y tenemos la sensación de que ciertas cosas son verdaderas o son falsas, y sabemos que debemos prestar atención a esa corazonada o intuición porque es probable que la Inteligencia Infinita está tratando de hacernos ver que debemos aprovechar el uso de nuestra lógica. Si uno de ustedes se levantara y me dijera: "Mi propósito principal es ganar un millón de dólares el próximo año," ¿Qué sería lo primero que le preguntaría? ¿Cuál sería la primera pregunta que haría?

Claro, esa pregunta sería, ¿cómo? ¿Cómo vas a

lograrlo? Quiero oír tu plan. Y después de oír tu plan, ¿qué voy a hacer yo al respecto? ¿Lo aceptaré o rechazaré? ¿Qué voy a hacer al respecto?

En primer lugar sopesaría su capacidad para conseguir ese millón de dólares, y averiguaría que daría a cambio por obtener lo que desea, y ahí es donde entraría mi lógica para saber si su plan es factible, viable y práctico. Eso no implicaría mucha inteligencia, pero si sería una cosa muy importante por hacer. Luego, revisaría y analizaría su plan y haría lo mismo con sus capacidades para saber si lo lograría. Analizaría su experiencia y sus logros en el pasado. Analizaría también a la demás gente que le ayudaría a ganar ese millón de dólares, y cuando terminara ese análisis, solo hasta entonces podría asegurarle si es factible que lograra su objetivo y le señalaría tiempos estimados para conseguirlo, lo que probablemente podría tomar uno, dos o hasta tres años lograrlo. También podría ocurrir que después de todo el estudio le dijera que no sería capaz de lograrlo. Si mi razonamiento me indicara que esa sería la respuesta, le sugeriría entonces otras opciones para conseguirlo de otra manera. He tenido alumnos sentados aquí en esta sala que me han presentado sus planes y propuestas, mismas que he tenido que rechazar y decirles que lo olviden por lo inviable de llevarlos a cabo y por ser un desperdicio de tiempo seguir adelante. De este modo es como actúa un pensador preciso. Sin dejarse dominar por sus emociones. Porque si dejara que mis emociones me gobernaran diría lo contrario a lo que es correcto hacer.

Todo lo anterior nos lleva hasta la siguiente frase o epigrama, que tantas veces he citado antes y que han escuchado en mis lecciones, "Todo lo que la mente puede concebir y creer, la mente lo puede lograr." Ahora no piensen que lo que leerán a continuación está mal escrito: "Todo lo que la mente puede concebir y creer, la mente lo logrará." Como se pueden dar cuenta en la primera frase dije, "lo puede lograr." ¿Notan la diferencia entre ambas? Es la palabra "poder" sustituida por el auxiliar en futuro que denota voluntad para conseguirlo. El uso que se le puede dar a cada connotación dependerá de ustedes estrictamente. En todo caso en la medida que usemos nuestra mente a su real capacidad, con una intensa fe, y una firmeza en nuestros juicios y planes, todos ellos son factores necesarios para cumplir a cabalidad con lo que transmite la frase, "Todo lo que la mente puede concebir y creer, la mente lo puede lograr."

Ahora veamos algunas pruebas de fuego por las que tienen que pasar los hechos para distinguirlas de la simple información, vamos como podemos hacerlo. En primer lugar, analicen con mucho cuidado todo lo que lean en los periódicos o escuchen en la radio. Formen el hábito de no aceptar ninguna información como un hecho contundente que sea producto de una noticia de periódico o de una versión difundida por la radio. Las noticias que llevan en su mensaje verdades a medias, a menudo son elaboradas así intencionalmente para crear desconcierto. Una verdad a medias, en otras palabras, como alguien dijo, es más peligrosa que una burda mentira. Es más peligrosa ya que esa media verdad es susceptible de engañar a cualquiera, porque basta con que alguien entienda esa media verdad para deducir que lo demás es verdad también. Examinen cuidadosamente todo lo que lean en los libros, independientemente de quién lo haya escrito, y nunca acepten la obra de un escritor sin hacerse las siguientes preguntas hasta quedar plenamente satisfechos consigo mismo en cuanto a las respuestas, y esto mismo aplica en el caso de conferencia, noticias, declaraciones, discursos, conversaciones o cualquier otro medio por el que obtengan información.

En primer lugar, háganse esta pregunta, ¿el autor del libro es una autoridad reconocida en el tema? ¿Es una autoridad reconocida en el tema quien lo está alimentando de información, trátese de un conferencista, maestro o escritor? Esta es la primera pregunta que se debe formular.

Después háganse esta otra pregunta, ¿El escritor o conferencista tienen un interés personal al transmitir su información, o, en realidad se trata de información precisa? Cada vez que obtengan información de un discurso, de una declaración pública, de una conferencia o de una conversación privada, averigüen el motivo que impulsó al autor de esa información, para saber la confiabilidad en lo que dice. ¿Busca el autor o conferencista un beneficio u otro tipo de interés en el tema del que habla o escribe? Si conocen el motivo que está detrás de cada información y lo que impulsó al autor a divulgarla, es imposible que los engañen en lo más mínimo, Ya saben, cuando se logra determinar el motivo que hay detrás de la actitud o de la acción de una persona, es prácticamente imposible ser víctimas de un engaño en lo más mínimo, pues serán capaces de detectarlo.

Después háganse esta pregunta ¿El escritor es una persona de buen juicio y no un fanático en el tema que escribe? He conocido mucha gente demasiado entusiasta hasta al grado del fanatismo. Si quisieran juzgarme ustedes, por ejemplo, no lo harían por el tipo de corbata que uso, por el tipo de traje que me pongo, por el corte de pelo que uso, o por el tipo de corte que solía usar, o por lo bien o mal que hablo. No me juzgarían por ninguna de estas cosas. Lo harían por la mala o buena influencia que ejerzo en la gente, esa sería la manera en que me juzgarían. Y esa es la forma en que ustedes deben juzgar a los demás. Quizás no les agrade la religión u orientación política de alguien, pero si esa persona hace una buena labor en su campo de trabajo y ayuda a mucha gente y no les causa daño, no debe ser un impedimento sus gustos o inclinaciones. No lo condenen si está haciendo más buenas acciones que malas.

Antes de aceptar como hechos incuestionables las declaraciones de los demás, determinen el motivo que está detrás. Comprueben también la reputación del escritor en cuanto a veracidad y credibilidad, y sean muy cuidadosos en que no haya fuertes motivos personales detrás de una afirmación, y sean también igual de cuidadosos al aceptar como hechos las afirmaciones de personas demasiado entusiastas que tienen como hábito dejarse llevar por la imaginación. Aprendan a ser cautelosos y utilicen su propio juicio, y no permitan que alguien influya en ustedes, utilicen su propio criterio en el análisis final.

¿Qué se puede hacer cuando no confiamos en nuestro propio juicio? ¿Hay alguna respuesta en esta filosofía para esa pregunta? Sin duda que la hay, sin duda existe respuesta a esa pregunta. Muchas veces no podemos confiar en nuestro propio juicio, porque no sabemos lo suficiente sobre las circunstancias que tenemos que enfrentar. Tenemos que recurrir a alguien con mayor experiencia, con una educación diferente o con una mente más aguda para el análisis, debiéramos hacer eso. Por ejemplo, ¿creen que exista una empresa exitosa integrada solamente por maestros en ventas? ¿Se imaginan eso? ¿Alguna vez han sabido que haya una empresa así? Yo sí. Quizás pensarían que una empresa así sería maravillosa, llena de maestros en ventas, con gran capacidad ¡para hacer prosperar cualquier negocio en el mundo! Por supuesto que sería algo grandioso, pero lograrlo también implicaría gastar todo el dinero del mundo en hacer eso realidad.

Al buscar información de los demás, no revelen el tipo de información que esperan encontrar. Si yo quisiera saber información de un solicitante de empleo y quisiera saberlo a través de su anterior jefe, no sería correcto que hiciera el siguiente comentario, "Por cierto, su empleado era John Brown y él está solicitando trabajo en mi empresa. Creo que es una excelente persona. ¿Qué opinas?" Por supuesto que si esa persona tuviera algún defecto, con ese tipo de pregunta no se podría saber. Si realmente quisiera saber acerca de John Brown, ¿Cómo me las arreglaría para obtener esa información? En primera no lo haría directamente a través del jefe anterior, buscaría la información a través de una agencia de investigación de recursos humanos, para que la información que obtuviera directamente del empleador fuera imparcial y más completa. De ese modo la información que consiguiera sería más profesional y detallada que la que podría obtener de cualquier otra fuente. Es sorprendente la cantidad de información que se puede obtener cuando sabemos en donde buscar o a quien recurrir. Pero, a menudo cometemos el error de indagar acerca de alguien directamente con la persona equivocada, con el consecuente riesgo de que los datos obtenidos no sean reales y totalmente subjetivos, consiguiéndose una información que puede ser dañina o benéfica para el involucrado. ¿No lo creen? Cuando se quiere obtener información a través de alguien y le dan pistas de lo que esperan como respuesta, la mayoría de la gente es perezosa en ese aspecto, y no quieren complicarse la existencia explicando, así que prefieren responder con el tipo de respuesta que desean oír, obteniéndose información errónea e imprecisa.

La ciencia es el arte de organizar y clasificar los hechos, eso es lo que significa la ciencia. Así que cuando quieran asegurarse que está tratando con hechos reales, busquen fuentes científicas en donde sea posible verificar su autenticidad. Los hombres de ciencia generalmente no tienen motivos, ni inclinación a modificar o cambiar los hechos buscando tergiversar resultados ¿no les parece admirable? Ellos simplemente no tienen motivo para actuar así - y si lo hicieran, si cayeran en ese defecto, no serían científicos, sino seudocientíficos o falsos hombres de ciencia. Y créanme que hay muchos de esos por todo el mundo, presumiendo conocimientos que no tienen.

Las emociones no siempre son confiables. De hecho, la mayoría de las veces no lo son, por esa razón no permitan dejarse influir demasiado por sus sentimientos, mejor denle prioridad a su cabeza siempre que tenga que emitir un juicio sobre algún asunto. La cabeza es más confiable que el corazón, ¿pero que tenemos que hacer para que hagan una buena combinación? Equilibrar ambos, esa es la idea, un equilibrio para que ambos tengan el mismo peso, por así decirlo, y de esa forma emitir juicios correctamente. La persona que se olvida de esto generalmente se arrepiente de su negligencia.

Ahora veamos algunos de los enemigos de un

pensamiento preciso, empezando por la emoción del amor, que se encuentra justo a la cabeza de la lista. Quizás se pregunten, ¿Cómo diablos es posible que el amor interfiera con la precisión de pensamiento de alguien? Si lo dudan, sabría de inmediato que es porque no han tenido muchas experiencias amorosas. Si alguna vez se han enamorado, entonces saben muy bien lo peligroso que es. Es como jugar con nitroglicerina teniendo un cerillo en la mano. Cuando explota no da ningún aviso.

Los demás enemigos son: el odio, la ira, los celos, el miedo, la venganza, la codicia, la vanidad, el egoísmo, el deseo de algo a cambio de nada, y la dilación, todos ellos enemigos del pensamiento. Tienen que mantenerlos bajo vigilancia constante, para librarse de ellos. De la precisión de sus pensamientos puede depender todo su futuro por la importancia que tiene. Y es un hecho que así ocurre.

¿Acaso es verdad que nuestro futuro pueda depender en gran medida de la precisión de pensamiento? Por supuesto, si eso no fuera cierto, entonces ¿Qué sentido tendría que el Creador nos haya dotado con el dominio de nuestra propia mente? ¿De qué serviría? La mente puede satisfacer todas nuestras necesidades, al menos en esta vida. No sé si eso mismo suceda de dónde venimos, cuando nacemos, o en la otra vida, cuando hayamos muerto. Ignoro si existen esas otras vidas, pero al menos en esta vida es muy importante que sepamos influir en nuestro destino y que sepamos disfrutar de nuestra existencia. Yo así lo hago, disfruto de la vida y lo reflejo en los demás, y de esa manera me siento útil haciendo que mi paso por la vida valga la pena.

¿Por qué digo eso? Porque he descubierto cómo manejar mi propia mente, mantenerla bajo control, y hacer que mi mente haga lo que quiero. He aprendido a deshacerme de las circunstancias que no quiero y aceptar las que me convienen, ¿y qué debo hacer si no encuentro las circunstancias que quiero? Crearlas, por supuesto, crearlas. Y eso es exactamente lo que la definición de propósito y la imaginación hacen.

Sus mentes deben ser un eterno signo de interrogación. Cuestionen todo y a todos hasta quedar satisfechos que están tratando con hechos demostrables. Hagan esto en silencio con la complicidad de su propia mente y no sean incrédulos de todo. No cuestionen a la gente verbalmente, con esa actitud no llegarán a ninguna parte, mejor obsérvelas y saquen conclusiones en silencio. Además, si se muestran demasiado abiertos y notorios cuestionando a los demás, los ponen sobre aviso y propician que no muestren la información que desean. En silencio hagan su búsqueda de información y recurran a su precisión de pensamiento para llegar a ella. Sea un buen oyente, pero también un pensador preciso mientras escucha. ¿Qué es lo más provechoso, ser bueno al hablar o ser un buen oyente?

¿Ser un buen oyente? ¿Por qué?

No sé de alguna virtud o cualidad que ayude más a un individuo a desenvolverse socialmente que ser una persona que hable con efectividad y entusiasmo, simplemente no conozco alguna otra cualidad que lo haga destacar a uno más. Pero asimismo es mucho más conveniente para cualquiera ser un buen oyente, un oyente analítico es más provechoso que una persona que tenga efectividad hablando.

Al decirles que dejen que sus mentes sea un eterno signo de interrogación, no quiero decir con esto que tengan que ser escépticos e incrédulos ante todo, sino que apliquen la definición de propósito y sean cautelosos con la información que reciban, incluyendo aquella que derive de sus relaciones interpersonales. Hacer eso les dejará mucha satisfacción y tendrán más éxito, pero no olviden ser discretos y diplomáticos a medida que avancen y verán que conseguirán amigos mucho más importantes que cuando acostumbraban emitir juicios precipitadamente. Principalmente, en lo que respecta a los amigos, si son pensadores precisos, los amigos que conseguirán son de los que valen la pena tener, de eso pueden estar seguros.

Sus hábitos de pensamiento son el resultado de la herencia social y física. Preste atención a estas dos fuentes, pero sobre todo a la herencia social. Si hablamos de la herencia física prácticamente heredamos la estatura del cuerpo, la textura de la piel, el color de los ojos y el cabello. Cada uno de ustedes es la suma total de todos sus antepasados, incluyendo aquellos que ni siquiera conocieron o puedan recordar. Se heredan las cualidades y defectos y no hay nada que puedan hacer al respecto, son algo fijo y estático de nacimiento. Pero, por otro lado, la parte más importante de lo que son es el resultado de su herencia social, es decir, los factores ambientales, las cosas que han permitido entrar en su mente y que han aceptado como parte de su carácter. Eso es lo más importante. Luego, en lo profundo de su interior está su conciencia, que cumple con la función de ser como una guía para aquellos casos en que las fuentes del conocimientos y los hechos estén agotados. Tengan el debido cuidado de utilizarla como una guía y no como una conspiradora.

¿Han conocido personas que utilicen sus conciencias como conspiradores en lugar de guías? En otras palabras, aquellas personas que convencen a su conciencia de la idea que lo que hacen es correcto y hacen caer a su conciencia en el engaño, convirtiéndola en una conspiradora. Cuando sinceramente se desea pensar con precisión, hay un precio que se debe pagar por aprovechar esta capacidad, un precio que no se puede medir en dinero. En primer lugar, tenemos que aprender a examinar cuidadosamente nuestros sentimientos emocionales sometiéndolos a nuestro sentido de la razón. Ese sería el paso número uno que se requiere para tener precisión de pensamiento. Dicho en otras palabras, enfocar nuestra atención en examinar lo que queremos obtener en la vida, sería lo primero que tendríamos que analizar, asegurándonos que eso que deseamos conseguir en la vida sea lo más apropiado para nosotros. A lo que me refiero es que cuando se establecen objetivos basados en el corazón y no en la cabeza, debemos tener cuidado, porque una vez que los logramos es desilusionante comprobar que no era lo que queríamos.

Podría ilustrar lo anterior con mil ejemplos de hombres que pagaron demasiado por lo que tienen, que querían demasiado de la vida, que intentaron conseguir más de lo debido, y que lo lograron, pero a costa de no gozar de una paz mental y un equilibrio en sus vidas a pesar de sus riquezas. Creo que la cosa más triste que descubrí mientras construía esta filosofía fue lo que aprendí de todos esos hombres millonarios, que colaboraron en hacer realidad esta filosofía. El hecho de no haber logrado el éxito junto con su dinero me causó mucha tristeza. No tuvieron éxito porque se obsesionaron demasiado en el dinero y el poder, y en lo que ambos les retribuían.

Eviten la costumbre de expresar opiniones que no estén basadas en hechos, o en lo que crean que pueden ser hechos comprobables. ¿Sabían que no tienen el derecho de emitir opiniones, en absoluto, a menos que sustenten lo expresado en hechos demostrables? Apuesto a que no admiten que eso sea cierto. Estoy seguro que no lo creen, pero es verdad: No tienen derecho a expresar alguna opinión sobre cualquier tema y en cualquier momento, a menos que se sustenten en hechos reales y comprobables, o que crean que son comprobables. ¿Por qué les digo que no tienen ese derecho? Por la responsabilidad que implica esa acción, desde luego que pueden expresar las opiniones que quieran, pero no debieran sin antes asumir su responsabilidad por las consecuencias de emitir opiniones que no estén basadas en hecho reales, o que se cree que lo son. Tener el hábito de no sustentar lo que se dice es una forma de engañarse a sí mismo, y es lo que mucha gente hace a lo largo de su vida, engañarse a sí mismos con opiniones carentes de veracidad y sustento. Deben aprender a dominar el hábito de ser influenciados por la demás gente, que lo hacen con el pretexto de hacerles un favor o escudándose en que lo hacen por su propio bien más que el de ellos.

Cuando aplican el principio del kilometro extra, generan obligaciones en los demás para que correspondan de igual manera o más de lo que ustedes hicieron por ellos, y eso es exactamente lo que quiero que hagan. Eso es perfectamente correcto y legitimo, comprometer a la gente a que ayude a los demás por el servicio que ustedes prestaron a ellos. Aparentemente no hay nada de malo en ello. Pero tengan cuidado, mucho cuidado de no dejarse influenciar por otras personas, solo porque ellas les hicieron algún favor. Obviamente me refiero a esa gente con la que se crea un compromiso debido a que hay un favor de por medio, y en esa misma posición pueden llegar a estar ustedes también a veces, en posiciones incomodas por obligaciones existentes entre personas derivadas de ir el kilómetro extra. Tienen que formarse el hábito de examinar los motivos de las personas para determinar que no solo busquen beneficiarse de ustedes o influir en ustedes.

Deben aprender a controlar tanto la emoción del amor como la emoción del odio en la toma de decisiones para cualquier propósito, ya que cualquiera de ellas puede desequilibrar sus hábitos de pensamiento. Ninguna persona debe tomar una decisión importante, mientras esté enojado. Nunca lo hagan. Cuando corrigen a sus hijos, por ejemplo, es un grave error disciplinarlos cuando se está enojado, porque nueve de cada diez veces los padres hacen y dicen cosas equivocadas, y eso causa más daño que la misma llamada de atención. Eso mismo es aplicable para los adultos también. Si están muy enojados, es preferible no tomar decisiones, ni decir algo que después pueda repercutir en su perjuicio más delante causándoles mucho daño.

Hablemos ahora del autocontrol y la autodisciplina, ¿recuerdan que ya vimos en una lección anterior la autodisciplina? Pues bien, ese tema va de la mano también con esta lección. ¿por qué? Resulta que para que ustedes tengan precisión de pensamiento, necesitarán de la autodisciplina, para contenerse de decir y hacer muchas de las cosas que acostumbran decir y hacer. Esperen pacientemente el momento de hablar. Siempre hay momentos para todo. Sincronicen sus momentos para hablar y hacer las cosas correctamente, eso es lo que hacen los pensadores precisos, no pierden los estribos y se sueltan hablando sin medir las consecuencias. Por eso estudien cuidadosamente el efecto de sus palabras en el oyente, háganlo incluso antes de decirlas. No tomen ninguna decisión o hagan planes hasta que hayan sopesado cuidadosamente el efecto que pueden tener en ustedes y en otras personas. Existen muchas cosas que podrían beneficiarme y a ustedes no. Incluso hasta les podría causar un daño. Pero no es bueno engancharse en ellas, porque eventualmente se tiene que pagar un precio, es cuando hacemos malas acciones y se nos regresa multiplicandamente. Esa es otra de las cosas que se deben prever cuando se quiere tener precisión de pensamiento. Algo muy significativo que aprenden después de ser adoctrinados en esta filosofía es que todo lo que hagamos, bueno o malo, se nos regresa y multiplicandamente. Por esa razón, fíjense antes de hablar o decir algo que pueda dañar a alguien más, pues el efecto se les puede regresar tarde o temprano en la vida.

Reconozcan esa ley de la vida antes de aceptar como hechos las afirmaciones de otras personas, puede ser benéfico para ustedes indagar con ellas mismas sus fuentes de información y la solidez de sus opiniones. Lo más importante, no acepten opiniones, solo hechos reales. Un pensador preciso diría, yo soy el que tiene que formar mi propia opinión – con base a hechos reales que yo me encargo de organizar. Aprendan a analizar con sumo cuidado toda afirmación de carácter despectivo que externe una persona en perjuicio de otras, porque la naturaleza misma de esas declaraciones etiquetará a esa persona como alguien sin moral, por decirlo de una manera educada.

Traten de superar el mal hábito de intentar justificar

decisiones tomadas equivocadamente. Un pensador preciso simplemente no hace eso. En vez de lamentarse, ellos prefieren actuar corrigiendo en el camino las malas decisiones, con la misma rapidez con que las tomaron. Los pretextos y la precisión de pensamiento nunca son compañeros de la misma habitación. No he conocido aún a alguien que sea muy hábil para inventar pretextos a sus fracasos y proyectos fallidos que haya sido capaz de corregir sus fallas. En otras palabras, la gran mayoría de la gente es muy afecta a tener un amplio repertorio de excusas y pretextos, evite ese tipo de personas porque ustedes pueden ser las próximas víctimas de ese repertorio. Las buenas excusas y las buenas coartadas, equivalen a nada bueno, excepto que haya algo en el fondo en lo que se pudiera confiar. Si quieren ser pensadores precisos, nunca utilicen términos como, "Me dijeron," o, "Lo escuche por allí." Un pensador preciso nunca repite lo que escucha, primero identifica la fuente de esa información para comprobar su confiabilidad.

Ahora bien, estoy consciente que no es un asunto fácil tener precisión de pensamiento, Me imagino que ya han llegado a esa conclusión, ¿verdad? Todo implica un sacrificio, y esto no es la excepción, pero vale la pena. Vale la pena intentarlo. Si no son precisos en su forma de pensar, inevitablemente la gente se aprovechara de ustedes, no obtendrán mucho de la vida como quisieran, no se sentirán satisfechos, ni tampoco tendrán el equilibrio deseable. Para tener la precisión de pensamiento hagan una revisión de las reglas que aquí presentamos, agreguen notas de su propia autoría y repasen la lección cuantas veces sea necesario. Comiencen ahora mismo a intentarlo, o, pongan en práctica desde mañana por la mañana algunos de los principios aquí descritos para separar los hechos de la información común, y dividir los hechos en importantes o intrascendentes. Lleven a cabo los cuatro pasos y los resultados que obtendrán justificarán por si mismos el éxito de esta lección. Esta lección por sí sola, si la pone en práctica, podría valer mil veces más que todo el esfuerzo desplegado en todo el curso. Asegúrese de tratar principalmente con hechos sustentados y luego clasifíquelos por su importancia o su intrascendencia y finalmente deshágance de los hechos que no sean importantes, para no desperdiciar su tiempo en ellos.

Con esto concluye la discusión de la Precisión de Pensamiento, el undécimo principio de *Su Derecho a Ser Rico*.

APRENDIENDO DE LA
ADVERSIDAD Y LA DERROTA

El tema central del decimo segundo principio, Aprendiendo de la Adversidad y la Derrota, puede resumirse en una simple frase: cada adversidad lleva consigo la semilla de un beneficio equivalente o mayor. El dolor, el fracaso, los reveses, las derrotas, y las pérdidas, son infortunios que todos tenemos que sufrir, porque simplemente forman parte de la condición humana. Nadie gana todo el tiempo. Nadie. Los que tienen éxito son los que no permiten que la adversidad los detenga. Lo que hacen es perseverar y ver las dificultades como las pruebas que les permitirán construir su fuerza para retos incluso mayores y seguir adelante. Recuerden esta frase muy importante: la derrota no equivale al fracaso a menos que se acepte como tal. Como en ocasiones anteriores, este principio se presenta acompañado de una prueba, una prueba que también está incluida en su guía de estudio. En este audio, escucharán hablar de las 40 principales causas de fracaso, y se les pedirá que se evalúen a sí mismos, según lo poco o mucho que estas causas hayan afectado en sus vidas. Así pues, nuevamente tenemos con ustedes al Dr. Hill.

Si hay alguna cosa en el mundo que la gente más quisiera evitar, es tener que enfrentar la adversidad, las circunstancias desagradables y la derrota. Incluso, aún habiendo evaluado apropiadamente las circunstancias y cumplido adecuadamente con las leyes de la naturaleza, aún así estaríamos todos expuestos a sufrir de las adversidades, la derrota, el fracaso, y los obstáculos. Sigo afirmando que aunque a la gente le desagrade tanto enfrentarse a las derrotas y a las adversidades, me siento obligado a decir que si no hubiera sido por las adversidades que sufrí durante la primera parte de mi vida, no estaría aquí hablando con ustedes esta noche. De no haber sido por eso, no habría terminado esta filosofía, ni habría llegado a millones de personas en todo el mundo. Fue la adversidad que enfrenté lo que me hizo madurar, adquirir fortaleza, sabiduría y la capacidad de poder hacer realidad esta filosofía, y poderla difundir a la gente de la forma como lo estoy haciendo. Sin embargo, si pudiera volver al pasado, y me concedieran la posibilidad de elegir, no tengo ninguna duda que mi vida sería mucho más fácil, igual que lo será para ustedes de aquí en adelante. Todos estamos dispuestos a hacer eso, tener una vida llena de atajos para evitar los obstáculos y adversidades en nuestro camino.

¿Sabían ustedes que precisamente esa búsqueda de atajos es lo que ha hecho que los ríos no sigan siempre una línea recta y que lo mismo pasa con las personas? Eso es correcto. Sin embargo, es un hábito muy arraigado en nosotros hacer eso. No queremos pagar el precio de un esfuerzo intenso. No importa lo que hagamos, nos gusta obtener las cosas de manera fácil. Y la mente como cualquier otra parte física de nuestro cuerpo corre el riesgo de atrofiarse y debilitarse por la falta de uso. Solo cuando tenemos problemas, incidencias u obstáculos es cuando nos obligamos a pensar, pero sin un motivo de por medio, preferimos mejor no hacerlo. Hay 40 grandes razones o causas del fracaso. Más del doble en número que los principios del éxito. Son 17 los principios del éxito, y la combinación de todos ellos es la responsable de todos los logros exitosos, y sin embargo, son más de 40 las principales causas del fracaso, quedando fuera otras de menor importancia, porque estas 40 son solo las más importantes. La autocritica es una de las cosas más provechosas que podemos hacer para conocernos a sí mismos, pero es algo que no nos gusta hacer. Especialmente cuando se trata de identificar nuestras debilidades. Poner en práctica esta filosofía implica tener que decirles las cosas que deben hacer para tener éxito y las cosas que deben evitar hacer. En su hoja de prueba vayan calificándose en la columna del lado derecho conforme vayamos avanzando, según los comentarios que haga de cada uno de los temas allí descritos. Califíquense de acuerdo a un rango de 0 a 100 por ciento, en donde un 100 por ciento significará que está completamente libre de presentar ese problema en cuestión. Y de ahí en adelante otórguese aquel valor que según su criterio corresponda con su realidad. Y cuando terminen, sumen el total y divídanlo entre 40 para obtener el promedio general.

Veamos la primera causa, el hábito de ir a la deriva por la vida sin propósitos ni planes definidos. Si no se caracterizan por tener este hábito, y están acostumbrados a tomar decisiones rápidamente, y a establecer planes y cumplirlos, entonces saben exactamente lo que quieren y están en camino de lograrlo, y según el criterio de valoración les correspondería una calificación en este punto de un 100 por ciento. Pero tengan cuidado antes de calificarse, porque obtener una calificación así es muy raro que ocurra. Tendrían que ser muy organizados y muy preparados para merecerlo.

Número dos, Antecedentes hereditarios desfavorables, discapacidades de nacimiento. Bueno, sobre este punto no puedo hacer mayor comentario al respecto. De hecho, lo que puede ser una causa de fracaso, también puede ser un motivo de éxito. Algunas de las personas más exitosas que he conocido eran discapacitadas o con grandes afectaciones de nacimiento.

Número tres. La curiosidad de intromisión en los asuntos ajenos. La curiosidad de intromisión. En realidad la curiosidad por si sola es maravillosa. Si no fuéramos curiosos, nunca nos enteraríamos de nada, nunca investigaríamos nada. Pero fíjense la connotación que adquiere cuando se le agrega intromisión: "la curiosidad de intromisión en los asuntos ajenos," meternos en donde no nos llaman. Por supuesto, ninguno de nosotros tenemos ese defecto, así que no habrá mayor problema que se califiquen con un 100 por ciento, ¿o no?

Recuerden que al calificarse, no olviden acordarse de sus experiencias pasadas y determinen en qué medida tienen control sobre estas debilidades.

Número cuatro, la falta de un propósito bien definido como meta de vida. Hemos estado hablando acerca de este punto por tanto tiempo, que ya casi lo adquirimos, y ahora resulta que tenemos que analizar lo contrario. Carecer de un propósito en la vida. Si aún no tienen definido ese propósito, es una buena oportunidad para calificarse con un 0.

Número cinco, inadecuada preparación escolar. Una de las cosas más sorprendentes que he aprendido de la vida ha sido descubrir la poca relación que existe entre la preparación escolar y el éxito. Quiero que sepan que dudé deliberadamente para comentar este aspecto, y no porque no hubiera tenido algo que decir o por no acordarme de mis líneas, lo que buscaba era que meditaran bien sobre este punto. Bueno, debo decirles que algunas de las personas más exitosas que he conocido eran personas con una mínima formación educativa, con poca educación formal. Mucha gente va por la vida fracasando y justificándose por ello, con el típico pretexto de no contar con una adecuada formación universitaria. Cuando egresamos de la universidad creyendo que se nos debe pagar por lo que sabemos y no por lo que hacemos, rápido nos caemos de la nube cuando conocemos ese hombre viejo llamado destino que está parado justo a la vuelta de la esquina por donde pasamos. Tarde o temprano nos damos cuenta que, aparte de los conocimientos para triunfar, es necesario también lo que sepamos hacer y nuestra habilidad para convencer a los demás para que hagan las cosas.

Número seis, la falta de autodisciplina, por lo general se manifiesta por si misma a través de los excesos en el comer, beber, y la indiferencia hacia las oportunidades para mejorar y autopromoverse. La falta de autodisciplina. Espero que su calificación sea alta en este punto.

Número siete, la falta de ambición para elevarse por encima de la mediocridad. Esto es una maravilla. ¿Cuánta ambición tienen, cual es su propósito, que quieren de la vida, que piensan hacer para estabilizar su existencia?

Hace tiempo les conté la historia de un joven soldado que había regresado de combatir en la primera guerra mundial, y que solo buscaba la seguridad de algo para comer y un lugar para dormir. Lo disuadí. Lo convencí que aspirara a algo mayor, y resultó que se hizo millonario cuatro años después. Espero tener mucho éxito con ustedes en levantar su ambición para no conformarse con simples migajas de la vida. Aspiren a lo más alto, no les costará nada hacerlo. Tal vez no lleguen tan lejos como es su aspiración, pero es seguro que llegarán más lejos que si no lo intentaran. Eleven sus expectativas. Sean ambiciosos. Tengan la determinación de alcanzar todo aquello que se les negó en el pasado.

Número ocho, la mala salud, un problema que a menudo padecemos por pensamientos equivocados y dietas inadecuada. Se los aseguro que también es amplio el repertorio de excusas para justificar nuestra mala salud. Padecemos también de muchas enfermedades imaginarias a lo que los médicos llaman hipocondría. No sé hasta qué punto han padecido este mal o de otras enfermedades imaginarias, pero si lo han estado haciendo, no duden en absoluto en calificarse muy bajo en este rubro.

Número nueve, las influencias de un ambiente desfavorable durante la infancia. Las influencias negativas que recibe una persona en su infancia son tan duraderas que persiguen al individuo a lo largo de su vida. Estoy completamente convencido que si hubiese permitido que mi infancia continuara siendo como empecé, antes que mi madrastra apareciera en mi vida, me habría convertido seguramente en un segundo Jesse James, pero con más rapidez y precisión para disparar.

Número diez, la falta de persistencia para cumplir con

nuestras obligaciones. ¡Este punto es grandioso! La falta de persistencia para cumplir con las obligaciones. ¿Qué es lo que le impide a las personas poder terminar algo que han empezado? ¿Cuál es la razón principal que orilla a la gente a desistir de continuar y concluir sus propósitos? La falta de motivación, es correcto, sus propósitos no están respaldados por un intenso deseo. Créanme, pueden lograr todo lo que se propongan, si es que así lo quieren, pero cuando no se quiere, se encuentras mil excusas para no hacerlo. ¿Es provechoso darle continuidad a lo que empiezan cuando emprenden un proyecto, o es provechoso mejor hacerse a un lado? O mejor hagamos la pregunta de otra manera, ¿cómo se calificarían en ese aspecto? eso es lo importante, ¿Acostumbran darle continuidad a lo que empiezan, u optan por hacerse a un lado cuando la crítica de alguien los disuade de seguir adelante? Créame, si hubiera tenido miedo a la crítica, no habría llegado a ninguna parte en la vida. Incluso llegué a un punto en el que realmente me agradaba la crítica, ya que sólo buscaba errores en mi, y cuando me enteraba, hacía mucho mejor mi trabajo y me esforzaba más. Hay mucha gente en este mundo que fracasa porque carece de esa fuerza motriz, ¿no lo creen? Eso hace que se superen, y sobre todo cuando las cosas se ponen difíciles. No importa a lo que se dediquen, es inevitable experimentarlo cuando las cosas van mal. Si hablamos de un nuevo negocio, es probable que no se tenga el dinero que se requiere al principio, si se trata de ventas se necesitan clientes que no se tienen al principio, o si se trata de un nuevo puesto de trabajo, necesitamos del reconocimiento de nuestro jefe, que tampoco se tiene cuando empezamos, ese reconocimiento se tiene que ganar. Cuando empezamos en una actividad el camino es siempre difícil con la gente, y ahí es donde se necesita ser persistentes. Número 11, el hábito de una actitud mental negativa, el hábito de ser negativo todo el tiempo. Veamos, ¿Cómo son ustedes la mayor parte del tiempo, preponderantemente negativos o positivos? Cuando ven una rosquilla, ¿en que se fijan primero, en el agujero o en la rosquilla? Muy bien, así es. Cuando van a comer la rosquilla, no se comen el agujero, ¿verdad? Pero hay mucha gente que, cuando se tropiezan con un problema se comportan como el tipo aquel que se molesta porque el agujero de la rosquilla es grande y significa menos pan para comer, sin prestarle primero atención a la misma rosquilla. Esa es una actitud mental negativa. ¿Cuál es el resultado de una persona que tiene el hábito de permitir que su mente sea negativa todo el tiempo, que sucede con esa persona?

A nadie se le puede meter a la cárcel por ser negativo. Tampoco se le puede demandar por serlo. Una mente negativa repele, ¿no es así? Repele a las personas. Una mente positiva atrae, ¿Qué atrae? A las personas que armonizan con su actitud mental, con su carácter. Un antiguo dicho dice: "las aves del mismo plumaje vuelan juntas" Bueno, en realidad las aves de mente negativa vuelan con otras que también son negativas, y las aves de mente positiva vuelan con las que son como ellas. ¿Quién tiene el control de su mente? ¿Quién determina si uno es positivo o negativo? Aquí es donde quiero que hagan su análisis y se califiquen según sientan el tipo de actitud dominante que tengan. Lo más preciado que tenemos en esta vida y en lo único en lo que podemos ejercer un control incuestionable, indiscutible y absoluto, es nuestro derecho a convertir nuestra mente en positiva, y así mantenerla, o en negativa, y permitir la entrada de toda influencia negativa. Y si deseamos tener una mente positiva, tenemos que trabajar en ello, ¿Por qué razón?

Es correcto, tenemos que hacerlo porque hay mucha influencia negativa a nuestro alrededor, tanta gente y circunstancias negativas, que corremos un gran riesgo latente de que esa negatividad forme parte de nuestras vidas. ¿Tienen una idea clara de la diferencia entre una mente negativa y una mente positiva, pueden imaginarse lo que sucede en la química del cerebro cuando su mente es positiva y cuando es negativa? ¿Alguna vez han demostrado o experimentado en su propia vida las diferencias entre sus logros cuando tenían miedo y sus logros cuando no tenían miedo? Ustedes lo han experimentado. Es algo que se vive en cualquier actividad, como en las ventas, la enseñanza, la impartición de conferencias, al escribir un libro, o en cualquier otra actividad.

La primera vez que escribí *Piense y Hágase Rico*, lo escribí cuando estaba trabajando para el presidente Roosevelt, durante su primer mandato, en momentos de la gran depresión económica, y lo escribí inconscientemente sintiendo esa misma influencia de negatividad que todo mundo sentía a causa de la grave crisis económica. Varios años más tarde, cuando volví a continuar escribiendo el libro lo leí, y me di cuenta que no era un libro vendible, pues en el tiempo que lo había empezado a escribir estaba bajo los efectos de una gran negatividad, y eso se podía captar al leerse – un lector capta exactamente la actitud mental que el escritor tenía al escribir su obra. No importa el tipo de lenguaje o terminología que utilice. Así que lo que hice fue sentarme ante mi máquina de escribir, ahora con una nueva actitud mental, con el ánimo por los cielos, como decimos 100 por ciento positivo, y mecanografié el libro hasta transformarlo en el éxito que es ahora. Nadie puede permitirse el lujo de hacer algo cuando tiene una actitud negativa. En nada beneficia ni para uno mismo, ni en la influencia que se puede tener en los demás. Si buscan que la gente coopere con ustedes, que les compren algo que están vendiendo o buscan causar una buena impresión en ellas, cambien su actitud y sean positivos antes de acercárseles. La razón por la que hago tanto hincapié en este punto, es para que tengan una mejor base al momento de calificarse y lo hagan con precisión, distinguiendo la actitud mental que siempre tienen, de la que demuestran solo por momentos. Les voy a decir una regla que les ayudará a determinar con precisión si son mentalmente negativos o positivos. ¿Les gustaría conocerla?

Observen como se sienten cuando despiertan por la mañana y se disponen a levantarse de la cama. Si no están con buen estado de ánimo, es porque sus pensamientos en las horas anteriores, quizás el día anterior, fueron negativos. Nos sentimos mal y de mal humor cuando permitimos que las influencias negativas nos tomen de rehenes. Y eso se refleja particularmente al despertarnos la mañana siguiente. Cuando despertamos estamos frescos y saliendo de la influencia de nuestra mente subconsciente, lapso en el que nuestro consciente queda fuera de servicio. Al despertar, el consciente entra en servicio nuevamente y encuentra un total desorden que debe limpiar, y que es el resultado de todo lo que hizo el subconsciente en el transcurso de la noche anterior. Lo contrario sucede cuando nos despertamos de buen humor y con estupendo estado de ánimo, seguramente es porque el día anterior se tuvo una actitud positiva y esa misma actitud tiene mucha probabilidad de continuar por varios días más.

Número 12, la falta de control sobre las emociones, tanto negativas como positivas. ¿Alguna vez se les ha ocurrido que es muy necesario controlar nuestras emociones positivas, así como se debe hacer con las negativas? ¿Por qué creen que sea necesario? ¿Por qué demonios tendrían que controlar su emoción del amor, por ejemplo?

Señorita, no solamente porque puede aumentarnos la temperatura, ¡sino también porque nos podría quemar! Muy buena respuesta y se agradece por lo espontanea que fue. ¡Me imagino que hablan por experiencia!

Bueno, veamos otra emoción, el deseo de ganar dinero, por ejemplo. ¿Creen que sea necesario controlar esa emoción? ¿Por qué? ¿A poco les daría miedo ganar demasiado dinero? No lo creo, ¿o sí?

En efecto, se debe controlar cuando se obtiene por el lado equivocado, ya lo ha dicho. No puede haber tal cosa como la emoción de obsesionarse por tener cada vez más. He conocido mucha gente que ni siquiera lo disfruta, pero no así sus herederos que no tienen que hacer ningún esfuerzo por ganarlo.

¿Les interesaría saber por qué razón me pusieron el nombre de Napoleón? ¿Les gustaría saberlo? Bueno, se los diré porque me parece un buen punto a tratar aquí. Mi padre me puso ese nombre por ser el hijo mayor, su primer hijo, y en honor de mi tío abuelo, Napoleón Hill de Memphis, Tennessee, que era un multimillonario que cultivaba el algodón. Lo hizo con la esperanza de que al morir mi tío pudiera heredar parte de su dinero. Pero resulta que murió sin heredarme absolutamente nada.

Cuando me enteré que no había heredado nada, me sentí muy mal, afortunadamente con el tiempo transformé mi juventud en sabiduría y pude darme cuenta de lo que había pasado con los que fueron sus herederos. Siempre estaré eternamente agradecido de no haber recibido ningún centavo, porque gracias a ello aprendí una mejor forma de ganarlo por mi mismo, sin que me lo regalaran.

Número 13, el deseo de algo a cambio de nada. ¿Alguna vez les ha preocupado esto? El deseo de algo a cambio de nada, el deseo de algo a cambio de algo de menor valor, o el deseo de algo sin estar dispuestos a dar nada a cambio de ello. ¿Le preocupa esta situación? La verdad ¿quién de nosotros no ha estado en un momento u otro en una situación de estas, me gustaría saberlo? Después de todo, pueden tener muchos defectos, pero lo importante es identificarlos para empezar a trabajar en erradicarlos, esa es la razón por lo que estamos haciendo este análisis. Les estoy dando la oportunidad de estar cara a cara; siendo un juez de primera instancia, siendo la persona demandada y siendo el fiscal, al mismo tiempo y de una sola vez, con la finalidad de que tomen la mejor decisión al final. Y si lo hacen correctamente, les dejará un mucho mayor beneficio a ustedes encontrar sus fallas que para mí encontrarlas por ustedes. Porque si son capaces de identificarlas, no tendrán que buscar excusas ni justificaciones, sino que ustedes mismos se encargaran de deshacerse de ellas.

Número 14, la falta del hábito de tomar decisiones rápidamente y con firmeza. ¿Acostumbran tomar decisiones con prontitud y firmeza? ¿O toman decisiones muy lentamente y después se arrepienten lamentándose de haberlo hecho? ¿Permiten que las circunstancias en contra los hagan revertir una decisión, sin que haya un sólido motivo de por medio? ¿Hasta qué punto se mantienen firmes después de tomar una decisión? ¿Ante qué tipo de circunstancias revertirían una decisión ya tomada? Es correcto, y es un tema en el que deben mantener la mente abierta todo el tiempo, porque nunca se debe tomar una decisión y decir: "Eso es todo, ¡mi decisión será la misma siempre!", eso no es posible porque eventos imprevistos pueden cambiar el curso de la acción en cualquier momento y obligar a revertir esa decisión. Y como saben hay gente testaruda y necia, que una vez que toman una decisión, buena o mala, se mueren con ella. He visto mucha gente así, que prefieren morirse con su decisión que echar marcha atrás y corregir a tiempo. Por supuesto, ustedes no son así, es decir, si ya están realmente adoctrinados con esta filosofía, quizás anteriormente así acostumbraban ser, pero no ahora, sobre todo, después de esta noche.

Número 15, uno o más de los 7 miedos básicos. No voy a insistir en este punto, porque estos miedos están claramente definidos y podrán ustedes calificarse sin ningún problema a placer.

Es un mundo maravilloso en el que vivimos, una vida maravillosa. Me alegro de estar aquí, disfruto haciendo lo que hago. Y si las adversidades se aparecen en mi camino sigo siendo feliz por eso también, porque me ayudará a saber si soy o no más fuerte que ellas. Las adversidades no me preocupan, ni los obstáculos que me impiden avanzar, ni la gente a la que no le agrado y que se expresan cruelmente de mí, porque sé como conquistarlas y superar todo eso en contra. Todo eso no me preocupa. Lo que me preocuparía sería que después de analizarme comprobara

que todo lo que la gente habla mal de mí ¡fuera verdad!
Pero mientras tenga la convicción que no es cierto lo que
dicen, lo único que me provocan es reírme de ellos, por su
incoherencia y el gran daño que se hacen así mismos.
Ahora tenemos una miel de tema, el número 16, la
elección equivocada de pareja en el matrimonio. Tómenlo
con calma, no se aceleren para calificarse en este tema. Si
pensaban equivocadamente que tenían una calificación de
100 por ciento, miren a su alrededor antes de calificarse y
vean si pueden hacer algo para corregir ese error. Tal vez
volver a casarse. He sabido de casos en los que así sucede.
Bueno, como ustedes saben hay algunas personas que
creen que todos los matrimonios son como estar en la
gloria. Claro que sería maravilloso que así fuera, pero la
realidad es diferente, nada más lejos de la realidad.
También he visto algunos matrimonios de negocios, en
donde las relaciones comerciales no es nada parecido a
estar en la gloria. He ayudado a corregir muchos de ellos,
en donde los socios no estaban trabajando juntos en un
espíritu de armonía, y ningún negocio en este mundo
puede tener éxito a menos que sus directivos estén
trabajando en armonía. Y lo mismo pasa en el hogar, nada
puede marchar bien y tener éxito si la pareja no tiene una
adecuada armonía entre ellos.
Esa armonía comienza con la lealtad. La lealtad y la
confiabilidad, y después de eso la capacidad. Esa es la
manera en que yo evaluaría a las personas. Si quisiera
seleccionar a un hombre o mujer para un puesto ejecutivo,
lo primero que haría es comprobar que esa persona fuera
leal a la gente con la que debiera serlo. Si su lealtad dejara
que desear, bajo ninguna circunstancia la elegiría. En
seguida me ocuparía de comprobar su confiabilidad:

verificar si fuera confiable para estar en el lugar correcto, en el momento adecuado y que hiciera sus actividades con la calidad deseable. Y después de todo eso, checaría su capacidad. He conocido mucha gente con mucha capacidad, pero que no son confiables, ni leales y por lo tanto muy peligrosos.

Número 17, la desconfianza en las relaciones de negocios y profesionales. ¿Alguna vez han sabido de alguien que sea tan desconfiado que no confía ni en su propia suegra? ¡Seguro que sí! Una vez conocí a un hombre que era tan desconfiado que se mandó hacer una billetera especial con candado, y él escondía la llave en un lugar diferente cada noche para que su esposa no la encontrara en sus pantalones y le quitara dinero. ¿Será porque él no era una miel? Apuesto a que su esposa lo amaba.

La desconfianza en las relaciones de negocios y profesionales, y el exceso de confianza en todo tipo de relaciones humanas. ¿Han conocido a gente así, que simplemente pecan de confiados? Ya saben, me refiero a ese tipo de personas que les gusta irse de la boca y no son nada cautelosos con lo que dicen ni les importa el efecto que sus palabras causen en los demás. Que lo hacen sin precaución alguna, sin respeto, sin diplomacia y sin tener en cuenta lo que sus palabras puedan provocar en la gente. He visto gente con una lengua más cortante que una navaja de rasurar de doble filo Gillette. Aunque ustedes quisieran cortar la plática, ellas no paran de hablar, obligandolos a dejarlas con la palabra en la boca y huir de inmediato. Hablan sin precaución alguna.

He conocido gente que firma todo lo que un vendedor le ponga enfrente, sin ni siquiera tomarse la molestia de leerlo. Ni siquiera llegan a leer lo que está en letra grande, mucho menos lo que está en letra pequeña. ¿Han visto a gente así? Por supuesto, ustedes no tienen ese defecto. Así que ya saben, pueden ser muy desconfiados o excesivamente confiados, ninguno de los dos extremos es bueno, entonces, ¿Cuál es el justo medio?

El término medio lo puede encontrar en la lección que trata sobre la precisión de pensamiento, en donde nos recomiendan que debemos examinar las cosas cuidadosamente antes de hacerlas, no después, y en donde nos sugieren evaluar nuestras palabras antes de expresarlas, y no después. Presiento que les costará trabajo calificarse con precisión en este punto, creo que así es. Procuren ser lo más sinceros posibles, para mí sería un poco difícil calificarme en los puntos 17 y 18, porque en muchos momentos de mi vida no he sido cauteloso para nada. Creo que la mayoría de mis problemas que tuve que enfrentar en mis primeros días en esta profesión, fueron por haber confiado demasiado en la gente. Permitía que me halagaran y me convencían de usar el nombre de Napoleón Hill para sacarle provecho en beneficio de sus propios intereses, engatusando a mucha gente en mi nombre. Eso me sucedió muchas veces en la vida hasta que llegó el momento de volverme cauteloso y prudente con los demás. Pero definitivamente no llegaría al extremo de la desconfianza con nadie, porque simplemente no se vive tranquilo siéndolo.

Número 19, elección equivocada de socios en los negocios o profesión. ¿Cuántas veces no han oído quejarse a la gente de haberse metido en problemas por asociarse con la gente equivocada? Bien, bien, veo un buen número de manos levantadas. Veamos de todos modos, a ver cuántos son. Bueno, qué más puedo decir, la mayoría de ustedes son muy afortunados. Elegir la gente equivocada para asociarse. Nunca he visto a un joven que sea malo o se haya echado a perder, sin que medie la causa de una mala influencia por parte de alguna otra persona.

Número 20, errónea selección de la vocación o renuncia total para elegir una vocación. Me temo que 98 de cada 100 se pondrían una calificación de 0 en este aspecto. Desde luego, ustedes como estudiantes de esta filosofía, que ya han tenido la oportunidad de ser adoctrinados en la lección número uno, sobre la definición de su propósito, pueden aspirar a mucho más que esa calificación. Lo que es de hacer notar es que en este tema solo caben dos opciones, una calificación de 0 o de 100 por ciento, no hay punto medio, o se tiene un propósito o no se tiene. No procede ninguna otra calificación.

Número 21, la falta de concentración de esfuerzo, es decir, el interés dividido en muchas cosas diferentes. Cuando una persona no es lo suficientemente fuerte y la vida es demasiado breve para garantizar su éxito, tiene forzosamente que aprender el arte de concentrar todo lo que tiene en una sola cosa a la vez y llevar a conclusión todo proyecto que emprenda, haciendo un buen trabajo.

Ahora veamos un tema en el que puede ser muy difícil para ustedes poderse calificar. Número 22, la falta de un control presupuestario para administrar los ingresos y gastos, contar con un método sistemático para el cuidado de sus ingresos y gastos. ¿Saben cómo maneja la cuestión presupuestal una persona promedio? En base a lo que gastan, y por el crédito que pueden obtener de otras personas, eso es lo único. Cuando el crédito se cierra, se limita en sus gastos, pero mientras eso no ocurre, gasta el dinero locamente sin control. Cualquier empresa pronto se iría a la bancarrota si no tuviera un sistema de control de sus ingresos y gastos. Eso es lo que hace un contralor en una organización, y a quien generalmente llaman con el sobrenombre de aguafiestas. Todo negocio exitoso de cualquier tamaño tiene que tener un administrador, un hombre que controle los activos de la empresa, para evitar que se hagan humo en cualquier momento.

Número 23, Fracaso para presupuestar y usar provechosamente su tiempo. Ahora veamos la cosa más preciosa que poseen. Tienen 24 horas disponibles todos los días, 8 horas que deben dedicar a dormir si desean tener salud, en promedio, a veces un poco menos o a veces un poco más, pero en promedio deben ser 8 horas que deben tomarse para dormir. Otras 8 horas para trabajar o ganarse la vida. Y finalmente las 8 horas restantes para dedicarlas al tiempo libre. En otras palabras, aquí en América, como ciudadanos libres, tienen 8 horas para dedicarlas en lo que quieran hacer. Ese tiempo pueden dedicarlo a divertirse, a gastar, a establecer buenos o malos hábitos, o a ocuparlas en educarse a sí mismos y cultivar su mente. Pero en su caso ¿en que ocupan ustedes esas ocho horas? Particularmente será determinante la manera como se califiquen de acuerdo a las siguientes preguntas. ¿Presupuestan su tiempo sacándole el mayor provecho posible? ¿Tienen algún sistema que les permita hacer un recuento de su tiempo? Por supuesto, sus primeras 18 horas prácticamente están destinadas para ocupaciones especificas, pero las otras 8 horas generalmente están disponibles, para usarse en lo

APRENDIENDO DE LA ADVERSIDAD Y LA DERROTA

que deseen hacer. Es flexible. Número 24, la falta de entusiasmo controlado. ¡Aquí hay otra joya también! El entusiasmo es uno de las emociones más valiosas, sin lugar a dudas, siempre y cuando sepamos activarlo y desactivarlo como si fuera la corriente eléctrica o el grifo del agua. Si pueden activar y desactivar su entusiasmo siempre que lo desean y en el momento que quieran, entonces indudablemente tendrían que calificarse con un 100 por ciento en este rubro. Pero si carecen de esta capacidad no hay opción más que llevar su calificación al otro extremo, a una calificación de 0 por ciento. ¿Cómo le hacen para controlar su entusiasmo? ¿Alguna vez le han puesto atención a su fuerza de voluntad y se han preguntado para que se les dotó con ese don? Ustedes tienen el poder de la voluntad, pero ¿cuál es el propósito de este poder?

Es para propósitos de disciplina, el poder de la voluntad es para disciplinar su mente, para que haga lo que ustedes quieran y formen hábitos, cualquier tipo de hábitos que quieran. Nunca he podido averiguar o determinar en mi propia mente, que es lo peor: no tener entusiasmo en absoluto, indiferente a todo, o, tener un entusiasmo al rojo vivo sin poderlo controlar. Los dos son malos. Si alguien me hiciera enfurecer en este momento, desactivaría mi entusiasmo y pondría en operación algo que fuera mucho más apropiado, quizás, para evitar usar palabras groseras e hirientes. Sin embargo, hay ocasiones en que se enciende más rápidamente mi furia que mi entusiasmo, y no lo puedo apagar tan fácilmente. Eso es algo que deben aprender a superar, también. Su capacidad para activar o desactivar cualquiera de sus emociones.

Número 25, la intolerancia, es decir, aquella mente

cerrada basada en la ignorancia o en el prejuicio y conectada con ideas religiosas, raciales, políticas y económicas. Bueno aquí tienen el punto, ¿Cómo se calificarían en este aspecto? Sería maravilloso que alcanzaran un puntaje de 100 por ciento, eso me indicaría que son abiertos en todos los temas, y a todo tipo de personas en todo momento. Pero si fueran capaces de ser así, entonces no serían humanos, más bien serían santos. Pero no obstante, supongo, que hay ocasiones en pueden hacer que su mente sea abierta por momentos a todo tipo de cuestiones. Sé que lo pueden hacer aunque sea a ratos.

Tengo que ser realista y supongo que no podrán aspirar a un puntaje del 100 por ciento como es mi deseo, por los motivos que antes expuse. ¿Cuál es la mejor alternativa para mejorar en este aspecto? Por supuesto, ser tolerante por lo menos ¡parte del tiempo! ¡Eso sí sería bueno! ¡Estaría muy bien! Y ténganlo por seguro que entre más, y más, y más lo intenten llegará el momento en donde su hábito de ser tolerantes remplazará la intolerancia en sus vidas.

Como ya saben, hay gente en este mundo, y lamento decir que son la inmensa mayoría, que cuando conocen a otros, comienzan inmediatamente a buscar las cosas que no les gusta de los demás, y siempre encuentran lo que buscan. Afortunadamente, también está el otro tipo de persona, que he comprobado es siempre mucho más exitosa, mucho más feliz, y siempre es bienvenida en todos lados donde aparece, es esa persona que cuando se encuentra con otra, ya sea un conocido o un extraño, inmediatamente comienza no sólo a buscar las cosas que les gusta de esa persona, sino las complementa, haciendo comentarios que reconocen sus cualidades en lugar de buscar sus defectos.

Siento mucha emoción cuando alguien se dirige a mí y me dice: "¿Es usted Napoleón Hill?" y al responderles: "Si, yo soy el culpable" me contestan: "Quiero decirle Sr. Hill, que sus libros me han dejado mucho provecho." Bueno, ya saben, ese tipo de comentarios me hacen prosperar, me encantan, me hacen sentir muy bien, claro que siempre y cuando no exageren. Ustedes también pueden hacer eso. Hacer sentir bien a la otra persona. Y es que todavía no conozco a alguien que no le agrade un cumplido – aunque se tratara de un gato de naturaleza huraña, basta con una caricia en la espalda, para que se acurruque y empiece a ronronear. Los gatos no son muy amistosos, pero pueden hacer que lo sean, si hacen las cosas que a ellos les gusta.

Número 26, no cooperar con los demás en un espíritu de armonía. Existen circunstancias en la vida, supongo, cuando se justifica una falta de cooperación. ¿No lo creen? Son muchas las circunstancias en donde no es posible la cooperación. A menudo entro en contacto con gente que quieren que haga cosas por ellos que posiblemente no pueda hacerlo, a veces quieren aprovecharse de mi influencia, para beneficiarse con cartas de recomendación o llamadas telefónicas. ¡Simplemente no puedo hacerlo! Me niego a cooperar excepto que el fin justifique los medios y el resultado de mi colaboración sea para una buena causa. Y así lo debieran hacer ustedes también.

Número 27, la posesión de poder o riqueza no adquirida mediante el propio esfuerzo. Espero que no tengan ningún problema con este tema para poderse calificar.

Número 28, falta de espíritu de lealtad a quien es debido. Si tienen la costumbre de tener lealtad en su corazón a quien es debido, pueden calificarse con un 100 por ciento sin problema. Pero la condición es que sea parte de su práctica constante, de lo contrario su calificación deberá ser menor en este punto, a propósito, les sugiero que cuando una calificación sea menor de un 50 por ciento marquen una cruz en ese punto en particular, para que después identifiquen rápidamente aquellos puntos que necesitan volver a estudiar. Tengan cuidado si en todas las causas del fracaso tienen un puntaje menor del 50 por ciento, pues indicaría que están en un punto de riesgo.

Número 29, el hábito de formar opiniones no basadas en hechos comprobables. Como en todos los casos anteriores evalúen lo arraigado que tengan este habito y califíquense según corresponda. Y si su puntaje es menor a un 50 por ciento, comiencen a trabajar en corregirlo de inmediato, y a fomentar el hábito de formar opiniones solo sustentadas en hechos incuestionables y hechos comprobables. Siempre que escucho a alguien expresar una opinión sobre algo del que no sabe nada en absoluto, me acuerdo de una historia que habla de dos hombres que discutían acerca de la Teoría de la Relatividad de Einstein. Metidos en una acalorada discusión sobre el tema, de pronto uno de ellos dice: "Oh, diablos, de todos modos con todo y su genialidad, ¿Qué sabía Einstein acerca de política?" Vamos, ¿Acaso no Einstein lo que dominaba en realidad era el asunto de la relatividad? Bueno, pues hay gente así, que se sienten con el derecho de opinar de todo y de todos, incluso se dan el lujo de opinar que ellos administrarían mejor el país que Eisenhower, o aconsejar a J. Edgar Hoover como hacer mejor su trabajo, y siempre con el derecho de meterse en el trabajo de los demás y opinar como mejorarlo. Definitivamente son personas que no hacen ningún bien con esa actitud.

Número 30, falta de control del egoísmo y la vanidad. El egoísmo y la vanidad son una cosa maravillosa. Si no fueran vanidosos, no se lavarían el cuello o la cara, no se ondularían el cabello, ni se hicieran cortes franceses de moda, como lo hacen las mujeres. La vanidad y un poco de orgullo es necesario, pero como en todo, sin exagerar, ¿verdad? Creo que el lápiz labial es una cosa maravillosa, si no me deja huellas en la camisa. Pueden verse bien usando lápiz labial y poniéndose rubor en la cara, eso es una cosa grandiosa, pero como saben, la naturaleza no deja pasar el tiempo en vano. Y cuando veo a una mujer de 60 o 70 años maquillándose la cara para parecerse a un joven de 16, no puedo menos que reconocer que al hacerlo solo se está engañando a sí misma, ya que ¡nadie más se lo creerá!

El egoísmo y la vanidad. El ego, el ego humano, es grandioso, mucha gente necesita aumentar su ego, para evitar que los problemas de la vida no las hagan pedazos ni las dejen sin fuerza alguna para luchar, sin iniciativa, sin imaginación, y sin fe. Su ego, su ego humano, es maravilloso cuando lo tienen bajo control y no permiten que se vuelva desagradable para otras personas. Nunca he visto una persona exitosa que no tuviera gran confianza en su capacidad de concluir cualquier proyecto que haya comenzado. Y uno de los propósitos de esta filosofía que están estudiando, es que desarrollen su ego hasta el punto que les permitan hacer todo lo que deseen. Pero también hay casos en se necesita recortar un poco el ego de la gente, aunque al final es mayor el número de personas que necesitan aumentarlo que en reducirlo. Son más los que requieren desarrollarlo.

Número 31, la falta de visión e imaginación. Nunca he podido determinar exactamente si esta gran capacidad de visión e imaginación es una cualidad heredada o adquirida. Creo que tal vez en mi caso fue heredada, porque hasta donde recuerdo era muy pequeño cuando ya tenía demasiada imaginación, y esa fue una de las causas que me metiera en tantos problemas en mi infancia, tenía demasiada imaginación y no sabía orientarla en la dirección correcta.

Número 32, falta de voluntad para Ir el kilómetro extra. Esta es una joya, ya que si tienen el hábito de aplicar este principio y disfrutan haciéndolo, más allá de lo importante que es, entonces tienen una alta probabilidad de crear obligaciones en los demás por los servicios que ustedes prestan voluntariamente. Esas obligaciones con ustedes no llegan a ser una carga cuando actúan sobre esta base, pues ustedes crean esa obligación por el servicio voluntario de hacer siempre un esfuerzo adicional, y justifican de ese modo, el uso legítimo de las personas, su influencia, su educación, sus habilidades, y otras cosas, que les ayudará a lograr el éxito en todo lo que hagan. ¿Saben cómo conseguir que la genta haga todo lo que ustedes quieran?

Así es, ¡Haciendo primero algo en beneficio de esas personas! Debo reconocer que esta definición es tan buena como cualquiera que se me hubiera ocurrido después de pensarla en todo un año. Hagan algo por los demás en primer lugar, eso es lo correcto. Y estarán de acuerdo que es muy fácil hacer algo bueno por otra persona - ni siquiera tienen que preguntarle, ¿verdad? No, no tienen que preguntarle. ¿Cómo se calificarían en este punto? ¿Cuántas veces, han visto que la gente haga larga fila para ayudarlos cuando más lo necesitan? ¿Qué hacen para motivar anticipadamente a esa gente para que les ofrezcan ayuda en casos de necesidad? Por supuesto, esto no consiste nada más en salir y aplicar el principio del kilómetro extra en un minuto, y esperar que al siguiente minuto la persona a la que ayudamos nos retribuya con lo doble del servicio que le prestamos. Esto no funciona de esa manera. La retribución llega en el momento justo. Desafortunadamente, mucha gente aplica el principio buscando solamente la conveniencia. Lo hacen sólo para comprometer a la gente que ayudan y no esperan ese momento justo. Lo que hacen es ayudar, y para que no se olvide esa ayuda, por así decirlo, de inmediato piden por cada favor, dos o tres a cambio. ¿No han tenido esa experiencia? ¿Acaso no han visto a tanta gente cometer ese error? Por supuesto, ustedes no cometen este error, pero ¿qué tal los demás? O ¿no?

Creo que si tuviera que seleccionar un principio de esta filosofía que a mi criterio fuera el que más puede ayudar a la mayoría de la gente, no dudaría en afirmarlo que sería el de ir un kilometro extra. Porque es un principio que no puede controlar a nadie que quiera hacer algo por los demás. Ustedes no tienen que pedir permiso a nadie por el privilegio de salirse de su rutina para prestarle ayuda a la gente, y además, desde el preciso instante que lo hacen se benefician por la Ley del Contraste, ya que la mayoría de la gente no acostumbra hacerlo.

Veamos ahora el número 33, el deseo de venganza por agravios reales o imaginarios. ¿Qué es lo peor, tener un deseo de venganza por un agravio real, un daño que alguien les haya hecho, o un agravio imaginario? Piensen bien ahora en lo que les voy a preguntar ¿Qué ocurre con ustedes cuando tienen un deseo de venganza por cualquier motivo? ¿Sienten pena por el agraviado? Ah, ese es el punto, les duele hacerlo. ¿Cómo les afecta a ustedes? Se llenan de negatividad. Esa es la idea exactamente. Envenenan su mente, incluso envenenan su sangre si el odio se extiende por mucho tiempo. Cualquier tipo de actitud mental penetra en la sangre e interfiere con su buena salud.

Número 34, el hábito de inventar excusas en vez de buscar resultados satisfactorios. ¿Hasta qué punto comienzan inmediatamente a buscar una justificación cuando cometen un error o, cuando hacen algo que no resulta bien, o cuando se olvidan de hacer lo que deberían haber hecho. ¿Hasta qué punto pueden cometer un error y reconocerlo, diciendo: "Bueno, fue mi culpa," enfrentando las consecuencias de sus errores, y no optando por comenzar a buscar una serie de excusas para justificar lo que hicieron mal o dejaron de hacer? Ahora bien, de acuerdo a la siguiente pregunta, será la calificación que se pongan. ¿Hasta qué grado tienen arraigado este hábito?

En realidad, yo diría que si ustedes son personas normales, y lo más probable es que lo sean, es natural que busquen excusas para justificar lo que hacen mal, lo que se abstienen de hacer, o lo que dejan de hacer, no es raro que así suceda en un persona promedio. Si resulta que no son como la gente promedio – lo que es un hecho que así será cuando acaben de estudiar esta filosofía – no acostumbrarán apoyarse en excusas porque saben que solo son muletas que en cualquier momento los pueden dejar caer. Lo mejor es enfrentar los errores y reconocerlos, y reconocer sus debilidades. La autoconfesión es una cosa maravillosa, que le hace muy bien al alma. Cuando realmente saben en donde están sus fallas y los reconocen con sinceridad, no tiene que divulgarlos con todo mundo, bastará con confesarlos solamente donde sea necesario hacerlo. Una de mis estudiantes vino a mi oficina hace unos días y me hizo una confesión que le dejó más provecho, que todo lo que ha vivido desde que era una niña. Esta estudiante sufría mucho porque todavía no había aprendido a distinguir la diferencia entre las necesidades de tener cosas y su derecho a tenerlos. ¿Alguna vez habían pensado en ello? Esta muchacha tenía muchas necesidades y estaba dispuesta a obtenerlas aunque fuera por el camino equivocado. Muchas personas cometen el mismo error, no saben distinguir entre lo que necesitan y lo que tienen derecho a tener.

Número 35, la falta de Confianza. Este es un tema en el que les costará un poco poderse calificar, pero en términos generales, ustedes saben perfectamente si son confiables o no, o si su palabra es digna de confianza. Saben muy bien si su desempeño en su ocupación o trabajo es confiable. Saben si su papel como hombre de familia, como esposo o padre es digno de encomio o no. Saben si es digna de confianza su relación con la gente que les otorga créditos. Eso ustedes los saben muy bien. ¿No les parece que es algo grandioso gozar de confiabilidad entre nuestros amigos? Saber exactamente dónde están, y a donde irán, sin importar lo que suceda. ¿No es algo maravilloso tener la confianza de sus seres queridos, y saber que no van a defraudarlos bajo ninguna circunstancia, en ningún momento, y bajo ningún pretexto? ¿Cuántos de ustedes tienen siquiera una media docena de personas así en sus vidas? Que sean absolutamente confiables en toda circunstancia. Oh, oh dios mío, ¡qué suerte de grupo de personas tengo aquí! Lo único que les puedo decir es que si llegaran a tener tan solo a tres personas así en toda su vida, ténganlo por seguro que serían realmente afortunados. Las personas que son confiables bajo cualquier circunstancia, no estoy seguro, pero les puedo asegurar que las podría contar con los dedos de mi mano, y aún así me sobrarían dedos. La confianza, qué cosa tan maravillosa es.

Número 36, falta de voluntad para asumir responsabilidades por las retribuciones que recibimos de la vida. En otras palabras, nuestro deseo por las cosas buenas de la vida, un buen sueldo, una buena casa, un buen coche, un lujoso armario de ropa, pero sin la disposición para asumir las responsabilidades por el derecho a esas bendiciones. ¿Cómo se calificarían en este punto? En otras palabras, ¿estarían dispuestos a asumir las responsabilidades necesarias derivadas de tener el derecho a recibir todas las cosas que desea obtener de la vida? Califíquense según su respuesta a esta pregunta.

Número 37, no obedecer a nuestra conciencia cuando así nos conviene. ¿A veces le dicen a su conciencia que se haga a un lado por unos momentos, para que no vea la transacción de negocios poco transparente que están a punto de hacer? ¿Alguna vez lo han hecho? Oh, por favor, no vayan a creer que les voy a pedir que levanten la mano en esta ocasión. ¡Para nada lo haría! Quizás lo han hecho algunas veces y se lo guardan, pero dudo que lo hayan convertido en un habito de vida, y que hayan convertido a su conciencia en una conspiradora, que respalde todo lo malo que hagan. Eso sí sería realmente malo.

Esa conciencia se lea dio un Creador omnisapiente para que siempre supieran lo que es correcto e incorrecto y no tuvieran que preguntarle a nadie. Si están en buenos términos con su propia conciencia, le piden orientación en todas las circunstancias y dejan que sea su guía, felicítense porque son muy afortunados, ya que la han usado correctamente. Pero si hay momentos en los que vacilan, haciendo a un lado a su conciencia cuando así les conviene, entonces no duden en absoluto que tendrán que calificarse muy bajo y empezar a trabajar en corregir esa deficiencia. Creo que es algo extraordinario que el Creador nos haya dotado a cada individuo con un juez calificador, por así decirlo, que juzgara todos nuestros actos, acciones y pensamientos para decirnos cuando son correctos o incorrectos.

Número 38, el hábito de preocuparnos innecesariamente por las cosas que no podemos controlar. ¿Cómo se calificarían en este punto? La innecesaria preocupación por cosas que no podemos controlar. Si no puede controlar lo que les preocupa, ¿Qué se puede hacer al respecto?

Pueden adaptarse a todo aquello que no pueden controlar teniendo una actitud mental positiva, para no permitir que esa circunstancia los desanime. O pueden transmutar lo que les preocupa en algo más que pueda ser controlable.

Número 39, no reconocer la diferencia entre un fracaso y la derrota temporal. ¿Alguna vez han pensado en eso? ¿Cuando decimos que un fracaso lo es?

Están en lo correcto. Es un fracaso cuando se acepta como tal. No importa cuáles sean las condiciones, basta con que se acepte como un fracaso, eso es todo. ¿Un fracaso lo es siempre que se acepta como tal? No, por supuesto que no. Es derrota temporal, tal vez, pero ciertamente no es un fracaso. Si se dedicaran a las ventas, y tomaran un *no* como respuesta la primera vez que lo oyeran, nunca llegarían a ganarse la vida como vendedores. Porque es más fácil obtener un *no* de la gente que obtener un *sí*, pero indudablemente esa no es una respuesta definitiva, sólo significa que el comprador aún no ha sido convencido por el vendedor. El fracaso y la derrota temporal. ¿Quién determina si una circunstancia en la vida es una derrota temporal o un fracaso, quién determina eso? Es correcto. Nosotros mismos lo determinamos.

Y el número 40, la falta de flexibilidad para adaptarse a las diferentes circunstancias de la vida. La falta de flexibilidad mental. ¿Creen ustedes que a veces es necesario tener que convivir e interactuar con compañeros que son desagradables, personas que no nos caen bien, pero con las que tenemos que ir juntos por la vida hasta que ellos así lo decidan? Por supuesto, que podrían hacerlo, pero quizás de esa relación solo les tocaría la peor parte. Solo por un tiempo podrían soportarlos. Pero cualquier incidente por pequeño que fuera se magnificaría y esto generaría dificultades irreconciliables entre ambos. Lo mejor sería ignorar todo aquello que fuera alimento para los incidentes – finalmente el tiempo es una cura maravillosa, un agente maravilloso, el mejor médico sobre la faz de la tierra, ¿la madre tiempo o el Padre Tiempo? Bueno, de todos modos, ¡a lo mejor es ambos géneros a la vez! Muchas son las cosas en este mundo que pueden curarse sólo con la ayuda del tiempo.

Ahora bien, hay gente que se enoja a muerte consigo misma y que se desgasta provocando incidentes muy tontos, por pequeñas cosas sin importancia cada día de su existencia, y no hay día de su vida que no hagan un incidente de algo simple y tengan escenas desagradables con alguien más. Por supuesto, como estudiantes de esta filosofía, sería lógico obtener una calificación, digamos, de por lo menos un 80 por ciento en este punto que es la flexibilidad. O sea, la capacidad de adaptarnos a las circunstancias que no nos gustan, sin tener que causar incidentes por esa causa.

Es posible que tengan alguna causa muy peculiar de fracaso que no haya sido tratada en esta lección en absoluto. Si así fuera, sería interesante conocerla, porque complementaría el buen catalogo que aquí hemos presentado de aquellas causas que hacen que las personas fracasen. De esta lista de 40 causas del fracaso ¿Qué creen que sea lo más interesante?

¡El hecho que ustedes pueden hacer algo para remediarlas! ¿Lo creen? ¿O qué caso tendría para mi haber hecho este análisis a sabiendas que no podrían hacer nada al respecto? Ustedes pueden erradicar todas y cada una de estas causas. Y lo mejor es que lo pueden hacer de inmediato. Algunas de ellas quizás tomen un poco más de tiempo para convertirlas en hábitos positivos. Pero en su mayor parte, cada una de estas causas de fracaso puede desaparecer de su carácter esta misma noche, con tan solo tener la determinación de hacerlo, para transformarlas en circunstancias agradables.

No importa la adversidad que hayan tenido, acuérdense de todo lo que hayan sufrido en contra hasta antes de tomar esta lección, recuerden lo que han hecho los últimos diez años y tomen cada circunstancia desagradable que hayan vivido, procurando buscar las semillas de un beneficio equivalente que hayan tenido como consecuencia de las adversidades sufridas, y que con seguridad llegaron a sus vidas, pero no la aprovecharon. Es muy difícil encontrar la semilla de un beneficio equivalente en una circunstancia desagradable, mientras la herida sigue abierta y haciendo daño. Pero una vez más, el tiempo es importante, para no dejarse vencer por los problemas y aprender de ellos, examinándolos cuidadosamente para identificar ese beneficio equivalente que traen consigo.

Con esto concluye la discusión de Aprender de la Adversidad y la Derrota, el duodécimo principio de *Su Derecho a Ser Rico*.

LA COOPERACIÓN

En el siglo XVI, el gran escritor John Donne escribió las palabras inmortales: "Ningún hombre es una isla." Ese pensamiento, tal vez esas mismas palabras, inspiraron al Dr. Hill para incluir a la cooperación como uno de los pilares de su filosofía. La cooperación, a veces conocida como el trabajo en equipo, es el principio XIII. Parece un tema muy sencillo y obvio; ¿entonces por qué es tan importante? Considere este pensamiento con atención: muy pocos, si no es que ninguno, de los logros importantes o duraderos nunca los ha logrado un hombre o una mujer trabajando solos. Todos necesitamos de los demás. Incluso los inventores solitarios que trabajaban de manera aislada durante años en sótanos o áticos, una vez que concluían sus inventos, necesitaban de personas con experiencia en producción para fabricar y empaquetar el producto, vendedores para anunciarlo y promoverlo, y comerciantes para conseguir los clientes. ¿Qué organización humana conocen, ya sea en el hogar, en la escuela, en el gobierno o en la industria, que realmente puedan ser exitosas sin que sus miembros trabajen armoniosamente juntos hacia un objetivo común? La cooperación es una idea muy poderosa, que implica el desarrollo y utilización de un aspecto particular del espíritu humano, una parte de nuestro espíritu que reconoce la unidad de la gente, y la participación de toda la humanidad. La verdadera cooperación no deja lugar para el egoísmo o la avaricia. Comencemos entonces, con los dos tipos básicos de este bien indispensable. Y con ustedes una vez más presentamos al Dr. Napoleón Hill.

Existen dos tipos de cooperación, uno basado en la fuerza o la obligación, y la otra que es de carácter voluntario, basada en la acción voluntaria, basada en motivos. La gran mayoría de todos los casos de cooperación, en mi opinión, están basados en la fuerza o la obligación. Frecuentemente los empleados cooperan con su empleador, bajo un cierto grado de obligación en esa acción, cierto miedo de que si no cooperan, son despedidos de sus puestos de trabajo. Hay otras circunstancias en las que los empleados cooperan con su empleador, en la que éste proporciona condiciones tan benéficas para sus trabajadores que ellos laboran voluntariamente.

Cualquier tipo de cooperación forzada, basada en la obligación, no es deseable, porque la gente sólo coopera forzadamente. Cuando llegan al punto de no tener que hacerlo ya más bajo esas condiciones, inevitablemente tienen que dejar de hacerlo en esa organización. En términos relativos, existe solo un pequeño porcentaje de empleadores en los Estados Unidos que entienden la ventaja de que sus trabajadores colaboren con ellos voluntariamente, en un ambiente amistoso donde los beneficios son extensivos hasta los empleados.

La cooperación difiere del principio del Trabajo en Equipo, porque está basada en la coordinación de esfuerzos, sin involucrar necesariamente el principio de la definición de propósito o el principio de la armonía. Los hombres que trabajan en el servicio militar, por ejemplo, trabajan a las ordenes de oficiales de rango superior, representando en su conjunto mucho poder basado en la cooperación, pero sin que ello involucre que necesariamente haya armonía o que disfruten haciendo lo que hacen. En ese caso hay un cierto grado de obligación en ese grupo. Simplemente hacen lo que están obligados a realizar. A veces les gusta lo que hacen, pero otras veces no. La cooperación basada en el principio del Trabajo en Equipo es el medio que posibilita obtener mucho poder personal que no puede adquirirse sin la ayuda de estos principios, un hecho que los coloca en la categoría de indispensables.

La cooperación es indispensable en cuatro ámbitos importantes, que son: en el hogar, en el trabajo o profesión, en las relaciones sociales, y en nuestro apoyo al gobierno y la libre empresa. Ciertamente, en todo ellos la cooperación es obligada. Y si todos los ciudadanos cooperaran en esos cuatro aspectos, sin duda este sería un mejor país del que ya tenemos.

Ahora veamos ejemplos de cooperación no basados en el principio del Trabajo en Equipo, entre ellos podemos mencionar: a los soldados que trabajan bajo las regulaciones del ejército; los empleados que trabajan bajo las normas del empleo; los funcionarios del gobierno que trabajan bajo las leyes de la nación; los profesionales, como abogados, médicos, dentistas, que trabajan bajo las reglas de la ética de su profesión; y los ciudadanos de una nación gobernados bajo la mano dura de un dictador. Según esto, se puede observar la forma en que un esfuerzo cooperativo asume mayor poder cuando el principio de la cooperación se combina con el principio del trabajo en equipo, basado en la armonía y en un motivo definido.

Un ejemplo de lo anterior son los funcionarios de gobierno. Cuando ellos se dedican a trabajan en armonía con el apoyo de la mayoría de la gente, como sucedió en el primer mandato del presidente Roosevelt, se pueden enfrentar emergencias como la gran depresión que generó motivos de armonía, y uno de ellos fue el deseo de la recuperación económica que afectaba a toda la nación. Nunca he visto un ejemplo más fino del poder que se logra cuando se combinan los principios de la cooperación y de trabajo en equipo como el que presencie en la administración del presidente Roosevelt durante su primer mandato. Teníamos un motivo, que era el de la sobrevivencia. Estábamos en peligro, teníamos una emergencia, y tuvimos que cerrar filas en torno al presidente, sin importar si estábamos de acuerdo con sus principios políticos o no. Y lo hicimos, lo hicimos grandiosamente durante un tiempo, pero tan pronto como pasó la emergencia, o disminuyó la crisis, comenzó a extinguirse esta fascinante combinación de principios. Como resultado, antes de que Roosevelt finalmente terminara su mandato, se manifestaron inconformidades y falta de armonía y muchas otras cosas más, que causaron en la gente preocupación, molestia y derrota.

Empleadores y empleados deben tener un motivo de armonía como el que inspiró a la Compañía Arthur Nash Clothing Company de Cincinnati, cuando tuvo que enfrentar la bancarrota. Mientras me encontraba trabajando en la Revista Golden Rule, recibí una angustiosa llamada del señor Nash, de la empresa de ropa Nash de Cincinnati, pidiéndome que fuera a verlo hasta esa ciudad. Cuando llegué allá me di cuenta del serio problema que enfrentaba esta persona, estaba en bancarrota. No era fácil de explicar esta situación, ya que durante muchos años se había caracterizado por ser una empresa muy próspera, que de pronto dejo de serlo hasta caer en una grave situación financiera donde ni siquiera tenían fondos suficientes para el pago de la nómina. Después de examinar la situación cuidadosamente en compañía del Sr. Nash, le dije: "Sólo hay una cosa que puede salvar a su negocio, y es la de crear un plan que le ofrezca a sus empleados una nueva oportunidad de vida, para que ellos pongan su corazón y alma en el negocio, y vayan de la mano con usted para salvar la empresa." Como resultado, elaboramos un plan que posibilitaba que todos los empleados al final del año recibieran, además de sus salarios normales, un bono adicional que consistía en un porcentaje de las ganancias del negocio. Aparte de otras ventajas en las que no entraré en detalle, pero que en suma mejoraban notablemente la condición de los trabajadores. Finalmente, el Sr. Nash reunió a todos los empleados y les informo del plan que tenía en mente.

Les dijo: "Debo informarles en primer lugar que la empresa está en quiebra y que no tenemos suficiente dinero para pagar la nómina de la próxima semana." Y agregó: "Durante mucho tiempo, este negocio ha ido cuesta abajo y he notado al mismo tiempo la falta de interés que demuestran en lo que hacen, ya sin ese entusiasmo que solían tener anteriormente. Se ha perdido espíritu de trabajo. Ahora solo nos queda recuperar ese espíritu, su disposición y entusiasmo para salir de esta crisis, todos estamos en el mismo barco y con el esfuerzo de todos podremos salir de esta bancarrota. Tengo un plan basado en la Regla de Oro que tengo confianza en que funcionará. Tengo un plan que comenzará a operar a partir del próximo lunes por la mañana en que se presenten a laborar, solo que ahora trabajarán con la misma actitud mental que tenían para el trabajo hace diez años, cuando este negocio era próspero. Les pagaré sus salarios tan pronto como haya ganancias, incluyendo pagos atrasados como el correspondiente a la próxima semana que no podré pagar, y si logramos levantar el negocio, mi compromiso es que al final del año las utilidades que se obtengan sean repartidas entre todos, como si fueran ustedes accionistas de esta empresa Voy a salir un momento de la habitación para que puedan hablar del asunto en confianza y ya cuando tomen una decisión al respecto me mandan llamar por favor."

El Sr. Nash y yo nos fuimos a almorzar. Nos habíamos desaparecido aproximadamente durante una hora, cuando llegó un mensajero avisándonos que solicitaban nuestra presencia en la reunión. Regresamos a conocer la decisión a la que habían llegado. Su decisión fue que no solo aceptaban la propuesta, sino que al siguiente día llevarían dinero ahorrado para ponerlo a disposición del Sr. Nash - algunos de ellos tenían dinero guardado en calcetines viejos, otros en latas, y otros más en cuentas de ahorro – el caso es que reunieron una suma de $ 16,000 dólares en efectivo que pusieron en el escritorio del Sr. Nash a su disposición. Y le dijeron: "Aquí tiene Sr. Nash, usted nos demostró su confianza y esta es la manera en que le correspondemos. Todo este dinero lo hemos ganado aquí.

No es mucho. No es mucho, pero si puede serle de ayuda, úselo, y cuando pueda nos lo devuelve, si es que puede y si no puede, no hay problema." Con este gesto habían demostrado que habían recuperado su espíritu de cooperación.

La compañía comenzó a prosperar, y antes de que el señor Nash muriera diez años más tarde, su empresa se había convertido en el negocio de ropa de venta por correo más próspero de todos los Estados Unidos, y hasta donde sé todavía lo es hoy en día, a pesar de que su dueño ya no está entre nosotros. Estamos hablando de un mismo negocio, con una misma ubicación, que fabricaba el mismo tipo de ropa, y con los mismos empleados, que un día cayó en bancarrota y al siguiente día se levantó para tener éxito en gran escala. ¿Qué fue lo que ocurrió allí? ¿Hubo un cambio de qué?

¡Un cambio de Actitud Mental! ¿Qué les hizo cambiar su actitud mental a los empleados? ¿Fue el miedo de llegar a perder sus puestos de trabajo? No, no era eso, ¿verdad? Tenían un motivo. El Sr. Nash los había inspirado con su sinceridad al hacerles una oferta de ese tipo. Se sintieron agradecidos. Sabían que él era sincero y decidieron corresponderle de la misma forma. No estaban dispuestos a abandonar el barco. Y cuando se tiene un grupo de gentes dispuestas a cooperar, no importa el tipo de problemas que se tengan que enfrentar, porque se logran superar exitosamente. Siempre se logra.

Ahora hablemos del Club Rotario y sus miembros en todo el mundo, ya que son un maravilloso ejemplo de lo que es el principio del Trabajo en Equipo y la armonía en una organización. Recuerdo que cuando se creó el Club Rotario, yo pertenecí al primero que se creó aquí en

Chicago. Fui parte del grupo original que organizó Paul Harris. En aquellos días, el propósito del club era honrar a Paul Harris y contribuir al desarrollo de su práctica legal sin violar su ética. Ese era el propósito original. Pero con el tiempo se amplió su objetivo y entonces la idea fue la de desarrollar amistad entre los miembros. Una buena intención. Con el tiempo, el Club Rotario se extendió por todo el mundo y se convirtió en una organización influyente que busca las buenas acciones en todos lados donde llega.

Nada se hace en este mundo sin que haya un motivo de por medio, debe existir un motivo en todo lo que se hace o se deja de hacer. La única persona que hace las cosas sin un motivo es un loco. No necesita un motivo.

Bueno, un primer motivo puede ser, la oportunidad de obtener una mayor retribución y promoción, es uno de los motivos más importantes para que exista una cooperación amistosa. Y donde quiera que se ponga en práctica, siempre se traduce en beneficios y retribuciones muy provechosas.

Un segundo motivo, el reconocimiento a la iniciativa personal, una personalidad agradable y un trabajo destacado. Existe un fuerte motivo que inspira a la cooperación, y es el reconocer los meritos de las personas. Cuando alguien haga un buen trabajo, ¡díganselo! ¡Hagan algo al respecto! Conozco a un empleador que tiene una agenda con todas las fechas de cumpleaños de sus trabajadores, y de sus esposas e hijos, y a cada uno de ellos les envía un regalo y una tarjeta firmada personalmente por él en esas fechas. Obviamente, su organización es parecida a una gran familia. En otras palabras, su empresa es la extensión de su hogar ganándose el corazón de todos sus colaboradores, y haciéndole un bien a él mismo. Un tercer motivo, interesarse en los problemas de los demás. Ya saben, un motivo poderoso también para obtener una cooperación amistosa, es mostrar interés en los problemas de la gente con las que estén asociados o con las que están trabajando, ayudándoles a resolver sus problemas. Aunque mucha gente dice, "Bueno, después de todo, mis problemas son solo míos, y los problemas de los demás son de ellos, para que meterme en lo que no me importa." Sin embargo, ustedes tienen derecho a hacerlo, si así lo quieren, solo consideren que hacerlo no les dejará nada de provecho, ni de beneficio. Si quieren tener muchos amigos y beneficiarse de su cooperación, simplemente miren a su alrededor, y donde vean que pueden ser de ayuda a la gente, comiencen a hacerlo de inmediato.

Otro motivo, tener un sistema de competencia amistosa entre departamentos y un sistema de cooperación amistosa entre individuos. En una organización de ventas, por ejemplo, se puede tener grupos diferentes compitiendo con otros grupos de la misma organización sobre una base amistosa. Todos ellos intentando hacer lo mejor posible su trabajo con el fin de ganar, debido a su buen espíritu deportivo. Y los gerentes de ventas, que son capaces muchas veces, establecen ese tipo de motivación para inspirar a sus vendedores a desempeñarse mejor.

Otro motivo es la esperanza de futuros beneficios en forma de un objetivo aún no alcanzado que se pude conseguir mediante la cooperación mutua. En otras palabras, algo que ustedes quieren llevar a cabo con un grupo de personas donde la meta se alcanza únicamente cuando todos jalan en la misma dirección al mismo tiempo, en un espíritu de armonía.

Puede haber otros motivos más, en el caso particular de cada uno de ustedes, para obtener la cooperación de alguien más, de acuerdo al tipo de ayuda que requieran. Solo que al hacerlo no olviden que la cooperación que busquen sea voluntaria y no obligada, esperando sacar provecho de ella, porque cuando así se hace, tarde o temprano la colaboración se transforma en resentimiento.

El método de motivar a la cooperación de Andrew Carnegie se basa en cuatro principios. En primer lugar, estableció una motivación monetaria a través de promociones y bonos. Ese fue uno de los motivos más poderosos e influyentes de persuadir a sus empleados a cooperar. En otras palabras, todos los hombres que trabajaban para Andrew Carnegie sabían que tenían la posibilidad potencial de convertirse en ejecutivos muy bien pagados. Era común ver que cada trabajador se esforzará en no conformarse y aspirar a escalar hasta lo más alto.

En segundo lugar, su sistema de preguntas. Él nunca reprendía a ningún empleado ofensivamente, prefería que el mismo empleado reconociera sus fallas y se sancionará él o ella misma por medio de preguntas que Carnegie ingeniosamente les formulaba con ese propósito. Eso es una maravilla, ¿no creen? Cuando quería llamarle la atención o disciplinar a algún trabajador, lo llamaba y comenzaba a hacerle preguntas que solo podían ser contestadas de una sola manera, que era el tipo de respuesta que Carnegie quería escuchar. Creo que era un sistema muy ingenioso. Y cuando quería que el mismo empleado reconociera sus faltas, lo hacía a través de preguntas dirigidas de tal modo que no pudieran escaparse de reconocer sus errores, ni de recurrir a las mentiras, pues ellos sabían muy bien lo detestable que resultaba una mentira para Carnegie. Ese sistema demuestra lo inteligente que era el Sr. Carnegie. Sabía cómo reprender a su gente sin tener que herirlos u ofenderlos innecesariamente. En tercer lugar, él siempre tenía uno o más empleados capacitándose para su puesto. Y varios de ellos fueron exitosos. ¿No les parece poco común y grandioso que un empleador tenga a un grupo de personas capacitándose para que ocupen su puesto? ¿No creen que sería motivarlos a ser desleales, ¿verdad? ¿No creerán que con ese privilegio se dedicaran a la buena vida y se olvidaran de ir el kilometro extra, ¿verdad? Porque si así lo hicieran, sería una verdadera tontería de su parte. El Sr. Carnegie sabía cómo colgar las ciruelas para no dejarlas al alcance de los demás, por así decirlo, de tal manera que procuraba que siempre estuvieran un poco más arriba de donde se pudieran alcanzar, y de ese modo motivar a la gente a esforzarse más para aspirar a lo más alto. Eso era mucho mejor que sembrar el miedo en el corazón de las personas por perder su empleo o algo por el estilo, como tantos empresarios lo acostumbraban hacer.

Y en cuarto lugar, nunca tomaba decisiones por sus empleados, siempre los animaba a que tomaran sus propias decisiones y a ser responsables de las consecuencias derivadas de hacerlo. Algo grandioso, ¿no creen? Tampoco tomaba decisiones por sus ejecutivos, ni por los de menor rango, ni en el caso de los aspirantes a ejecutivos.

En cierta ocasión estaba en la oficina del Sr. Curtis, Cyrus H. Curtis, propietario del *Saturday Evening Post*, que fue también uno de los colaboradores en la construcción de esta filosofía, estábamos platicando cuando su yerno,

Edward Bok, entró, y nos ofreció disculpas por interrumpir nuestra reunión, y dijo: "Disculpen pero es que hay algo que tengo que hablar con el Sr. Curtis y que requiere de una respuesta inmediata de su parte", y tenía un telegrama en su mano. Empezó a explicarle a su suegro que tenían problemas con el suministro de papel que necesitarían para todo el siguiente año, y que representaba mucho dinero. Era el papel que ocuparían para la revista *Ladies Home Journal*, y quizás también para el *Saturday Evening Post*, y quizás hasta para la publicación *Country Gentleman*, para todos esos medios impresos. Le explicó a su suegro cual era el problema y le dijo que habían tres cosas que podían hacer al respecto. Y los mencionó. Y dijo: "Ahora lo que quiero es que me diga, que es lo que debo hacer al respecto"

¿Les interesaría saber lo que respondió el Sr. Curtis? Lo que él hizo fue analizar brevemente cada una de las tres opciones, cada una de esas tres posibilidades, las analizó según sus puntos buenos y malos. Y cuando terminó, le dijo: "Esa es tu responsabilidad. La mía es analizar, y tu responsabilidad es determinar cuál de los planes vas a adoptar." Y Bok respondió:" Bueno, gracias," y salió, y cuando se fue, el Sr. Curtis dijo: "Si toma la decisión equivocada nos costará casi un millón de dólares." Y le dije: "Bueno, y entonces ¿por qué no le dice la decisión correcta?" Y me respondió: "Si lo hubiera hecho, hubiera causado la ruina de un buen ejecutivo. Es por eso que no lo hice." El Sr. Bok llegó a ser un buen ejecutivo, convirtió a la revista *Ladies' Home Journal* en la más destacada de su tiempo, pero no lo hizo por tener a un suegro que tomaba decisiones por él, sino porque el mismo tomaba decisiones acertadas.

Eso es precisamente lo que hizo al señor Carnegie un hombre tan exitoso, que enseñaba a la gente a tomar decisiones, y que fueran responsables de las consecuencias de hacerlo. Ese es un tema algo importante también. Nuestro sistema estadounidense de libre empresa permite la cooperación amistosa cuando no es interferida por influencias externas, por el afán de lucro. En los Estados Unidos, si le quitamos el afán de lucro, le quitaríamos la parte negativa y dañina a todo nuestro sistema de libre empresa. Sin embargo, hay ciertos grupos de presión que siempre están tratando de que eso no suceda, y esté presente en todo momento el deseo de lucrar. Recuerden que siempre debe haber un motivo en todo lo que hagan, y que todos nosotros creemos en el sistema de libre empresa de nuestra nación, porque es la mejor combinación de motivos que existe en todo el mundo.

No sé lo que opinen de esta filosofía hasta este punto en el que hemos avanzado, pero quiero decirles lo siguiente, antes de cerrar esta lección. Que si ustedes llegan a aprovechar el 50 por ciento de los beneficios que están disponibles en esta filosofía, si tan solo obtienen el 50 por ciento de los beneficios, y no el 100 por ciento, bastará para cambiar para bien sus vidas y transformar el año que está por venir en el mejor año de sus vidas. Y de aquí en adelante, por el resto de su existencia, podrán disfrutar de un destino controlado, que podrán diseñar a su gusto, y donde no faltará la felicidad, el placer, la alegría, la seguridad, y donde podrán disfrutar de la amistad y la buena voluntad de la gente que los rodea, porque habrán creado las circunstancias para tal efecto.

Con esto concluye la discusión de La Cooperación, el principio décimo tercero de *Su Derecho a Ser Rico*.

VISIÓN CREADORA

Hombres y mujeres han cultivado y utilizado el gran don de la visión creadora, a veces llamada imaginación, son los responsables de los beneficios de la civilización tal como la conocemos hoy en día. La visión creadora es el principio decimocuarto de *Su Derecho a Ser Rico*. Los ejemplos de los resultados de la aplicación de este principio están a nuestro alrededor, pero quizás uno de sus más claros ejemplos se pueden encontrar en la película *2001: Odisea del espacio*. En una escena en particular cerca del inicio de la película, una criatura parecida al simio lanza un hueso al aire. Conforme se mueve en espiral hacia el cielo, de repente, tanto nosotros como la película damos un salto espectacular de miles de años hacia adelante en el tiempo, para toparnos repentinamente con la imagen del hueso en una nave espacial volando por encima de la Tierra. La visión creadora ayudó a que se hiciera realidad la existencia del proyector de cine y la pantalla en la que vemos la escena, lo mismo que el reproductor de video y la televisión en donde podemos ver la película desde casa. La visión creadora también fue lo que permitió crear el vestuario de los actores, construir los modelos de las naves espaciales, los decorados, la construcción de los micrófonos que registran el sonido, y las cámaras que registran la imagen. Por supuesto, fue a través de la visión creadora que el escritor Arthur C. Clarke escribió esta novela clásica, y por medio de esa visión Stanley Kubrick convirtió ese libro en una película histórica. De hecho, simbólicamente esa sola escena que hemos mencionado ejemplifica el poder de este principio. Y ahora, con ustedes el hombre que ejerció su visión creadora para darnos su gran filosofía del éxito, Napoleón Hill.

"La imaginación", dijo alguien, "es el taller donde damos forma a los propósitos del cerebro y los ideales del alma." No conozco una mejor definición.

Hay dos formas de imaginación. La primera de ellas es la imaginación sintética, donde podemos echar mano de viejas ideas, conceptos, planes, o hechos, para hacer nuevas combinaciones. Básicamente, las cosas nuevas son pocas y distantes entre sí. Esto ocurre cuando hablamos de alguien que acaba de crear un nuevo proyecto, o algo nuevo, en donde existe una probabilidad de mil a uno que lo que acaba de crear sea algo realmente novedoso, o quizás la renovación de un concepto antiguo y producto de la imaginación que a alguien más se le ocurrió tiempo atrás.

Número dos, la imaginación creadora es la que opera a través del sexto sentido en la mente subconsciente, y eso explica que al trabajar desde esa parte del cerebro es el medio ideal para crear los nuevos hechos o ideas que se nos revelan. Cualquier idea, plan o propósito que se lleva a la mente consciente y se repite y sustenta mediante un sentimiento emocional, el subconsciente del cerebro lo capta automáticamente y lo lleva a cabo hasta sus últimas consecuencias, por cualquier medio natural que sea práctico y conveniente. No hay que olvidar esta definición. Cualquier idea, plan o propósito que se pone en la mente consciente y se repite con el apoyo de un sentimiento emocional.

Ahora bien, hay algo en lo que quiero llamar su atención. Las ideas en su mente que no tienen una carga de emoción o en las que no se pone entusiasmo, ni tampoco fe, rara vez se traducen en algo práctico. Debemos ponerle emoción a lo que pensamos. Y no dejar de lado ni el entusiasmo ni la fe, para verlos hecho realidad.

Ahora veamos algunos ejemplos de la imaginación sintética aplicada. Y que mejor ejemplo, que el invento de la lámpara incandescente de Edison. Quizás les sorprenda saber que la lámpara eléctrica en su tiempo no fue nada realmente novedoso. Los dos factores que al combinarse permitían producir la luz eléctrica incandescente, eran conceptos muy viejos y bien conocidos en todo el mundo mucho antes de la época de Edison. Necesitó Thomas A. Edison pasar por 10.000 diferentes fracasos antes de poder encontrar la manera de fusionar estos dos viejos conceptos, y producir una nueva combinación que produjera el resultado deseado. Como algunos o todos ustedes ya lo saben, la idea de Edison consistía en aplicar energía eléctrica a un cable y producir una fricción que calentara el cable y produjera la luz. Mucha gente había visto ya esa posibilidad antes de la época de Edison. El problema de Edison era encontrar algún medio que permitiera controlar que el cable al producir el calentamiento no quemara la bombilla. Probó todo tipo de experimentos, para ser exactos fueron más de 10,000 intentos fallidos,

SU DERECHO A SER RICO

ninguno funcionó.

Hasta que un día, durante una de sus acostumbradas siestas recurrió a su mente subconsciente para resolver el problema. Mientras se encontraba dormido, su mente subconsciente le reveló la respuesta. Siempre me he preguntado por qué razón tuvo que pasar primero por 10,000 intentos fallidos antes de decidirse a buscar ayuda en su subconsciente. Cuando despertó de su siesta pudo ver por fin la otra mitad que le faltaba a la respuesta que buscaba. Él ya tenía la mitad de la solución, que consistía en el principio de la producción de carbón. O sea, producir carbón vegetal, apilando madera en el suelo, prendiéndole fuego y cubriéndolo con tierra, permitiendo el paso de oxigeno solo lo suficiente para mantener la madera quemándose sin avivar la flama. Como resultado, los trozos quemados se convierten en lo que llamamos carbón vegetal. Por supuesto, donde no hay oxígeno no puede haber combustión.

Tomando de base este concepto, con el que Edison ya se había familiarizado durante mucho tiempo, volvió a entrar en su laboratorio, tomó el alambre que había estado calentando con electricidad, lo puso en una botella, extrajo el aire de su interior y selló la botella, cortando totalmente el paso de oxigeno, para que no entrara en contacto con el alambre, luego aplicó energía eléctrica y con esto hizo que la bombilla se mantuviera encendida durante ocho horas y media, y ese mismo principio es el que permite operar actualmente a la lámpara eléctrica incandescente. Eso explica la razón por la que cada vez que se nos cae una bombilla explota como si fuera un disparo, debido al aire que escapa. Y ese es el motivo por el que no se permite que haya oxigeno en el interior del foco, porque si así fuera, quemaría de inmediato el filamento. Dos viejas y sencillas ideas reunidas a través de la imaginación sintética.

Si pudieran examinar la manera en que opera su imaginación o la imaginación de las personas de éxito, encontrarían que en la mayoría de los casos, lo que opera es la imaginación sintética y no la imaginación creadora. Es decir, nuestras ideas son una nueva combinación de ideas y conceptos antiguos que pueden ser muy provechosas.

Por supuesto, se habrán dado cuenta que solo hay realmente un solo principio nuevo en esta filosofía que están estudiando, sólo uno nuevo con el que no estaban familiarizados antes, y por lo cual podría deducirse que mi contribución a la misma ha sido aportando un solo principio. En realidad todo lo demás es tan antiguo como la humanidad, pero entonces ¿Qué fue lo que hice? Usé mi imaginación sintética y combiné todo para generar algo nuevo, identifiqué todo aquello que contribuye al éxito, y organicé esa información de una manera como nunca se había organizado antes en la historia del mundo. La organicé en una forma sencilla de tal forma que ustedes o cualquiera otra persona pudieran asimilarla y ponerla en práctica. A menudo me pregunto por qué no se le ocurrió lo mismo a tanta gente más inteligente que yo en todo ese tiempo antes de que yo lo hiciera. Pero bueno eso suele suceder. Seguro ustedes mismos han pasado por la experiencia de que al ver el éxito de otra persona de inmediato dicen: "¿Por qué demonios no se me ocurrió eso a mí?" O si de pronto una buena idea la transforman en éxito, llegan a pensar, "¿No entiendo porque no hice esto desde hace tiempo, cuando necesitaba tanto el dinero?"

La combinación del carruaje movido por caballos y la trilladora accionada por la fuerza del vapor le permitió a Henry Ford crear su automóvil con la ayuda de su imaginación sintética. Él se inspiró para crear el automóvil cuando vio por primera vez la máquina trilladora accionada por la fuerza impulsora del vapor. Se reforzó su idea cuando vio el equipo transitando por la carretera impulsada por un motor de vapor. El Sr. Ford lo observó y a continuación, tuvo la idea de tomar ese mismo principio y sustituir el caballo por un carrito, hasta transformarlo finalmente en la geniosa idea del automóvil.

Veamos ahora ejemplos de la imaginación creadora. En primer lugar, todas las ideas novedosas se originan básicamente mediante la aplicación de la visión creadora de una sola persona o de una alianza de trabajo en equipo. Esto lo podemos observar cuando vemos que dos o más personas se reúnen y comienzan a pensar en un mismo objetivo, en un espíritu de armonía, y trabajando con entusiasmo, y donde todos aportan ideas enfocadas en llegar a un objetivo final conjunto. Cuando este grupo se enfrasca en la discusión con el fin de llegar a una sola respuesta, generalmente la solución viene de la persona menos inteligente, educada y brillante del grupo.

He aquí algunos ejemplos de imaginación creadora. Tomemos, por ejemplo, el caso de la radioactividad. Madame Curie descubrió el radio. Ella sabía que este elemento químico debería existir en algún lugar del universo, y tenía la esperanza que lograría descubrirlo en esta inmensa esfera de barro a la que llamamos tierra. Ella tenía un propósito definido, tenía una idea definida, pero matemáticamente llegó a la conclusión que este elemento no existía en ningún lugar del planeta. Ni siquiera nadie

VISIÓN CREADORA

lo había visto, producido y encontrado, y dudaban de su existencia. Imagínense que lo que hacía Madame Curie, era como buscar una aguja en un pajar. Como me encanta recurrir a este ejemplo de la aguja y el pajar para ejemplificar. ¿Cómo creen que obtuvo la Sra. Curie las primeras pistas de lo que andaba buscando? ¿No se la imaginan, desde luego, con un pico y una pala excavando para hacer su búsqueda, verdad? Oh, para nada, no era tan ingenua para haber hecho algo así. Lo que hizo ella fue condicionar su mente para sintonizarla con la Inteligencia Infinita, y de ese modo, la Inteligencia Infinita la dirigió hacia donde estaba la respuesta, exactamente el mismo proceso que empleamos para atraer las riquezas y cualquiera otra cosa que queramos. Primero, condicionamos nuestra mente para tener una clara idea de lo que deseamos, y luego reforzamos la idea sustentándola en la fe y la creencia de que conseguiremos lo que deseamos, incluso a pesar de las circunstancias más difíciles que enfrentemos.

Otras invenciones que disfrutamos hoy en día son el radar y el radio, y ambos son producto de la imaginación creadora. Lo mismo pasa con la máquina voladora de los hermanos Wright. Nunca antes alguien había intentado y realizado con éxito la invención de un equipo que pudiera volar por el aire y transportar personas, hasta que los hermanos Wright lo hicieron posible. Cuando hicieron pública la demostración de su invento, en Kitty Hawk, Carolina del Norte, la opinión pública y la prensa se mantuvieron escépticos de que eso llegara a suceder y por eso ningún representante, ni siquiera por curiosidad, se tomó la molestia de asistir. Los que no podían faltar eran los típicos sabelotodo. Cuantas veces no nos topamos con ese tipo de gente en todos lados que creen tener la respuesta a todo. Son tipos que no creen que algo sea posible simplemente porque nunca antes nadie pudo hacerlo. Aunque la realidad diga todo lo contrario, no hay límite alguno para la visión creadora. La persona que puede condicionar su mente para sintonizarse con la Inteligencia Infinita, puede llegar a la respuesta a cualquier problema que tenga una respuesta, cualquier cosa, sin importar de lo que se trate.

Y no podemos dejar de mencionar otros ejemplos como la invención de la comunicación inalámbrica de Marconi y el fonógrafo de Edison. Hasta donde sé este invento de Edison fue su única invención producto de la imaginación creadora. Antes de él, nadie había grabado o reproducido ningún tipo de sonido. Nadie lo había hecho, ni a nadie se le había ocurrido algo parecido. No hay documento alguno que demuestre lo contrario. A Edison se le ocurrió esa idea, y casi instantáneamente sacó de su bolsillo un papel en donde dibujó a lápiz un bosquejo crudo de lo que más tarde se convertiría en la primera máquina parlante de Edison, que así se le conocía en ese entonces. Lo sorprendente es que este invento, que operaba en base a un cilindro, funcionó desde el primer momento que lo probó. Totalmente lo contrario de lo que sucedió cuando inventó la bombilla eléctrica. Pareciera que la ley de la compensación lo había compensado con este invento por los 10,000 intentos fallidos que tuvo que soportar en el caso de la bombilla. ¿No les parece maravilloso lo justo y generoso que es la Ley de la Compensación? Cuando pareciera que no logramos nada a cambio de lo que hacemos en beneficio de los demás, tarde o temprano se nos manifiesta la retribución de una u otra manera. Lo mismo ocurre con las sanciones o castigos, nos llegan tarde o temprano. Como cuando escapamos de un agente de tránsito por pasarnos un alto, llegará la ocasión en que nos llegue a detener por otros delitos incluso menores. Finalmente, logra detenernos. Esto nos demuestra que la naturaleza no perdona, ni se le olvida recompensarnos. Sea en el caso del policía o del fonógrafo, siempre se lleva un registro de todas nuestras cualidades o defectos y todos nuestros errores y éxitos. Y tarde o tempranos nos llega la hora.

Veamos ahora la visión creadora en la evaluación del gran estilo de vida americano. Todavía gozamos del privilegio de la libertad que nos ofrece la nación más rica y libre que la humanidad haya conocido, pero tenemos que ser visionarios si queremos seguir disfrutando de estas grandes bendiciones. Si volteáramos la vista atrás en el tiempo, podríamos ver los rasgos de carácter que han hecho tan grande a este país, y que a continuación describo.

En primer lugar, los líderes que han sido responsables de lo que hemos logrado en el estilo de vida americano, lo hicieron posible aplicando los 17 principios de la ciencia del éxito, especialmente los siguientes 6. Ahora bien, en ese entonces ellos no llamaban a estos principios con los nombres que los conocemos, porque probablemente ni siquiera estaban conscientes que los estaban aplicando. Una de las cosas más extrañas con respecto a todas las personas exitosas con las que he trabajado, es que ninguna de ellas realmente llegó a sentarse y categóricamente me dijo paso a paso el modus operandi por el cual había logrado tener éxito. Todos ellos se tropezaron prácticamente con estos principios descritos aquí.

En primer lugar, necesitan definir un propósito. En segundo lugar, ir el kilometro extra, hacer un mayor servicio que el que les paguen por hacerlo. Aquí quiero que vuelvan y evalúen a los 56 hombres que firmaron la Declaración de Independencia, quiero que lo hagan y que evalúen como estos hombres aplicaron los siguientes seis principios en sus acciones. Estos principios son: la definición de propósito, ir el kilómetro extra, el principio del Trabajo en Equipo, la visión creadora, la fe aplicada, y la iniciativa personal. Los creadores del estilo de vida americano no esperaban que sus acciones no recibieran nada a cambio, ni los limitaba un horario de trabajo. Ellos asumían todas las responsabilidades propias del liderazgo, aún cuando las cosas fueran mal.

Mirando hacia atrás en los últimos 50 años de visión creadora, encontramos, por ejemplo, que Thomas A. Edison, con su visión creadora e iniciativa personal, marcó el comienzo de la gran época de la energía eléctrica y con ello nos proporcionó una fuente de poder que el mundo no había conocido hasta entonces. Piensen en eso, que un solo hombre marcó el comienzo de una nueva era, el auge de la energía eléctrica, sin la cual no habría sido posible los avances industriales que hemos logrado como el radar, la televisión, y la radio. ¡Qué cosa más maravillosa es saber que una sola persona haya influido en la evolución de la civilización de todo el mundo!

Y también es grandioso lo que hizo el Sr. Ford al crear el automóvil, logró que las distancias se redujeran, ayudó a aumentar el valor de las tierras al contribuir con su creación en la construcción de carreteras. Generó empleos directos e indirectos para millones de personas, que de no haber sido por eso hubieran seguido en el desempleo, y para los millones de gentes que han creado empresas para la comercialización de los autos.

Y los hermanos Wilbur y Orville Wright, cambiaron el tamaño de la Tierra, por así decirlo, al reducir también las distancias en todo el mundo. Dos hombres operando por el bien de la humanidad.

Y qué decir de Andrew Carnegie, quien través de su visión creadora y su iniciativa personal, marcó el comienzo de la gran era del acero, un hombre que revolucionó todo nuestro sistema industrial e hizo posible el nacimiento de innumerables industrias cuya existencia fue gracias al acero. Este gran hombre, a pesar de su vasta fortuna y de haber colaborado directamente para que sus trabajadores también fueran millonarios, no contento con todo eso, dedicó tiempo y esfuerzo a inspirar la organización de la primera filosofía práctica del logro personal a nivel mundial, haciendo el éxito accesible hasta para la persona más humilde. ¡Es maravilloso lo que un hombre puede hacer, operando a través de otro!

Así que ya tienen bases para analizar lo que hemos visto aquí, el resultado grandioso que se logra cuando un individuo se une con otro individuo para formar una alianza de trabajo en equipo y comienzan a hacer algo útil. No hay nada imposible para dos personas que trabajan juntas en un espíritu de armonía bajo el principio del trabajo en equipo. Sin esa alianza, yo no hubiera podido crear esta filosofía, ni con un centenar de vidas más. Sin embargo, la inspiración, la fe, la confianza, y el espíritu de lucha que adquirí al conocer al Sr. Carnegie me permitió elevarme a su nivel, algo que nunca podría haber hecho sin estos principios del trabajo en equipo y visión creadora. Pero no fue fácil, ya que hubo momentos en lo que la lógica me indicaba que no había razón para seguir adelante con algo que parecía absurdo, y que lo mejor era ponerme a trabajar en otra cosa como fue la sugerencia de uno de mis familiares. Parecía más lógico conseguir trabajo como contador en alguna parte, con un salario fijo de 75 dólares a la semana y la estabilidad que ello implicaba. Quizás hubiera sido estupendo llegar a casa a descansar cada noche, o casi cada noche. No fue fácil luchar contra esa tentación por un tiempo, pero al final tuve éxito y me salí con la mía. Desde entonces he visto cosas grandiosas en mi vida. Empecé a usar no sólo mi imaginación sintética sino también mi imaginación creadora, y en particular ésta última me permitió hacer a un lado la cortina del desaliento y la desesperación, y pude mirar al futuro y ver lo que es ahora toda una realidad, tener el éxito y trascender a varias partes del mundo como alguna vez lo imaginara. Todo ello gracias a mi visión creadora. Qué maravilloso es poder aprovechar esa cosa llamada visión creadora, y sincronizarla con los poderes del universo. No estoy diciendo un discurso poético, cito a la ciencia, porque todo lo que estoy diciendo es práctico y se está haciendo. Y lo pueden hacer ustedes.

Hasta aquí hemos visto un panorama general con vista de águila de lo que nos han legado un grupo de hombres y mujeres con visión creadora e iniciativa personal. En primer lugar, el automóvil, que cambió prácticamente todo nuestro modo de vida. Aquellos de ustedes que nacieron en los últimos 25 o 30 o incluso 40 años quizás ni se imaginan la diferencia tan notable que hay entre la forma de transporte de carruajes jalados por caballos que solían existir antes del automóvil en comparación con los avances que hoy disfrutamos. En aquellos días ni siquiera se podía transitar con seguridad por las calles. Mientras que hoy en día tenemos policías que vigilan la seguridad hasta para cruzar las calles. Todo el medio de transporte y el método de hacer negocios ha cambiado a partir de la creación de esa maravilla llamada automóvil.

Y ni que decir de los aviones, que hoy nos permiten viajar más rápido que el sonido y que hoy han reducido las distancias en este mundo, para que los pueblos de todos los países puedan conocerse mejor. ¡Qué cosa tan extraordinaria es el avión! Quizás el Creador quería que con su invención, en lugar de todas las guerras y tragedias que hemos tenido en el pasado, lográramos reducir el tamaño del mundo para que los pueblos de todas las naciones pudieran hacer recorridos en menos de 24 horas y unirse y conocerse mejor, con el propósito de hacerse vecinos y después hermanos. Si la hermandad entre los hombres existe, es a causa de estas cosas maravillosas que la imaginación del hombre ha logrado crear y revelar, posibilitando que nos entendamos mejor por todo el mundo. No se puede estar en guerra contra una persona con la que se está haciendo negocios a diario, ni con el vecino con quien tenemos que compartir el espacio físico de nuestro hogar. Es decir, no podemos tener conflictos y tener paz mental al mismo tiempo. Mejor tratemos de llevarnos mejor con la gente con la que entramos en contacto y conocemos, así nos daremos cuenta que esas cosas que no nos gustaban de ellas, era porque no las conocíamos bien como en realidad son.

Y qué decir de la radio y la televisión, sin su invención las noticias de todo el mundo no llegarían tan rápido como hoy sucede. Son medios que proporcionan lo mejor del entretenimiento sin costo alguno y sin distinción, llegando su señal por igual hasta las cabañas de madera de regiones montañosas remotas, que hasta las mansiones de grandes ciudades. Sin duda todo un avance si lo comparamos con los días de Lincoln, cuando aprendió a escribir haciéndolo en la parte trasera de una pala y en la oscuridad de una humilde cabaña de un solo cuarto. Es maravilloso que lugares como las montañas de Tennessee y Virginia, donde nací, y que algún día fueron famosos por albergar únicamente montañeses peleoneros, licor de maíz y serpientes de cascabel, hoy puedan disfrutar de la mejor música, de las mejores operas y del mejor entretenimiento con tan solo apretar un botón, y lo mejor de todo, que se puedan enterar de todo lo que el mundo hace casi tan instantáneamente como lo están haciendo. Ya saben, si esos adelantos hubieran existido cuando yo estaba creciendo, dudo que mi primer propósito principal en la vida hubiera sido convertirme en una segunda versión de Jesse James. Probablemente habría querido ser un operador de radio o algo por el estilo. Lo que ha permitido que la gente de esa región montañosa, de este país y de todo el mundo haya cambiado, es debido a lo que la mente del hombre ha creado los medios para se conozcan mejor entre sí.

Con esto concluye la discusión de la Visión Creadora, el principio décimo cuarto de *Su Derecho a Ser Rico*.

La Conservación
de una Buena Salud

En muchos sentidos, la filosofía de Napoleón Hill se adelantó a su tiempo. Esto es particularmente cierto en el área de la salud. Durante muchos años, mucho antes de que estuviera de moda hacerlo, el Dr. ya hablaba de la relación cuerpo-mente, de las dos partes inseparables de nosotros mismos y de la manera como ambas partes se afectaban mutuamente. En un principio, muchos veían este concepto un tanto escépticos, pero hoy sabemos sin lugar a dudas que somos seres que dependemos de la relación cuerpo-mente, y que para que nuestro desempeño sea el mejor, tenemos que seguir el mandato del principio decimoquinto de *Su Derecho ser Rico*, La conservación de una buena salud. En primer lugar, es de hacer notar que esta conferencia la presenta el Dr. Hill haciendo la siguiente advertencia: siempre consulte con su médico antes de comenzar un programa de ejercicio, dietas o medicamentos. La idea central de esta conferencia no es abogar por un tratamiento médico específico, sino ayudarle a mantenerse saludable a través de actitudes y comportamientos básicos totalmente comprobados. Se recomienda moderación en todas las cosas: no beber demasiado o comer en exceso, equilibrar su dieta, y hacer lo mismo con el trabajo y el juego. Como se escucha, son muchos los aspectos involucrados, pero todos ellos implican poner en práctica otro de los principios: la autodisciplina. La premisa del Dr. Hill era que una buena salud en gran medida se puede lograr tan solo con lograr un buen control, y pensar y vivir de una manera positiva. Sólo recientemente hemos entendido lo correcto de sus ideas, sobre todo ahora que se ha descubierto que muchas de las enfermedades que sufrimos son causadas por nuestras propias conductas destructivas, o por los venenos que ingerimos en nuestra dieta y por el deterioro del medio ambiente a causa de las industrias. Ciertamente no podemos evitar enfermarnos por influencias ajenas a nuestra voluntad, sin embargo, hay enfermedades que podemos prevenirlas y de nosotros depende combatirlas antes de que nos dañen. Y ahora con ustedes nuevamente el Dr. Hill para guiarnos.

Es estupendo tener un sistema que nos permite llegar a una edad avanzada en un buen estado físico, haciendo lo que queremos y en el momento que lo deseamos. Si yo no hubiera tenido un sistema para mantenerme saludable y lleno de energía, no habría podido hacer todo el trabajo que hice el año pasado. Ni podría hacer todo el trabajo que actualmente realizo. De hecho, a mi edad, con la salud que tengo y la condición de mi cuerpo físico, puedo darme el lujo de correr y aguantar más que mucha gente

que tiene la mitad de mi edad. Y hay razones de sobra
para mantenerme en esta condición. En primer lugar,
disfruto mucho cuando mi cuerpo responde a la exigencia
física. Me gusta que cuando tengo entusiasmo mi
condición física responda a mi alegría. Para nada me
gustaría levantarme en las mañanas con dolencias. Y
verme en el espejo con la lengua toda blanca y mi aliento
con un olor insoportable. Eso no es nada bueno, ¿verdad?
Lo bueno es que hay maneras de evitar todo eso, y en esta
lección veremos las sugerencias que le ayudarán a
mantener su salud física en buenas condiciones.

En primer lugar, el principal requisito en nuestra lista
es la actitud mental, ya que si no tenemos una verdadera
conciencia de nuestra salud, es decir, si no pensamos y
actuamos en términos de salud, lo más probable es que
seamos vulnerables a las enfermedades. Yo nunca pienso
en enfermedades, sencillamente porque no puedo darme
ese lujo. Absorbería gran parte de mi tiempo y afectaría
demasiado mi actitud mental. Y seguramente dirán:
"¿Qué? ¿Que no se puede dar el lujo de enfermarse?
¿Cómo evitar que eso suceda? Pues aunque suene extraño
lo he logrado." Quizás eso mismo no pueden hacerlo
ustedes en este momento, pero una vez que veamos esta
lección, no se enfermarán, por lo menos no con la
frecuencia que les ocurría antes.

Existe una forma de controlar las enfermedades. La
actitud mental, en primer lugar, no perder el control en el
seno familiar o en todas las relaciones laborales. Hacerlo
daña la digestión. Puede controlar todo esto, condicionando
su actitud mental para lograrlo. Lo importante es no
irritarse por cuestiones familiares o asuntos laborales. Tal
vez diga: "Bueno, hay asuntos familiares que simplemente

no puedo evitar que me hagan enojar, me sacan de quicio." Muy bien, entonces cambie esas circunstancias de modo que no haya motivo alguno para que se moleste. La razón por la que menciono las relaciones familiares y laborales es porque son los ámbitos en los que pasamos la mayor parte de nuestra vida. Y si permitimos que esas relaciones se sustenten en fricciones, malentendidos y discusiones, lo único que obtenemos es no tener una buena salud, infelicidad y ausencia de paz mental. No se dejen llevar por la ira, sin importar los motivos que puedan estar detrás. El enojo daña su salud. Les produce úlceras estomacales e incluso daños mayores. Les genera actitudes mentales negativas con las que ahuyentan a los demás, y eso es algo que no se puede permitir. Es una situación con la que se atraen represalias y se daña seriamente la digestión. Se genera odio hacia los demás y se propicia que los demás los odien. Porque aunque no lo digan así lo sienten.

No se dejen llevar por ningún chisme o calumnia. Sé que hacerlo es muy difícil de cumplir por los tantos motivos que sobran para hablar de todo mundo a sus espaldas, me imagino que debe ser una verdadera lástima privarse de ese gran placer. Pero piensen en transmutar ese deseo en otra cosa más provechosa para ustedes. No hagan caso de los chismes o calumnias porque atraen a las represalias y afectan la digestión.

No se dejen vulnerar por el miedo porque genera fricción en las relaciones humanas y también perjudica la digestión. La presencia del miedo en su existencia es claramente indicativo que hay algo en su vida que se necesita cambiar o alterar. Puedo afirmar con toda seguridad que no hay nada sobre la faz de la tierra o el universo a lo que le tenga miedo. A nada en absoluto. Solía tener el mismo miedo que la gente promedio normalmente experimenta en sus miedos más comunes, pero he podido recurrir a un sistema para superar esos temores. Si en este momento sintiera algún tipo de temor, eliminaría de inmediato lo que lo causa, sin importar lo que tuviera que hacer o el tiempo que me tomara lograrlo. Eliminaría el motivo, no lo toleraría ni lo permitiría. Porque al permitirlo se afectaría mi salud, mi prosperidad, mi felicidad y no tendría paz mental. No es bueno temerle a todo, incluso a la muerte. A lo que la mayoría le teme. Personalmente, la muerte es algo que espero con una gran expectación, presiento que va a ser uno de los interludios más singulares de toda mi vida. De hecho, tiene que serlo, pues será lo último que experimente en esta vida. Por supuesto, es un momento que estoy postergando lo más posible. Tengo mucho trabajo aún por hacer, pero cuando llegue el momento, créanme que estaré listo. Y será lo último y más maravilloso de todo lo que he hecho, y lo veo así porque no tengo miedo de que eso ocurra.

No se dejen llevar por la envidia, eso indica falta de confianza en sí mismo y también es lesivo para la digestión. Ahora les proporcionaré unas sugerencias que deben seguir para mantener una apropiada actitud mental que los conduzca a una buena conciencia de su salud. Y créanme, el modo en que usan su mente tiene más que ver con su salud que en todo lo demás. Es indudable que existen gérmenes que penetran en nuestra sangre y nos enferman, pero créanme que la naturaleza ha creado un maravilloso sistema de curación en el interior de todos nosotros, que no importa el germen o bacteria que nos ataque, el sistema es tan perfecto en su funcionamiento que dota a nuestro cuerpo de la resistencia para combatir cualquier tipo de gérmenes. La naturaleza tiene una grandiosa forma de reducir la multiplicación de estos gérmenes a través de la resistencia del cuerpo. Desafortunadamente cuando nos dejamos llevar por la preocupación, la molestia o el miedo, sin darnos cuenta quebrantamos esa resistencia, permitiendo la multiplicación incontrolable de millones y millones de esos bichos que tanto daño nos hacen. Y de ese modo nos enfermamos.

Hablemos ahora de sus hábitos alimenticios. Prepárense mentalmente para comer con tranquilidad. No permitan que las preocupaciones, las discusiones ni que el enojo tome el control de ustedes mientras comen. ¿Sabían que la familia promedio acostumbra seleccionar la hora de comer para discutir acerca de la disciplina del marido y los hijos, o la esposa y los hijos, según sea el caso? Ese es uno de los pocos momentos en que toda la familia se puede reunir y no es justo desperdiciar esa oportunidad en reprimendas inútiles. Cuando eso sucede, los integrantes de la familia mejor prefieren ponerse de pie o irse a comer a otro lado que seguir soportando esa situación. Si pudiéramos ver lo que le sucede a la digestión y al flujo sanguíneo de una persona que está bajo la tensión de un castigo o llamada de atención mientras come, lo pensaríamos dos veces antes de ocupar la hora de los alimentos para esos menesteres, ya que los pensamientos que tenemos mientras comemos entran en los alimentos y se convierten en una parte de la energía que ingresa al flujo sanguíneo.

No coman en exceso. Al hacerlo hacen trabajar de más al corazón, los pulmones, el hígado, los riñones, y al sistema de evacuación. La mayoría de la gente ingiere lo doble de alimento de lo que normalmente requiere. ¡El doble, eso es demasiado! Nada más piensen en todo el dinero que se ahorrarían si redujeran este hábito. Es sorprendente la gran cantidad de gente que come en exceso y lleva una vida sedentaria. Por supuesto, las personas con alta exigencia física en sus actividades normales, como el caso de los que trabajan cavando zanjas, requieren de alta ingesta de carne y papas por la energía que necesitan, a diferencia de hombres y mujeres que desempeñan sus actividad en oficinas, hogar y bancos donde la exigencia de energía es menor que los trabajos manuales en exteriores.

Procuren comer balanceadamente, ingieran frutas y verduras y mucha agua o jugos. Yo sigo una dieta en california que consiste en hacer una comida al día, por lo menos una comida al día, que no es nada del otro mundo, simplemente alimentos frescos y nutritivos, es decir, verduras, frutas, nueces, melones, y cosas por el estilo, todo fresco, nada enlatado o procesado de alguna manera. Y les aseguro que con esta dieta obtengo toda la energía necesaria cuando estoy en casa, porque ya estando aquí en Chicago me cuesta trabajo poderla mantener. De hecho, dudo que pudiera conseguir ese tipo de comida por acá.

Eviten comer rápidamente porque favorece la masticación inadecuada. Yo acostumbro hacerlo pero no es recomendable que ustedes lo hagan. Lo hago porque mi cuerpo así me lo permite, pero en su caso no se los sugiero. Es mucha la gente que acostumbra comer rápido, y con eso denotan que tienen problemas en la mente que no les ayuda a relajarse y disfrutar del alimento. La comida se debe disfrutar, debe ser un momento agradable en el que la mente debe estar ocupada en cuestiones gratas, como pueden ser planes y objetivos que se piensan alcanzar. Y si están acompañando su comida conversando con alguien más, procuren que la plática esté orientada a cosas agradables, no a situaciones incomodas o molestas. Busquen tener una plática placentera. Si un hombre está acompañado de una hermosa mujer, es buena idea enfocar comentarios en la belleza de los ojos de la dama, al color de sus labios, su corte de pelo y todas esas cosas que a una mujer le agrada platicar. Incluso si está casado y la compañía femenina es su esposa, no veo ninguna razón como para no aplicar el mismo método, pues sería bueno para ambos.

No coman dulces, cacahuates, o frituras entre comidas, ni exageren en el consumo de refrescos. Si quieren una bebida, consigan algo fuerte, les hará bien. Pueden tomar agua, por ejemplo. Los tomé desprevenidos, ¿verdad? Saben, conozco gente, chicas que trabajan en oficinas, que su almuerzo es comer caramelos y botanas que compran en puestos de periódicos y que los acompañan con una o dos botellas de Coca Cola. El estómago de una persona joven puede soportar un hábito así solo por un tiempo, pero si esta costumbre no se corrige adecuadamente, tarde o temprano, la naturaleza nos obliga a pagar un alto costo por ese maltrato a nuestro estómago. Fomenten mejores hábitos de consumo, coman ensaladas, frutas y verduras. Todo esto es mucho mejor que tener esos malos hábitos de los empleados de oficinas.

El alcohol en exceso, siempre ha sido un tabú, excepto después de las 6:00 de la tarde cuando se supone que es algo divertido Lo cierto es que no sería tan malo si le quitáramos la palabra exceso. Yo creo que dejaría de ser un tema tabú si la ingesta de alcohol fuera en forma razonable. Podrían tomar una copa, dos copas, y llegar a ese límite sería bueno. Hasta podrían tomar tres, pero si lo hicieran, comenzarían a decir y hacer algunas cosas que tal vez no debieran y para nada les haría algún bien. Me gusta la sobriedad para poder controlar mi mente todo el tiempo. ¿Qué sentido tiene embrutecer mi estómago y cerebro hasta ya no ser yo mismo? La borrachera permite que los demás descubran muchas cosas que no nos gustaría que se supieran. Y eso sin contar los ridículos que hacemos estando en ese estado. ¿O no les parece que se ve muy mal una persona que hace desfiguros y se suelta de la lengua diciendo sandeces como producto de una borrachera? Sin importar de quien se trate. Cuando asisto a fiestas o reuniones, no me niego a aceptar una copa de alcohol, ni les digo, "¡Oh , no, no, gracias, yo no acostumbro esas cosas!" es algo que se vería mal, es preferible que si no estoy de humor para beber, aprovecho cuando nadie está mirando y dejo la copa en alguna parte. Otras veces acarreo una copa en las manos toda la noche hasta que logro sentarme, y tan pronto como pueda tiro su contenido en el lavabo, haciéndoles creer que la bebí cuando en realidad no lo hice, por alguna conferencia que tuviera que dar esa noche. Si así no lo hiciera, entonces ténganlo por seguro el ridículo que haría haciendo mi presentación en mal estado.

Ya sea que se trate del alcohol o del cigarro, lo mejor es ser moderado. Porque de lo contrario, en lugar de consumirlos, ellos nos consumen a nosotros, en general no es malo pero solo que sepamos ponerles un límite.

Ahora hablemos de la relajación para asegurar una buena salud. Lo que significa balancear el trabajo con la diversión, sin que esto signifique un igual número de horas para cada actividad, pues eso no funciona de esa manera. Puedo trabajar una hora por cada cinco minutos de distracción, así es como funciona. Cuando me dedico a escribir – porque soy un escritor inspiracional, por si no lo sabían, escribo cuando me siento completamente entusiasmado, como si estuviera en otro plano totalmente. Y eso me exige de cierta demanda física que solo soporto estar haciendo durante 40 minutos continuos. Después de ese tiempo me gusta tocar el piano, sentarme y distraerme durante unos cinco o diez minutos, y es de ese modo logro equilibrar la intensa actividad en la que me involucro.

Y luego viene la etapa del sueño, necesitamos dormir 8 de cada 24 horas, si disponemos del tiempo para hacerlo. Es importante habituarnos a conseguir un buen sueño. Y cuando digo sueño, me refiero a acostarme, sin dar vueltas en la cama, roncar y todo ese tipo de cosas. No hay nada como simplemente acostarnos y dormir plácidamente, encontrando la paz con nuestra propia conciencia y sin nada de qué preocuparnos, solo en poner la cabeza en esa vieja almohada y dejarnos abrazar por un reconfortante sueño.

No se preocupen por cosas que no puedan solucionar. Es preocuparse inútilmente. No permito que ninguna preocupación me tome más tiempo del que me cuesta solucionarlo. Uno de mis alumnos hace algún tiempo me preguntó si no me preocupaba que la gente que recurría a mi tuviera tantos problemas, le dije, "¿preocuparme por los problemas de otras personas? ¿Por qué tendría que hacerlo?, ¡si no me doy abasto con mis propios problemas! ¿Por qué debería preocuparme por los problemas de alguien más?" Y no porque me sean indiferentes, estoy muy lejos de serlo. Al contrario, soy muy sensible a los problemas de mis amigos y mis alumnos, pero no soy lo

LA CONSERVACIÓN DE UNA BUENA SALUD

suficientemente sensible como para permitir que se conviertan en mis propios problemas. Después de todo, esas dificultades son de ellos, y mi labor es ayudarlos a resolverlos, pero sin dejarme absorber por ellos y hacerlos propios, ese no es mi estilo. Y tampoco quiero que sea el suyo. Como saben, hay mucha gente que gusta complicarse la existencia, y no solo viven atribulados por sus propios problemas, sino que también hacen suyos los problemas de sus familiares, amigos, parientes políticos, vecinos y a veces hasta los del propio país. Solo acuérdense que el problema es de alguien más, no suyo.

Y tampoco vayan detrás de los problemas. De todos modos se topará con ellos más pronto de lo que imaginan. No busquen dificultades, porque la vida tiene una manera extraña de revelar lo que se busca. Si buscan fallas en los demás, o buscan problemas o preocupaciones, tarde o temprano los encontrarán, y no tienen que ir muy lejos, ni salir de la casa para enfrentarse con tantas cosas de que preocuparse, si eso es lo que buscan.

Una persona sin esperanza está perdida. La buena salud inspira esperanza, y la esperanza inspira buena salud. ¿A que me refiero al hablar de esperanza? Significa la esperanza de un objetivo que aún no se alcanza en la vida, algo en lo que se está trabajando, y que se sabe que se va a lograr. Lo importante no es preocuparse porque ese logro llegue muy rápido. Hay mucha gente en este mundo que quiere hacer mucho dinero, y que a pesar de empezar a ganarlo se desesperan y los saca de quicio no hacer tanto dinero como desean, eso los pone impacientes, nerviosos e irritables. A veces, el deseo de obtener dinero rápidamente influye en las personas para conseguirlo de la manera equivocada. Y eso no es nada bueno. Obtengan esperanza a través de la oración diaria, no pidiendo más bendiciones, sino aprovechando las que ya se tienen, como lo es la libertad que disfrutan al ser ciudadanos americanos. Qué maravilloso es poder rezar diariamente en una forma u otra – a veces ni siquiera se necesita de palabras en absoluto para hacerlo, basta con que se refugie en sus propios pensamientos para expresar una oración de agradecimiento por la libertad que disfrutan como ciudadanos americanos. Esa libertad de ser ustedes mismos, la libertad de vivir sus propias vidas, la libertad de tener sus propios objetivos, la libertad de escoger sus propios amigos, la libertad de votar como les plazca, y hacer lo que más les conviene, aunque la elección sea la equivocada, es su libertad de decidir.

Y qué decir del privilegio de actuar por iniciativa propia, una cualidad que nos pone a salvo de los peligros de guerra actuales. Pese a que no hay ningún riesgo de guerra en este momento, puede existir la posibilidad más adelante, pero afortunadamente ese peligro no existe hoy en día.

Hablemos ahora de su oportunidad de asegurar su libertad económica de acuerdo a sus talentos. Y la libertad de hacerlo a su manera. Con una buena salud física y mental, y previendo su futuro. Piensen en todo ese tiempo que aún les queda por delante por vivir. Creo que la parte más rica de mi vida y de logros por alcanzar está todavía por venir. Me siento todavía joven. Apenas creo que acabo de salir del kínder y estoy por entrar a la primaria en mi profesión, y tengo la confianza de que aún tengo muy buen trabajo por hacer antes de dejar este mundo. Ahora aprovecho mejor mí tiempo de lo que acostumbraba hacerlo. El tiempo es algo precioso. Actualmente lo valoro en términos de minutos. Si sufren de dolor de cabeza, lo primero por hacer es deshacerse de aspirinas y analgésicos. Generalmente, el dolor de cabeza es una forma natural en que el organismo nos advierte que algo anda mal en nosotros. El dolor de cabeza es una de las cosas más sorprendentes del mundo, es una cosa maravillosa. No podríamos vivir sin dolores de cabeza. Si así fuera moriríamos muy jóvenes. Un dolor de cabeza no es otra cosa más que una forma en que la naturaleza nos avisa de problemas en alguna parte de nuestro cuerpo, y la necesidad de ponernos a trabajar y hacer algo al respecto. ¿Sabían que el dolor físico es una de las cosas más milagrosas de todas las creaciones de la naturaleza? El dolor físico, es un lenguaje que todo ser viviente sobre la faz de esta tierra entiende. Es el único lenguaje universal. El idioma del dolor físico. Todo ser viviente reacciona haciendo algo para superar el dolor físico que le advierte de algún problema. Tampoco es recomendable tomar purgantes de cualquier tipo. Ese es un mal hábito. Siempre recuerden que la buena salud no proviene de frascos, sino del aire puro, la comida sana, los pensamientos saludables y de los buenos hábitos de vida, y todo eso lo podemos controlar. La gente gorda suele ser muy alegre, pero por lo general mueren demasiado jóvenes, y lo cierto es que es lamentable ver morir a gente demasiado joven.

Hacer ayuno es una de las cosas que más me ayuda. Si desea conocer uno de los principales secretos que explican la maravillosa salud que tengo, y la razón por la que no me enfermo y tengo energía de sobra, es porque dos veces al año me gusta ayunar durante diez días. Diez días sin probar alimento alguno de ningún tipo. Antes de hacerlo, condiciono mi cuerpo, preparándome durante dos días ingiriendo frutas, jugos de frutas, solo permitiendo nutrientes en mi cuerpo y finalmente haciendo ayuno con pura agua. Solamente agua, tomando toda la cantidad que puedo beber, pero dándole sabor con unas gotas de jugos de limón para quitarle lo insaboro del agua que llega a ser insoportable cuando se está ayunando. Y después, al terminar de ayunar, durante los primeros dos días sigo una dieta ligera, muy ligera, en donde el primer día todo mi alimento se reduce a solo un pequeño tazón de sopa sin grasa y una rebanada de pan integral.

Ahora bien, no es recomendable que ayunen solo porque yo lo hago. El ayuno es un proceso que requiere de la supervisión médica o de algún experto en el tema de cómo hacerlo y por qué hacerlo. En una ocasión le recomendé ayunar a una de mis estudiantes debido a un sobrepeso que tenía de 75 libras, toda sorprendida me dijo: "¿Quiere que ayune durante diez días? ¡Eso significaría morirme de hambre desde el primer día! Me moriría de hambre desde el primer día que me dejaran sin comer." Y creo que lo decía en serio, y que probablemente lo haría. Si una persona se perdiera en el bosque, se moriría de miedo, pero aún así aguantaría sin alimento hasta dos o tres días. Por eso digo que aprender el arte del ayuno tiene un enorme valor terapéutico, un gran valor espiritual, y un enorme valor económico.

Y ahora hablemos del trabajo. Su trabajo es una bendición, porque de una u otra manera Dios determinó que toda criatura viviente debería trabajar, o de no hacerlo, perecería. ¿No les parece grandioso haber pensado así? Nadie se escapa de hacerlo, lo mismo las aves del cielo que las bestias de la selva, todos tenemos que trabajar para poder comer. El trabajo debiera llevarse a cabo con un espíritu de adoración, como si se tratara de una ceremonia. ¡Qué estupendo sería si viéramos nuestro trabajo como la prestación de un servicio útil, no pensando solamente en términos de lo que se nos paga, sino pensando en la gente a la que ayudamos debido a lo que estamos haciendo en la vida. ¿Sabían que cuando se involucran en un trabajo de amor, cuando se hace algo por alguien sólo movido por el amor a esa persona o amigo, sin ningún otro tipo de interés, el cansancio nunca llega, pero si la satisfacción por lo que se hace? Y la compensación por este acto generoso siempre llega en la vida.

Quiero decirles que la acción de ir el kilometro extra es lo más maravilloso de esta filosofía, por lo que hace en nuestro beneficio y las satisfacciones que nos deja. Nos hace sentir mejor con nosotros mismos, con nuestros prójimos, y nos hace sentir más saludables. El trabajo debe basarse en la esperanza de alcanzar algún propósito principal en la vida, debe ser una actividad voluntaria y placentera, y no una carga que se tiene que soportar. Debemos trabajar con un espíritu de gratitud por las bendiciones que recibimos, en nuestra salud física y seguridad económica, y en los beneficios que también deja en nuestros dependientes económicos, por ese motivo debemos embellecerlo con amor.

Y ahora hablemos de la fe. Debemos aprender a comunicarnos con la Inteligencia Infinita desde nuestro interior, y adaptarnos a las leyes de la naturaleza que se manifiestan a nuestro alrededor. Uno de los mejores sistemas terapéuticos que conozco es el de la fe permanente. La fe hace cosas maravillosas en nuestro cuerpo físico, y créanme que es la mejor medicina que puede existir para las enfermedades reales.

Y finalmente hablemos de los hábitos. Todos los hábitos se vuelven permanentes y trabajan de forma automática a través del uso de la Ley de la Fuerza del Hábito Cósmico, esto nos obliga a todos los seres vivos a ser parte de las influencias del entorno en el que existimos. Nosotros fijamos el patrón de nuestros hábitos de pensamiento y hábitos físicos, y la fuerza del hábito cósmico los toma para llevarlos a cabo. Si entendiéramos esta ley, sabríamos el motivo por el que el hipocondríaco disfruta sintiéndose mal.

Con esto concluye el debate sobre La Conservación de una Buena Salud, el principio décimo quinto de *Su Derecho a Ser Rico*.

PRESUPUESTAR TIEMPO Y DINERO

Años después de que Napoleón Hill desarrollara su filosofía del éxito, el filósofo Buckminster Fuller acuñó una famosa frase, que más tarde se convirtió en el título de uno de sus libros: "Nave Espacial Tierra" Detrás de esas palabras estaba la idea de Fuller de que todo nuestro planeta es una especie de nave espacial volando por el universo. Si esto es así, igual que cualquier otra nave espacial, entonces nuestro planeta tiene una cantidad limitada de recursos. Tenemos que administrar y aprovechar al máximo estos recursos si queremos sobrevivir y prosperar. Coincidentemente, años antes de que Buckminster Fuller desarrollara la frase "Nave Espacial Tierra," Napoleón Hill acuñó el principio decimosexto de *Su Derecho a Ser Rico*, Presupuestar Tiempo y Dinero. Hill y Fuller, dos grandes mentes con un solo pensamiento en común: aprovechar de forma conveniente los recursos de nuestro planeta, incluyendo tiempo y dinero. ¿Qué hacen ustedes con los recursos a su disposición? ¿Qué tan bien aprovechan los segundos, minutos, horas, días, y años de su vida? ¿Cuánto tiempo desperdician? ¿Le dan buen uso al dinero que ganan? ¿Cuánto gastan en vivienda, ropa, y comida? ¿Cuánto destinan a la recreación? ¿Cuánto ahorran, si es que pueden hacerlo? ¿Qué parte de sus recursos financieros se pierden? Si responden con absoluta honestidad a estas preguntas, es posible que las respuestas no sean de su agrado. Pero responder a estas preguntas con honestidad puede ser la única manera que pueden, a partir de este momento, aprovechar al máximo su existencia. Pero sin olvidar que por ser humanos los recursos a su disposición son finitos. Hay mucho por hacer. ¿Qué pueden aportar? ¿Cómo pueden administrar mejor los recursos para obtener el máximo provecho en beneficio de su familia, su trabajo, su país, y su mundo? Para dar respuesta a estas preguntas, una vez más con ustedes, el Dr. Napoleón Hill.

Para tener seguridad financiera, por lo menos tienen que hacer dos cosas. Aprovechar su tiempo y presupuestar su dinero, sus gastos e ingresos, con la ayuda de un plan definido para hacerlo.

Ahora, para empezar, ustedes tienen a su disposición 24 horas de su tiempo. Veamos primero como administrar su tiempo. Tienen 24 horas divididas en 3 periodos de 8 horas: 8 horas para dormir, 8 horas para trabajar, y 8 horas para la recreación. Las ocho horas correspondientes al sueño es un tiempo en el que no podemos ejercer ningún control pues la naturaleza es quien así lo determina. Las otras ocho horas son para el trabajo, y tampoco pueden ejercer un control absoluto de ese tiempo – incluso aún se trate de un negocio propio en el que estén trabajando, pues requerirá de su presencia. En cambio, las ocho horas restantes les pertenece totalmente,

¡tienen ese tiempo a su completa disposición! Pueden hacer con ese tiempo lo que deseen, pueden jugar, leer, distraerse, trabajar en algo, tomar un curso, relajarse, o hacer todo lo que se les ocurra y es ahí donde está la mayor oportunidad de sacar provecho de todas sus 24 horas.

En aquellos días cuando estaba desarrollando mi investigación, acostumbraba trabajar 16 horas al día, pero era un trabajo de amor en el que estaba inmerso. Dedicaba las ocho horas restantes para dormir. Parte del tiempo que dedicaba al trabajo era para ganarme la vida capacitando a vendedores y demás actividades por el estilo, pero en realidad lo que más absorbía mí tiempo era la investigación de esta filosofía, que estaba a punto de dar a conocer al mundo. Y si no hubiera sido por el hecho de que tuve que sacrificar mis ocho horas de tiempo libre, nunca podría haber hecho las investigaciones necesarias.

Ahora bien, en las ocho horas de tiempo libre de que disponen, pueden tomar y desarrollar los hábitos que deseen, a través de la Ley de la Fuerza del Hábito Cósmico. Para ello no es necesario que sigan mis sugerencias sino que apliquen algunas de las poderosas buenas ideas descritas en las lecciones de la Fe Aplicada, La Ley de la Fuerza del Hábito Cósmico y la del Trabajo en Equipo. Diseñen su propio plan, es mucho mejor que cualquier plan que les pudiera sugerir.

Ahora veamos las sugerencias para la elaboración de un presupuesto de ingresos y gastos. Lo primero en su lista debe ser escribir el monto mensual o semanal de sus ingresos. Auxíliense de una libreta en la que llevarán el control de su presupuesto. Otro concepto a incluir es el seguro de vida, independientemente que tengan o no tengan familia. Simplemente es una necesidad que no deben pasar por alto. Sobre todo, si tienen hijos cuya educación se debe garantizar en caso de que ustedes falten, y el dinero necesario solo pueda obtenerse a través de este seguro. Lo mismo aplica en caso que la esposa sea completamente su dependiente económica, y que por desgracia ustedes llegaran a faltar, con el seguro garantizarían que su pareja por lo menos tenga el dinero necesario para pagar el enganche para conseguirse un segundo marido. Tener seguro de vida es algo maravilloso porque ofrece una grandiosa protección en caso de fallecimiento del jefe de familia, e incluso de personas que son un gran activo para las empresas, estos trabajadores son asegurados por sumas de dinero lo suficientemente grandes como para compensar en algo el gran vacío que deja su partida dentro de la organización. Por esa razón es que el seguro de vida debe estar a la cabeza de la lista de su presupuesto.

A continuación, incluyan un porcentaje determinado para alimentos, ropa y vivienda. No tiren el dinero en ninguno de estos conceptos. Procuren idear un sistema que les impida gastar hasta más de cinco veces de lo que realmente necesitan cada vez que vayan a una tienda de abarrotes. En mi casa yo soy quien hace las compras, aunque no lo crean, Annie Lou no lo hace, yo prefiero hacerlo. De esa manera consigo lo que quiero. Y quiero que sepan que aprendí mucho acerca de cómo comprar, fijándome en la forma que compraban las amas de casa y preguntándoles. Créanme, de ellas aprendí muchos tips para comprar alimentos y de cómo manejarlos después de comprarlos. Mi técnica es sencilla, cada vez que voy a uno de los grandes supermercados de California, siempre escojo la ama de casa que parece la más experta y voy detrás de ella haciéndole preguntas para hacer mis compras. Se sorprendería de ver lo fácil que cooperan, les encanta dar consejos de compra y recomendar lo se debe hacer y no hacer al momento de comprar alimentos y ropa. Ahora bien, debo confesar que en este aspecto no acostumbramos presupuestar para este tipo de compras. Compro todo lo que mi deseo me indica, lo que sucede es que en cuanto a ropa y alimentos a veces podemos consentirnos y darnos ciertos gustos más allá de un presupuesto, pero eso es algo que la mayoría de la gente debe prever presupuestándolo oportunamente.

Luego, hay que apartar una cantidad fija para ahorro, no importa si se trata de una pequeña cantidad que puede ser incluso de un dólar o 50 centavos a la semana. Lo importante no es la cantidad que se aparte, sino el hábito de ser ingenioso y ahorrativo. Es una cosa maravillosa ser ahorrativo y no desperdiciar el dinero. Siempre he admirado a la gente que no le gusta derrochar recursos. Así era mi abuelo, que solía ir por muchas partes recogiendo lo que otros derrochaban, y se sorprenderían de la colección que llegó a tener. Lo cierto es que mi capacidad de ahorro nunca llegó hasta ese grado, y eso lo demuestra los Rolls-Royce que he comprado y la finca de 600 hectáreas que he adquirido. Pero créanme que he aprendido que no importa lo mucho que se domine esta filosofía, cuando no se tiene el hábito de ahorrar una parte de todo lo que pasa por nuestras manos, no es relevante entonces lo que se llegue a ganar de dinero, pues finalmente son recursos que pronto se agotan por no tener un sistema para administrarlos correctamente.

Cualquier cantidad que queda después de presupuestar

los tres conceptos que acabamos de ver, debe destinarse a una cuenta de gastos exclusiva para casos de emergencia, recreación, educación, etc. Este concepto queda fuera de presupuesto y debe ser un fondo del que se pueda retirar dinero cuando así se requiera. En otras palabras, es una especie de caja chica para gastos imprevistos. Ahora bien, si fueran ustedes muy ahorrativos hasta el grado de tener acumulado un buen fondo en el banco, eso sería maravilloso pues sería un fondo considerable para solventar cualquier gasto mayor que se necesitara. Lo ideal sería no echar mano de esos ahorros y hacerse a la idea de que no se tiene ese fondo, porque si se mentaliza que ahí tienen ese dinero para urgencias, ténganlo por seguro que miles de necesidades surgirán por todos lados. Creo que tal vez lo que me da más valor para hablar con despreocupación, y ser yo mismo, sin importarme los comentarios de la gente es el hecho de que ya no tengo que preocuparme de donde me llega el dinero. No tengo que preocuparme por eso. No tengo problemas de dinero, de hecho en ese aspecto no tengo ninguna preocupación en absoluto. La gente trata de preocuparme a veces, pero es como Confucio decía: "Cuando una rata trata de tirar de los bigotes del gato, generalmente termina en la panza del gato."

Ahora bien, este sistema de ahorrar un poco del porcentaje que pasa por sus manos, no es que se trate de una cantidad importante, sino que es una forma de empezar a cultivar el hábito del ahorro. Cuando sus salarios o ingresos sean muy bajos, a tal grado que sea prácticamente imposible poder recortar una parte para ahorrar, entonces hagan un sacrificio y quítenle un centavo a cada dólar y guárdenlo en un lado en donde no pueda acceder a ese dinero. Yo soy muy afecto a tener mi dinero en fondos de inversión, en prestigiosas compañías de inversión, donde me garantizan que si los mercados van mal a mi dinero no le afecta para nada en absoluto. Existen muchas empresas de inversión, algunas muy buenas, y otras no tan buenas, lo importante es que cuando esté en sus planes invertir su dinero en estas compañías, no recurran en busca de asesoría con su banquero de confianza o con algún conocido, no intenten hacerlo de esa manera. Por regla general no cualquier individuo está calificado para dar ese tipo de asesoría. Hay gente profesional para ese propósito. Inviertan un poco de su dinero para que vean los rendimientos que les produce, y sin duda se sorprenderán de lo atractivo que resulta que su inversión les deje ganancias semanales o mensuales que pueden ir retirando para ocuparlo en lo que deseen, de este modo su dinero empieza a trabajar para ustedes. Esta si es una buena forma de tener su dinero en buen resguardo produciendo para ustedes, en lugar de tenerlo al alcance en su bolsillo o en cualquier otro lugar de fácil acceso. Siempre que voy al banco a retirar dinero, aparto un billete de 20 dólares de la cantidad que retiro, y lo doblo escondiéndolo en un lugar especial de mi billetera, para que me saque de apuros en esos casos en que me quedo sin fondos en efectivo. Y créanme que me ha ayudado ser previsor guardando un billete para emergencias. El otro día me sacó de un problema cuando necesitaba de efectivo para no cambiar un cheque con un desconocido.

Como bien saben, ahorrar dinero resulta una cosa muy difícil de hacer para la mayoría de la gente, por carecer de algún sistema de presupuesto para hacerlo.

En cuanto a la elección de una profesión u oficio. ¿Cuánto tiempo le están dedicando a esa actividad? ¿Cuánto tiempo de su pensamiento destinan para adaptarse a un oficio o profesión que disfrutan haciéndolo? ¿Cuánto tiempo están dedicando a hacer eso? Pueden calificarse en todos estos aspectos, en un rango de 0 a 100 por ciento. Desde luego, una calificación de cien por ciento en un solo concepto sería imposible. Y si aún no han encontrado la profesión u ocupación que puede constituir el tipo de profesión que les encantaría tener, entonces tendrán que invertir gran parte de su tiempo hasta que logren hallarlo.

Ahora veamos los hábitos del pensamiento. ¿Cuánto tiempo invierten en pensar en todo aquello que pueden hacer, y en todo aquello que no pueden hacer? En otras palabras, ¿cuánto tiempo destinan en pensar en lo que desean y en lo que no desean? ¿Alguna vez han reflexionado en todo el tiempo que gastan pensando en las cosas que no desean en la vida? Como por ejemplo, ¿en el miedo, la mala salud, la frustración, la desilusión, y el desánimo? Apuesto que se sorprenderían si tuvieran un cronómetro a la mano para registrar el tiempo que pierden pensando y preocupándose por cosas que pudieran pasarle, pero que nunca suceden. Es sorprendente la cantidad de tiempo que se desperdicia en cuestiones intrascendentes e inútiles, pensando en cosas que no se desean, y la causa de todo esto está en la falta de un sistema para presupuestar su tiempo y enfocarlo en que sus mentes se concentren solamente en lo que realmente quieren.

Normalmente aparto tres horas diarias para la meditación. Tres horas al día para orar en silencio y meditar. La hora en que lo hago no es de mayor relevancia. Por lo general, cuando llego a casa después de estas conferencias, no importa la hora en que llegue, dedicó tres horas de mi tiempo a meditar, expresando gratitud por la maravillosa oportunidad que he tenido de poner mis conocimientos al servicio de los demás. Y cuando no medito de noche, lo hago a cualquier hora del día. Esa es la forma de expresar mi agradecimiento. ¿Sabían que la mejor oración sobre la faz de la tierra no es aquella en la que pedimos por algo que se nos llegue a cumplir? Se debe orar para agradecer por lo que ya se tiene. "Oh Divina Providencia, no pido más riquezas, sino más sabiduría para hacer un mejor uso de las riquezas que ya tengo." ¡Qué maravilloso es agradecer mediante la oración! Nunca somos agradecidos por las tantas riquezas que poseemos, por tener salud, por vivir en un país maravilloso, por tener buenos vecinos, por estar en esta clase estudiando una maravillosa filosofía, ¡hay tantas cosas por las que tenemos que estar agradecidos!

Nada más imagínense por todo lo que yo tengo que agradecer, por eso no es de extrañar que sea rico, ¿verdad? ¿O habría algo malo en que sea rico, en estar aquí y decirles que tengo todo lo que deseo en este mundo, y en transmitirles esta filosofía de éxito? No habría nada de malo en eso, ¿no lo creen? Si así fuera, no tendría derecho de estar aquí y enseñarles a través de mis propias experiencias lo que he logrado con esta filosofía. Puedo ser el amo de mi destino y el capitán de mi alma, porque vivo mi filosofía, pues está diseñada para ayudar a los demás, porque nunca, bajo ninguna circunstancia, haría algo intencionalmente que dañara o pusiera en peligro a otras personas. Nunca lo haría.

Ahora hablemos de su trabajo y de sus relaciones personales con los demás. ¿Cuánto tiempo invierten en sus relaciones públicas, o en construir relaciones de buena voluntad con otras personas en los negocios o en sus trabajos? ¿Invierten aunque sea algo de tiempo en cultivar amistades? Si no lo hacen, no van a tener los amigos que realmente quisieran. Ojos que no ven, corazón que no siente, procuren no perder el contacto con los amigos, no importa que sean muy íntimos o no, si se distancian de ellos ¡se olvidarán de ustedes! Manténganse siempre en contacto. Uno de estos días voy a comprar unas tarjetas postales, que son muy baratas solo cuestan dos centavos, y las acompañaré de hermosas frases motivacionales para dárselas a mis estudiantes, para que ellos a su vez, se las envíen una cada semana a cada uno de sus amigos. Esta misma idea sería bueno que lo pusieran en práctica en su trabajo o negocio, les ayudaría a ver crecer su clientela y amistades, y no estarían violando ninguna ética profesional por hacerlo. Sería magnífico poder enviar una por mes, doce al año, con un mensaje motivacional en el reverso, y firmada por ustedes. Créame, sería un estupendo detalle para ponerlo en práctica.

Hablemos ahora de los hábitos de la salud física y mental. ¿Cuánto tiempo invierten en desarrollar buenos hábitos de salud y adquirir una buena conciencia en ese aspecto? No olviden que la conciencia de la salud no se limita a crecer sin que haya un cierto esfuerzo de por medio.

¿Y qué hay de la religión? ¿Cuánto tiempo invierten en vivir su religión? No me refiero a la simple creencia, a ir a la iglesia de vez en cuando y depositar una moneda en la canasta de la limosna. Eso cualquiera lo puede hacer. A lo que me refiero es a vivir su religión mientras están en su habitación, en la sala, en la cocina, en su lugar de trabajo, y en su oficina, involucrarse en ella mientras hacen sus actividades diarias. Es en este aspecto en el que debiéramos calificarnos lo religioso que somos, y no en lo asiduos que seamos para ir a la iglesia, porque lo más probable es que estemos acostumbrados a ir a misa una vez por semana o más, pero eso no es lo que cuenta, sino la manera en se contribuye con la iglesia en forma de dinero o buenas obras, eso es lo que realmente vale para vivir la religión, tenerla presente en su forma cotidiana de vida. Lo hermoso de la religión es ponerla en práctica, no únicamente pregonar su creencia. Sería tan hermoso que todas las religiones se caracterizaran por vivirla de esa manera, con el ejemplo. Podría sonar trivial al pedirles que se califiquen según el tiempo que viven su religión a diario, pero créame este es un tema en el que debemos reflexionar cuidadosamente el tiempo que le invertimos.

Hablemos de su tiempo libre. Esta es una parte de su tiempo diario muy importante. ¿Cuánto tiempo de las ocho horas asignadas para tiempo libre lo dedican para su desarrollo personal? ¿Cuánto tiempo invierten en mejorar su mente y en beneficiarse de alguna asociación productiva?

¿Y cómo presupuestan su gasto? ¿Disponen de algún sistema para hacer eso? Si aún no tienen un sistema, diseñen uno. Hagan que su sistema sea flexible, que les permita en ocasiones perdonarse por gastar de más, pero que siempre posibilite poder compensar otras veces esos excesos de gastos ocasionales sin recurrir a las trampas.

Ahora hablemos de la precisión de pensamiento, basado en la lección donde se estudió este tema, ¿cuánto tiempo invierten en aprender a pensar con precisión, siguiendo las normas que establecí en esa lección? ¿Cuánto están haciendo para poner en práctica lo que aprendieron en esa lección? Piensen con precisión, tomen sus propias decisiones de una vez por todas.

En cuanto a la fuerza del pensamiento, ya sea controlada o no controlada. ¿Controlan sus pensamientos o no tienen ningún control sobre ellos? ¿Permiten que las circunstancias de la vida los controlen, o crean los medios para poderlas controlar? Obviamente no se puede controlar todas las circunstancias que enfrentan, nadie puede hacer eso, pero sin duda pueden ejercer control sobre algunas de ellas.

¿Y qué hay del privilegio de ejercer su voto? Tal vez digan, "Oh, bueno, supongo que no voy a ir a las urnas hoy, porque de nada sirve que vote, siempre tendremos una bola de pillos que van a gobernar este país, mi voto no cuenta." ¿Por qué decir eso? Mejor digan: "Yo tengo una responsabilidad, y es ir a las urnas y votar, porque ¡es mi deber como ciudadano hacerlo!" Es poco el tiempo que se le dedica a ejercer el voto, no se niegue ese derecho. Estoy de acuerdo que hay muchos políticos corruptos que no deberían estar ocupando cargos públicos, pero también hay mucha gente decente que no vota y por eso esos políticos ocupan esos cargos.

Y ahora hablemos de las relaciones familiares. ¿Son armoniosas, tienen ustedes una relación de trabajo en equipo, o cada quien jala por su lado? ¿Cuánto tiempo le dedican a mejorar sus relaciones familiares? Si las relaciones andan mal, tienen que hacer algo al respecto, alguien tiene que ceder. Si la esposa no cede, ¿por qué no empezar a hacerlo ustedes como caballeros? Y viceversa. Si la pareja no cede, entonces empiecen una pequeña alianza de trabajo en equipo y comiencen cediendo, háganse los interesantes. Ya antes lo hicieron antes de casarse - Estoy seguro que sí lo hicieron, pues de lo contrario sus parejas no se habrían casado con ustedes. ¿Por qué no intentarlo de nuevo, y renegociar su relación matrimonial para que tengan una relación maravillosa nuevamente? Créanme, que vale la pena intentarlo, la tranquilidad que obtienen les deja muchos dividendos a la pareja, y esto mismo aplica en amistades también, el fin justifica los medios.

Veamos ahora su trabajo, negocio o profesión, ¿Acostumbran ir el kilometro extra y les gusta su trabajo? Si no les gusta lo que hacen, averigüen la causa. Si gustan ir el kilómetro extra, ¿Cuánto esfuerzo adicional están dispuesto hacer? ¿De qué manera lo hacen? ¿Y lo están haciendo con una correcta actitud mental? La verdad, no importa quienes sean ustedes o a lo que se dediquen, siempre que hagan un esfuerzo adicional o un servicio extra en el trabajo o negocio, llegará el momento en que tendrán muchos amigos dispuestos a colaborar con ustedes en la realización de sus objetivos, estarán a su entera disposición. Independientemente de lo que cada uno de ustedes aspira en la vida, lo cierto es que nunca encontrarán una relación más maravillosa que la que tengo con gente hermosa como ustedes en esta clase, y de eso ya lo han podido comprobar esta noche. Trabajo en ello para lograrlo, sé que me lo tengo que ganar y merecer, y estoy seguro que si no lo mereciera ustedes no me entregarían su entera confianza, ¿verdad?

¡Gracias! Muchas gracias. Cuando la gente aplaude como lo acaban de hacer, no con las manos, sino con el corazón, es el tipo de aplausos que sinceramente agradezco. Y esto mismo es lo que le digo a Annie Lou - Annie Lou toma la vida un poco más en serio que yo, ella trabaja de vez en cuando en cosas que particularmente no le agradan. Yo no hago eso, no acostumbro hacer algo que no me agrade. Más sin embargo, tenemos una relación maravillosa, y ambos gozamos de una grandiosa salud también – basta que la conozcan para darse cuenta de que tengo razón al afirmarlo. Ella es una extraordinaria persona, justo la mujer de mis sueños, escenificando un papel opuesto al mío en este gran teatro de la vida. Y lo mejor es que tenemos todo lo que en este mundo podamos necesitar o utilizar, y aunque no fuera así, y ambicionáramos más de lo necesario, no tengo duda que la vida nos lo daría de muchas diferentes formas. Pero no crean que ha sido fácil, hemos luchado para merecer cada logro obtenido. ¡Sin esfuerzo nada hubiéramos ganado! Y nadie puede tener algo en este mundo que valga la pena poseer sin antes ganarse ese derecho.

Con esto concluye la discusión de Presupuestar Tiempo y Dinero, el principio XVI de *Su Derecho a Ser Rico*.

LA LEY DE LA FUERZA
DEL HÁBITO CÓSMICO

El último principio, el principio decimoséptimo de *Su Derecho a Ser Rico*, La Ley de la Fuerza del Hábito Cósmico, nos presenta una paradoja. Por un lado, los estudiantes del Dr. Hill han dicho muchas veces que este es el principio más difícil de entender. Por otra parte, es tal vez el principio más sencillo de todos. Tal vez la paradoja radica en el hecho de que la fuerza del hábito cósmico es muy obvia. Es una fuerza que permea y rodea todo en el cosmos: barre las galaxias, controla el flujo y reflujo de las mareas, y sincroniza el ritmo de las estaciones. Y, como dice el dicho, lo obvio es a lo que menos prestamos atención. En pocas palabras, la fuerza del hábito cósmico es la ley que permite mantener el equilibrio del universo a través de hábitos establecidos. Es como si el universo fuera una empresa, y la fuerza de hábito cósmico su contralor. Ese sería el panorama general de este principio. Pero en particular la fuerza del hábito cósmico es muy importante para usted, pues a través de ella, se forman los hábitos individuales que forman parte de su persona. Los hábitos pueden ser positivos o negativos. Debe aprender los secretos de esta fuerza y cómo aplicar este poder en su comportamiento físico y mental. El poder está ahí, y consciente o inconscientemente, lo utiliza todos los días. La forma en que lo emplee lo puede llevar al éxito o al fracaso. Nuevamente el Dr. Hill.

Si por casualidad algunos de ustedes han estudiado antes a Emerson, y han leído la "Ley de la Compensación," se les facilitará la comprensión de esta lección, pues es la suma y substancia de esa teoría. Después de haber leído los ensayos de Emerson durante diez años, sobre todo el que se refiere a la compensación, y, cuando finalmente pude interpretar de lo que hablaba, dije que algún día volvería a escribir ese mismo ensayo pero de tal manera que hombres y mujeres pudieran entenderlo la primera vez que lo leyeran, y es precisamente esta lección la que voy a presentar esta noche ante ustedes. Nosotros la llamamos la Ley de la Fuerza del Hábito Cósmico, por ser la fuerza que controla todas las leyes naturales del universo.

Como ustedes saben, tenemos muchas leyes naturales, y obviamente todas funcionan automáticamente. Operan constantemente sin dejar de funcionar ni un solo momento para nadie, y son leyes que están hechas de tal modo que las personas puedan comprenderlas y adaptarse a ellas para llegar muy lejos en la vida, y quien no lo hace de ese modo lleva en su frente el destino de la derrota. Seguramente, a menudo se ha preguntado como se forman los hábitos, como se adquieren y de que forma podemos deshacernos de ellos cuando no los queremos.

Pues es justo en esta noche que obtendrá una visión cercana de la respuesta a estas preguntas.

He repetido en múltiples ocasiones la importancia de que las personas reconozcan que deben ejercer control sobre una sola cosa a la vez, eso es exactamente el privilegio de formar sus propios hábitos, deshaciéndose de los que son malos, sustituyéndolos por otros que sean positivos, refinándolos, cambiándolos, y haciendo lo que quiera hacer con ellos. Usted tiene esa total prerrogativa y es la única criatura sobre la faz de la tierra que tiene ese privilegio. Cualquier otra cosa viviente tiene su patrón, su patrón de vida y su destino ya establecido, y en esos casos no puede moverse nada ni un ápice más allá de ese patrón. A eso le llamamos instinto. Al hombre no lo controla el instinto, solo la imaginación y la fuerza de voluntad de su propia mente. El individuo puede proyectar esa fuerza de voluntad y su mente hacia cualquier objetivo que le plazca. Puede formar los hábitos que crea necesarios con el fin de llevarlos hacia el logro de sus objetivos. Y esta lección que estamos abordando esta noche le enseñará todo lo referente a este tema.

El propósito del curso de la Ciencia del Éxito, que han estado estudiando, está basado y diseñado en sus lecciones anteriores en la intención de poder establecer hábitos que conduzcan a la seguridad financiera, la salud y la paz mental necesarias para la felicidad. En esta lección, examinaremos brevemente las leyes naturales que forman todos los hábitos permanentes en todo lo demás, excepto la raza humana.

El hombre no tiene hábitos permanentes ya establecidos, porque él puede establecer sus propios hábitos, y cambiarlos a voluntad. Es hermoso detenerse a reflexionar la manera en que el Creador nos dotó con la capacidad de poder controlar nuestra mente y nos proporcionó los medios para usar ese control, y es justo esta ley de la fuerza del hábito cósmico, el medio por el que podemos establecer el patrón de nuestra propia mente y dirigirla hacia cualquier objetivo que elijamos.

Los hábitos que son permanentes y fijados por la fuerza del hábito cósmico, que nunca pueden suspenderse son, en primer lugar, las estrellas y los planetas, con sus invariables trayectorias. ¿No les parece maravilloso poder contemplar todos esos millones, billones, trillones y trillones de planetas y estrellas que hay en el cielo? Todos desplazándose de acuerdo a un sistema, sin chocar entre ellos, con un sistema tan preciso que los astrónomos pueden determinar cientos de años antes la relación exacta de determinadas estrellas y planetas? ¿No les parece grandiosa la precisión de todo este sistema? No me imagino al Creador diseñando cada uno de esos movimientos exactos de las estrellas cada noche, sería una ocupación desgastante e imposible. No creo, que él lo haría. Él tiene un sistema mejor, un sistema que funciona de forma automática. Cuando ustedes conocen bien de lo que se tratan estas leyes, se pueden adaptar mejor y beneficiarse de ellas. Si no lo hacen, por ignorancia o negligencia, entonces tendrán que sufrir las consecuencias.

Me he dado cuenta que la mayoría de la gente, no sabe que existe la ley de la fuerza de hábito cósmico, y va por la vida utilizándola equivocadamente ¿En que la emplean? ¿Acaso la usan para lograr prosperidad, salud, éxito y paz mental? ¡No, en absoluto! La usan para atraer pobreza, mala salud, frustración, miedo y todo aquello que la gente no quiere, enfocando sus mentes en esas cuestiones negativas, y es justo ahí donde la fuerza del hábito cósmico recoge esos hábitos de pensamiento para volverlas permanentes. Mejor dicho, siguen permanentes hasta que ustedes llegan y los deshacen con la ayuda de esta Ciencia de la Filosofía del Éxito, que es la razón por la que están esta noche aquí.

El Sr. Stone y yo tuvimos la visita de una señora muy encantadora en nuestra oficina la semana pasada, esta dama quería vendernos la idea de que apareciéramos en un libro que ella estaba próxima a publicar, y que basaba su contenido en las fechas de nacimiento de personas famosas, siendo ese el motivo que nos buscara para saber nuestra fecha de nacimiento. El señor Stone no la dejó llegar muy lejos con su historia, le dijo que no nos gustaría en absoluto nada que ver con cualquier sistema o libro que se relacionara con simples cumpleaños de personas sin que involucrara información substancial de las vidas de esas gentes. Y para terminar, agregó: "Ahora bien, yo no puedo hablar en nombre de Napoleón Hill, pero en lo que a mi respecta esa es mi decisión," y yo por mi parte le dije: "En realidad, ya dijo lo que yo iba a decir, Señor Stone." Y es que creo que no importa bajo que estrella hayan nacido, ni las circunstancias desfavorables que hayan tenido que enfrentar en la vida, ni lo que haya sucedido en el pasado, lo importante es lo que pasará con sus vidas de aquí en adelante, hasta donde llegarán y lo que obtendrán, si siguen mis instrucciones debidamente. Eso es lo único que me importa. Y sé perfectamente que ustedes pueden establecer hábitos que los harán triunfar fácilmente, y que los harán preguntarse por qué a pesar de trabajar tan duro en el pasado no pudieron llegar tan lejos y más fácilmente.

La mayoría de la gente se esfuerza más por fracasar en la vida que yo por tener éxito. Es mucho más fácil tener éxito cuando se aprende las reglas, y mucho mayor el placer al lograrlo, que cuando se fracasa. Y desde luego no se puede tener éxito cuando no se comprende debidamente esta ley de la fuerza del hábito cósmico y no se fomentan hábitos orientados a conseguir objetivos.

Todas las acciones y reacciones de la materia se basan en los hábitos fijos de la fuerza del hábito cósmico. ¿Alguna vez se han detenido a pensar que todas las partículas más pequeñas de la materia son el resultado de hábitos ya establecidos para tal propósito? La perpetuación de todos los seres vivos, a través del principio del sexo, es posible cuando cada semilla se reproduce, aunque cada reproducción individual sea modificada por alteraciones, es decir, por las influencias del medio ambiente, o entorno en el que existe.

Los hábitos de pensamiento en las personas se fijan automáticamente y se hacen permanentes por la acción de la fuerza del hábito cósmico. Interesante sin duda alguna. Nuestros hábitos de pensamiento se fijan de forma automática, queramos o no. Lo que nos gusta pensar se vuelven hábitos fijos. Pero no es nada de preocupar, cuando nuestros pensamientos los enfocamos en lo que queremos que se conviertan en hábitos. De ahí en adelante quien se hace cargo de volverlos permanentes es la fuerza del hábito.

El individuo crea el patrón de sus pensamientos mediante la repetición de pensamientos sobre un tema determinado, luego la ley de la fuerza del hábito toma estos patrones y los hace permanentes, a menos que se rompan por la voluntad de la misma persona. Afortunadamente los hábitos se pueden romper. Aunque a veces lo dudo cuando veo el número de personas que fuman en la actualidad. Cuando veo toda la publicidad que se da a través de revistas y periódicos con respecto a la alta tasa de mortalidad de cáncer de pulmón debido a los cigarrillos, me pregunto si la gente puede romper realmente ese terrible hábito del cigarro. Bueno, no se enojen por lo que digo, yo tampoco fumo. Pero sin duda es algo que nos pone a pensar, ¿no lo creen?

Les diré amigos que si ustedes quieren fumar y seguir adelante y enfermarse de cáncer en el pulmón, esa es su decisión, en ese aspecto lo que tenía que decir ya lo dije, lo que sí quiero hacer es mostrarles una pequeña prueba que les podría ser útil. Si desde mañana mismo quieren poner a prueba su fuerza de voluntad y demostrar que son más fuertes que una pizca de tabaco y un pequeño pedazo de papel, entonces querrán empezar a trabajar en su fuerza de voluntad de inmediato y reeducarse en ese aspecto. Cuando dejé de fumar, hice a un lado mis pipas y le dije a Annie Lou que se los llevara y los tirara a la basura, que ya no los necesitaría. Ella me dijo: "Mejor ponlos en otro lado hasta que los vayas a usar de nuevo." Le conteste tajantemente: "tíralos a la basura, ya nunca los voy a necesitar." ¡Esos malos hábitos! Bueno, la verdad es que si ustedes no son capaces de controlar ni siquiera el hábito de fumar, entonces será muy difícil que puedan controlar otros hábitos tan malos como el de la pobreza y el miedo y demás cosas negativas también. Cuando tengo enemigos, primero prefiero enfrentar al más grande. Cuando logro vencerlo, ¡el resto meten la cola entre las patas y huyen! Por eso, si tienen algunos hábitos de los que se quieran deshacer, no comiencen primero con los más pequeños y fáciles, cualquiera puede hacer eso, empiecen con los más grandes y difíciles, venciéndolos, los demás son más sencillos de aniquilar. Tomen ese paquete de cigarrillos que tiene en su bolso, señoras, o en su bolsillo, señores, y cuando lleguen a su casa, pónganlo sobre la cómoda, y digan: "Mira amigo, puede que no lo sepas, pero quiero decirte que soy más fuerte que tú, y te lo voy a demostrar no volviéndote a tocar de nuevo. Te dejaré en este lugar durante 40 días y después ya no necesitaré de cigarros nunca más." Con esto no quiero que piensen que estoy en contra del negocio de los cigarros, debido a que no tengo invertidas acciones allí, simplemente lo que estoy tratando es darles sugerencias para poner a prueba su capacidad de erradicar malos hábitos, empezando por los más difíciles, y sustituirlos por otros que sean benéficos.

Un buen hábito es hacer ayuno de una semana, una semana entera sin comer. Con eso le demostrará a su estómago que usted es el jefe, y no él. Es una forma de demostrar su dominio sobre él. Pero no lo haga por su cuenta, hágalo bajo la dirección de un médico, ya que el ayuno no es un juego de niños. Controle su estómago y se sorprenderá de la cantidad de cosas que podrá también controlar cuando demuestre ese dominio.

No esperen ser exitosos si permiten que esos miles de malos hábitos que llegan con las circunstancias de la vida cotidiana se apoderan de ustedes y gobiernan sus vidas. En esas condiciones no se puede ser un triunfador. Tenemos que formar nuestros propios hábitos con el tiempo suficiente para que la fuerza del hábito cósmico los tome automáticamente.

Ahora veamos cómo el individuo puede aplicar la ley de la fuerza de hábito cósmico. En primer lugar aplicándola en la salud física. El individuo puede contribuir al mantenimiento saludable de su cuerpo físico mediante el establecimiento de patrones de hábitos en relación con los siguientes temas, que son cuatro. Y lo cual no es muy difícil de lograrlo. Si quieren probar la solidez, potencia y eficacia de esta ley de la fuerza del hábito cósmico, el tema de la salud es un excelente punto para demostrarlo, porque no conozco nada en este mundo que los hombres y las mujeres no quieran más que tener un cuerpo lo suficientemente fuerte para responder a todas las necesidades de la vida. Yo no podría hacer el tipo de trabajo que realizo, ni podría escribir los muchos libros de autoayuda, y ni podría dar tantas conferencias motivacionales, si no supiera que en cuanto pongo mi pie en el acelerador, por así decirlo, encontraré suficiente poder en mi cuerpo para responder. Y no importa lo inclinado de la pendiente, ni el tiempo que tarde en subirla, tengo la suficiente energía para cubrir esa distancia, porque mantengo mi cuerpo en buena condición física.

En primer lugar, conecte su pensamiento con la salud. Ese es el punto de partida donde aplicamos la fuerza del hábito cósmico con el propósito de desarrollar una buena salud. Una mente positiva nos ayuda a desarrollar lo que conocemos como una conciencia de la salud. ¿Saben lo que es la conciencia de la salud? ¿Qué es? ¿Al hablar de la conciencia de la salud es lo mismo que la conciencia de prosperidad, o algún otro tipo de conciencia?

La conciencia, el convencimiento propio de una condición deseable. En otras palabras, la tendencia predominante de su mente para pensar en tener salud, y no enfermedades o dolencias. No sé si les ha tocado escuchar a personas que disfrutan hablando de sus intervenciones quirúrgicas. Tengo un muy buen amigo mío que me visitó no hace más de seis meses, y que acababa de salir del hospital, y me contó con una descripción increíblemente realista como había sido su operación, era tal su emoción que yo podía casi sentir el bisturí del cirujano en mi espalda. Fue tan vívida la imagen, que me di la vuelta y me froté la espalda, comenzándome a doler en la parte que había descrito, hasta ese grado llego el efecto de sus palabras, hasta que nuevamente tomé el control de mi mente. Obviamente cuando se fue, ya no le pedí que volviera a verme cuando así lo deseara. A la mayoría de la gente no les gusta oír que alguien más les hable de las enfermedades que le aquejan. Es un tema que simplemente no le interesa a nadie, y desde luego a ustedes tampoco debiera interesarles. La mejor forma de deshacerse de ese tipo de hábitos es mediante la formación de una buena conciencia de la salud, pensar y hablar en términos de salud. Mírese en el espejo una docena de veces al día y diga: "¡Eres un hombre saludable!", o: "¡Eres una mujer saludable!" Dígaselo a usted mismo, y se sorprenderá de los resultados.

Una mente positiva conduce a una buena conciencia de la salud y la fuerza del hábito cósmico realiza el patrón de pensamiento hasta sus últimas consecuencias. Lo malo es cuando se crean hábitos de enfermedades imaginarias que son propios del tipo de pensamiento que caracteriza a los hipocondriacos. Es tan fuerte este hábito que llega al punto de producir síntomas físicos y mentales de cualquier enfermedad en la que el individuo puede corregir sus hábitos de pensamiento a través del miedo. ¿No les parece increíble el poder que tiene el pensamiento que de una enfermedad imaginaria sea capaz de simularla en su estructura física. Cuando era niño, vivía una señora mayor en la región montañosa del condado de Wise, en Virginia, y acostumbraba visitar a mi abuela todos los sábados por la tarde. Se sentaba en el porche y nos entretenía platicándonos de las operaciones que ella había tenido, y de las enfermedades de su marido y sus dos hijos que los habían llevado a la muerte, y después de unas tres o cuatro horas de platicar de lo mismo, terminaba diciendo: "Oh, presiento que voy a morir de cáncer," y ponía las manos en su pecho izquierdo. La vi hacer lo mismo docenas de veces. En ese entonces ni siquiera tenía idea de lo que era el cáncer, solo hasta más tarde supe lo que era. Años más tarde, unos diez años después, un día mi padre me envió un ejemplar del periódico del condado y vi una esquela anunciando la muerte a causa de cáncer de mama izquierda de esa señora que se llamaba, Sarah Ann Steele. Finalmente había logrado su cometido. Por supuesto, este no es un ejemplo muy extremo en absoluto, casualmente es solo uno de los muchos casos que conozco. Ese mismo convencimiento puede suceder con un dolor de cabeza, con un problema hepático y con muchas enfermedades más, cuando se mete en la mente que va a tener ese problema, eso es lo que sucede, cuando permite que ideas negativas permeen su mente y se reflejen en su cuerpo físico. Por eso es importante en lo que piensa.

La actitud mental al comer y los patrones de pensamiento que se tienen mientras se ingieren alimentos, y durante las siguientes dos o tres horas, que es cuando la comida se descompone en forma líquida para su inserción en el torrente sanguíneo, puede ser determinante para que el alimento entre al cuerpo en forma adecuada para garantizar una buena salud. ¿Sabían que la actitud mental que se tiene al comer se convierte en una parte de la energía que entra al torrente sanguíneo, lo sabían? Pues si no lo sabían, es bueno que lo vayan entendiendo, porque así es como sucede. No pueden permitirse el lujo de comer mientras estén molestos, no pueden permitirse ese lujo. Tampoco es conveniente que coman mientras estén muy cansados físicamente. Mejor siéntense, descansen, y relájense. De hecho, la comida debiera ser como una forma de ejercicio religioso, como si fuera una ceremonia, una ceremonia religiosa.

Cuando me levanto por la mañana, lo primero que hago es ir a la cocina, cuando estoy en casa, y beber un gran vaso de jugo de naranja. Adoro cada sorbo que doy, disfruto cada onza de jugo que tomo. No sólo agarro el vaso y desaparezco su contenido en un instante sin saborearlo. Disfruto la bebida tomándola poco a poco, deleitándome en cada sorbo. Ahora bien, si creen que estoy bromeando, y piensan que estoy llenando el tiempo porque no tengo nada más que decir, quítense esa idea de la cabeza, porque lo que les estoy diciendo es algo muy importante que siempre debemos considerar cuando nos alimentamos. También acostúmbrense a agradecer por los alimentos, no solo al sentarse a la mesa, sino cuando entra a su cuerpo, si así lo hace, les aseguro que están en camino de tener la buena salud que se merecen.

En tercer lugar, conecten su trabajo con la salud. Aquí también, la actitud mental se convierte en un aliado vital del silencio reparador que está trabajando en cada célula del cuerpo, mientras se realiza una acción física. Por lo tanto, el trabajo se convierte en una ceremonia religiosa también, en la que solo deben intervenir pensamientos positivos. Creo que una de las tragedias de la civilización actual es el hecho que haya tan pocas personas en el mundo que se dedican a realizar su trabajo con amor. Es decir, hacer lo que quieren hacer, porque así lo desean, y no por la necesidad de tener los medios para comer, dormir y vestirse. Tengo la esperanza y rezo porque antes de que me vaya de este mundo, pueda hacer valiosas contribuciones a la humanidad, a fin de que las personas puedan encontrar un trabajo en el que se ganen la vida y ganen un salario, pero en el que hagan su trabajo con amor. Qué magnifico sería vivir en un mundo así.

¿Y qué pasa con algunas personas que no se comportan bien? Bueno, no pasa nada malo con ellos, solo son sus hábitos los que están mal. Son personas que piensan erróneamente, eso es lo que pasa con ellos. Lo que debemos hacer es ayudarlos a que piensen en términos de buena salud, de opulencia, abundancia, comunión, y de fraternidad, en lugar de provocar disturbios raciales y todo ese tipo de cosas, en lugar de crear conflictos entre semejantes, entre hermanos, entre naciones, y pensando en guerras en vez de cooperación entre hermanos. En esta vida hay suficiente para todo mundo, incluyendo a los animales. Lo ideal sería que algunas personas no tuvieran un pensamiento tan equivocado, con una ambición tan desmedida que intenten obtenerlo todo a costa de lo que sea. Sinceramente, no me gusta ser ventajoso, ni obtener beneficios de cualquier naturaleza que no pueda compartirlo con toda mi gente, en todas partes. No ambiciono nada que no pueda compartirlo con los demás. No me agrada ser ventajoso sobre la demás gente, lo que más ambiciono es la oportunidad de poder compartir con ellos mis conocimientos y mi capacidad para ayudarles a ayudarse a sí mismos.

El trabajo, que cosa tan maravillosa es. Por ejemplo, los famosos hermanos Mayo solían decir que eran cuatro los factores de vital importancia que debían observarse para mantener una buena salud física: un adecuado equilibrio en los hábitos de pensamiento con respecto al trabajo, la distracción, el amor y el respeto. ¿No les parece interesante? Es una afirmación autentica y proviene del gran Instituto Mayo, la prestigiosa clínica por la que han pasado miles de gentes. Ellos han descubierto que, cuando esas cuatro cosas están fuera de orden, fuera de balance, el resultado se refleja en algún tipo de enfermedad física.

Como se puede ver, esto responde a una de las principales razones por las que se recomienda adoptar y fomentar el hábito de ir el kilómetro extra: por ser un hábito que no solo nos beneficia desde el punto de vista económico, sino que nos ayuda a trabajar con una actitud mental que conduce a una buena salud física. ¿No les parece grandioso? Cuando hacemos algo con un espíritu de amor, con el espíritu de deseo de ayudar a los demás, y no por un deseo egoísta, obtenemos una mejor salud y creamos mejores hábitos de salud. Por ejemplo, veamos una persona que tiene el hábito de quejarse, y hace su trabajo de mala gana y con una actitud mental negativa: es lógico que nadie quiera trabajar con él, ni tampoco emplearlo. Un tipo así, que acostumbra quejarse mientras trabaja, no sólo se daña a sí mismo, sino que daña a todo el mundo que le rodea. El Sr. Andrew Carnegie me dijo que bastaba una sola mente negativa en una organización de 10,000 personas para contaminar a todos los demás en un plazo de dos a tres días, sin necesidad de abrir la boca y decir algo, simplemente por la liberación de sus pensamientos.

Con solo atravesar el patio de una casa noto de inmediato si se trata de un hogar donde es común los conflictos entre los integrantes de la familia, y si es seguro entrar o no. Y, ciertamente, después de entrar a la casa confirmo mi corazonada. Tengo un hogar que me hace sentir muy orgulloso y que me da la confianza de externarlo siempre que puedo. Casi siempre, cuando alguien entra en nuestra casa por primera vez, miran a su alrededor y se expresan elogiosamente. Por ejemplo, un destacado editor en una ocasión fue a visitarme, hace no mucho tiempo, y cuando entró en la sala, exclamó, "¡Oh, qué hermosa casa!" Y luego miró de nuevo, y comprobó que no había nada de extraordinario en ella, así que rectificó y dijo, "Bueno, la palabra hermosa no era lo que quise decir. Más bien me refería a que estar aquí se sienten muy buenas vibraciones." Y le dije: "¡Le atinó, es eso exactamente lo que encuentra aquí! Esta casa está cargada y recargada de vibraciones positivas, no permitimos las desarmonías en el interior de este hogar." Incluso nuestros perros detectan esa buena vibra, nuestros pequeños pomerianos responden a esas vibras, y pueden detectar cuando una persona que entra a la casa rompe la armonía del hogar con su presencia, generalmente ese tipo de personas no les agrada. Sparky, uno de los perros, cuando entra alguien la olfatea, y si detecta que el extraño está en armonía con la casa, de inmediato le besa la mano, pero si sucede lo contrario y es una persona negativa, entonces le ladra y retrocede. No les he enseñado que reaccionen de esa manera, es una reacción que nace de ellos mismos.

Esas buenas o malas vibraciones existen en todos lados, en hogares, tiendas, calles, ciudades, en todos esos lugares donde reinan los pensamientos dominantes de quien ahí viven o trabajan. Si caminan por la quinta avenida, sin importar el poco dinero que lleven en el bolsillo, pueden sentir la prosperidad de la gente que ahí deambula, mirando los aparadores de los lujosos almacenes, hasta el grado de contagiarse de esa sensación de bonanza económica, a pesar de no llevar una cantidad importante de dinero en la bolsa. Pero si caminan otras cuatro cuadras en dirección opuesta, en dirección a la octava y novena avenida, entonces el panorama cambia dramáticamente pues estarán en la zona conocida como la cocina del infierno, una zona en donde también se llega a contagiar uno de la extrema pobreza que ahí impera, a pesar de que se posea todo el dinero del mundo.

Los beneficios económicos y financieros, veamos ahora este tema y su relación con la fuerza del hábito cósmico. Cuando definimos un propósito principal y aplicamos una combinación de los principios de la filosofía del éxito, condicionamos nuestro cuerpo y mente, y le proporcionamos a la fuerza del hábito cósmico la imagen exacta de la situación financiera que anhelamos, para que recoja automáticamente esa imagen y la lleve hasta su conclusión lógica, de tal modo que no reconozca otra realidad más que el éxito. He estudiado de cerca a mucha gente exitosa, como nadie más lo ha hecho, y he observado que siempre piensan en términos de lo que pueden hacer, nunca en lo que no pueden conseguir. Una vez pregunté a Henry Ford que si había algo en la vida que haya querido hacer y no lo haya logrado, y me dijo: "No me gusta enfocar mi mente en las cosas que no puedo lograr, me concentro en lo que sí puedo obtener" Sin embargo, la mayoría de la gente hace todo lo contrario, prefieren enfocarse en lo que no pueden solucionar y se preocupan inútilmente en cosas que no pueden resolver

El dinero es algo caprichoso, ¿no lo creen? De una u otra manera no les gusta seguir a la persona que no tiene derecho a poseerlo. Me pregunto ¿a qué se debe eso? El dinero es una cosa inerte, no creo que le debamos echar la culpa a él, ni creo que el fallo esté ahí. Más bien la falla está en la persona que no se siente capaz de poderlo poseer. He podido comprobar que cuando mis estudiantes se mentalizan que pueden lograr sus objetivos, comienzan a cambiar toda su situación financiera. Me he dado cuenta que cuando ellos no creen que pueden conseguir lo que se proponen, nada logran. Así que el propósito de esta filosofía es la de inducir a mis estudiantes a construir hábitos de creencia en sí mismos y desarrollar su capacidad para dirigir su mente en lo que quieren en la vida, y al mismo tiempo mantener su mente alejada de todo aquello que no desean.

Si no conocen mucho acerca de Mahatma Gandhi, sería buena idea que se consiguieran un libro sobre la biografía de este gran hombre. Se trata de un gran luchador social que peleó contra los británicos sin ayuda de ninguna arma más que el de su propia mente. No tenía el respaldo de ningún soldado, no tenía dinero, nada de material militar, ni siquiera poseía un par de pantalones, y sin embargo, puso en fuga al gran Imperio Británico, con tan solo el poder de su mente, simplemente librando una resistencia pacífica en contra de ellos. No quería que tuvieran presencia en su país, no los aceptaba, y finalmente los británicos se resignaron y tuvieron que retirarse. Es increíble que pudiera obligarlos a hacer eso con el simple poder de su mente. A veces no se tiene que decir y hacer nada en contra de alguien, sino sencillamente decirle a su propia mente, "no quiero a esa persona en mi vida", y, eventualmente esa persona se irá de su vida.

Les puedo asegurar que cuando se familiarizan con la mente y empiezan a usarla, es algo maravilloso, porque la mente es poderosa, potente, grandiosa, y profunda. Y esta filosofía es el medio que nos ayuda a controlar nuestros hábitos de pensamiento hasta que son asumidas por la fuerza del hábito cósmico, y es aquí precisamente donde quiero decirles que nadie ha logrado ser financieramente independiente sin haber antes establecido una conciencia de prosperidad, así como nadie puede estar físicamente bien sin haber establecido antes una conciencia de salud. Me acuerdo perfectamente que cuando empecé a trabajar con Andrew Carnegie mi mayor dificultad era poder olvidarme y dejar atrás que había nacido en un ambiente de pobreza, analfabetismo e ignorancia. Me tomó mucho tiempo poder olvidar el pequeño refugio montañoso donde nací, en medio de las montañas del condado de Wise, en Virginia. Pasó mucho tiempo para que pudiera olvidarme de todo eso y sacarlo de mi sistema. Y siempre que tenía la oportunidad de entrevistar a un personaje destacado no podía evitar pensar, "Que vergüenza siento de ser tan insignificante, cuando estoy ante estos grandes hombres," porque inevitablemente me acordaba de mis orígenes de pobreza. Pasó mucho tiempo antes de que pudiera superar ese complejo. Pero finalmente lo logré, y comencé a pensar en términos de opulencia, y fue entonces que me dije: "Bueno, ¿por qué no verme como el Sr. Edison o como el Sr. Wanamaker? Si soy tan grande en mi campo como ellos lo son en el suyo." Y no solo lo llegué a sentir, damas y caballeros, sino que con el tiempo illegó el día en que logré hacerlo realidad!

Hablamos de un logro cuando se puede llegar a influir en las vidas de las demás personas beneficiándolas. Para mí eso es un logro, y nunca lo habría conseguido si no hubiera podido cambiar los hábitos de pensamiento de Napoleón Hill. Créanme que ese ha sido mi trabajo más grande. Conseguir la colaboración de los hombres más exitosos de esta nación no me representó mayor trabajo, fue algo fácil. Lo realmente difícil fue cambiar los hábitos de pensamiento de Napoleón Hill, y de no haberlo logrado, los libros que he escrito e inspirado a millones de personas nunca habrían tenido el efecto deseado, ya que cuando un autor escribe un libro o imparte una conferencia, debe tener una correcta actitud mental para transmitirlo a su público exitosamente, a efecto de que sus lectores puedan captar los pensamientos del autor como es debido. Cuando se lee un libro, el lector se forma una impresión del autor de ese libro, y esa es la razón por la que cuando ustedes leen uno de mis libros llegan a sentir en el fondo de su corazón que estoy influenciando por todos estos principios que estamos estudiando y en particular por la propia Inteligencia Infinita. Es algo que se siente. No necesitan que alguien se los demuestre. Pero es un hecho que antes de que pudiera escribir ese tipo de libros, tuve que reconstruir previamente mis hábitos de pensamiento y aprender a enfocar mi mente en cosas que fueran positivas, hasta que fuera un proceso automático.

Las obsesiones del miedo y la fe. ¿Sabían que cada uno de ustedes vino a este mundo con un maravilloso sistema de automedicación? ¿Sabían eso? ¿Sabían que en su interior existe un químico que se encarga de triturar el alimento que consumimos y lo distribuye, aprovechando de ese proceso lo que la naturaleza necesita? ¿Sabían que si tienen buenos hábitos de pensamiento, comen sanamente, hacen ejercicio, y llevan una vida adecuada, en su interior hay un médico que hace que todo su organismo funcione automáticamente bien? A esto se le llama "el sistema inmune del cuerpo." Su nombre es lo de menos, es un sistema con que la naturaleza nos dotó para equilibrar todo lo que necesitamos para mantener nuestro cuerpo en buen estado todo el tiempo, pero aún así tenemos que hacer nuestra parte para que eso funcione.

Ahora veamos la obsesión por la fe. La obsesión es una cosa maravillosa cuando no es negativa, como la obsesión por los miedos y las autolimitaciones, o el miedo a la crítica, a no poder hacer las cosas o el temor a cualquier otra cosa. Pero cuando queremos aprovechar la obsesión y beneficiarnos por la ley de la fuerza del hábito cósmico, entonces podemos canalizar esa obsesión y enfocarla en nuestra fe. La obsesión por la fe aplicada. Es el tipo de obsesión al que uno se puede aferrar para obtener todo aquello que se quiere y se necesita, y siempre que se le llama o se le pide ayuda, está ahí para complacernos. De una u otra forma la fe siempre nos escucha y nos atiende. Trate de cultivar este tipo de obsesión, no permita que por negligencia llegue a perderla. ¿Cómo se puede cultivar un tipo de obsesión en algo? ¿Cómo desarrollar ese hábito de pensamiento?

Mediante la repetición, están en lo correcto, y aplicándola en todo lo que se hace, se piensa y se dice. La repetición. Quizás algunos de ustedes, los de mayor edad, recuerden la famosa fórmula Coué, que decía: "Día a día, en todos los sentidos, estoy cada vez mejor y mejor." Millones de personas por todo el país repetían mecánicamente esta frase, sin ver ningún bendito resultado a su favor, y es que no se daban cuenta que lo importante no es lo que se dice, sino la fe que se tiene al decirlo. Por eso muchísima gente se llegó a cansar de repetir la frase una y otra vez, hasta que decidió dejar de hacerlo ya más. Y decían: "¡Oh, esto no me funciona, porque en primer lugar no creo en lo que estoy repitiendo." Esa fue la razón que no funcionara la famosa frase. No hace gran diferencia si utiliza fórmulas o no para motivarse, lo importante es tener patrones de pensamiento positivos y repetirlos una y otra vez.

Quiero que sigan los hábitos de pensar positivamente hasta que la fuerza del hábito los adopte, y cuando lo hagan, procuren que sus pensamientos sean predominantemente positivos y no negativos. Desafortunadamente, la mayoría de las personas dirigen sus pensamientos hacia objetivos predominantemente negativos todo el tiempo. Ahora lo que tienen que hacer es cambiar todo eso y hacer que sus mentes sean siempre positivas, para poder activar el interruptor cuando así lo deseen y obtener alguna respuesta de la Inteligencia Infinita.

La Inteligencia Infinita no hace nada por nosotros, cuando estamos enojados, sin importar si tenemos razón en estarlo. En esas condiciones la Inteligencia Infinita no hace nada por ayudarnos, pero nos orienta a que hagamos algo por nosotros mismos corrigiendo ese estado mental negativo. Bajo un estado de negatividad no debemos permitirnos el lujo de actuar, expresarnos o entablar relaciones humanas, lo mejor es erradicar esa actitud, empezar a construir hábitos positivos, y dejar que la fuerza del hábito cósmico se haga cargo de la situación para que nuestros pensamientos sean predominantemente positivos.

Algunas de las obsesiones negativas que se deben evitar son: la pobreza, las enfermedades imaginarias, y la pereza diaria en todas sus formas. ¿Saben por qué existen las personas perezosas? Porque no han encontrado un trabajo que hagan con gusto y amor. Eso es correcto. No hay gente perezosa, solo personas que no tienen gusto por lo que hacen. Por supuesto, algunos de ellos son bastante difíciles de complacer. Van por la vida inventando pretextos para justificar lo que no les gusta, no les agrada esto ni aquello, en una palabra, no les gusta nada, y punto, son simplemente perezosos.

Otras obsesiones a evitar son la envidia, la codicia, la ira, el odio, los celos, la falta de honradez, la falta de propósitos en la vida, la irritabilidad de la actitud mental en general, la vanidad, la arrogancia, el cinismo, el sadismo y la voluntad de perjudicar a los demás. Son defectos que se convierten en obsesiones en las vidas de la mayoría de la gente, y deben evitarse, no pueden permitir que se apoderen de su mente porque el costo puede ser mayúsculo. Sobre todo, como estudiantes de la Ciencia del Éxito, es algo que no deben darse el lujo de permitir. No se puede tener ese tipo de hábitos u obsesiones.

De las obsesiones positivas que se deben tener, podemos mencionar: a la definición de propósitos encabezando la lista. Es algo que recomiendo ¡que lo conviertan en una obsesión en sus vidas! Coman, duerman, y disfruten cada momento de su vida cotidiana con la obsesión de lograr su propósito principal en la vida. Y otras obsesiones positivas que recomiendo son: la fe, la iniciativa personal, el entusiasmo, la voluntad de hacer un esfuerzo adicional, la imaginación, los rasgos de una personalidad agradable, la precisión de pensamiento, y todas las otras características recomendadas en esta filosofía del logro individual.

Este tipo de obsesiones son de las que dejan un provecho cuando se apoderan de su mente. Influyen positivamente en sus vidas, en su forma de pensar, en sus relaciones interpersonales con los demás, y es sorprendente la manera tan rápida que cambia su existencia. Fomentar estos hábitos vuelven ineficaces e impotentes a todas aquellas personas que intenten dañarlos o causarles un perjuicio, y en cambio los acerca a ustedes a nuevas oportunidades de éxito y a resolver cualquier tipo de problema que les aquejen. Son hábitos que producen muchos beneficios y propician que en lugar de preocuparse por los problemas, tengan los medios para resolverlos.

Sobre cada uno de ellos se puede ejercer un control absoluto con la simple práctica de la repetición del pensamiento. Eso es todo lo que tienen que hacer, sólo repetir reiteradamente sus objetivos y poner un poco de acción detrás de la idea. Las palabras sin hechos, como ya saben, son palabras muertas. Involúcrense en llevar sus ideas a la práctica.

Es recomendable desarrollar obsesiones, pero se debe ser cuidadoso de que tengan que ver con los objetivos que se desean alcanzar, y no orientarlos en lo que no se quiere. ¿No les parece divertido que la mayoría de la gente transitan toda su vida obsesionándose por atraer lo que no les conviene, que fijar sus mentes en lo que les deja beneficios? Es lo mismo que sucede cuando se escoge a la pareja equivocada en los matrimonios, muchas veces no es lo que se quiere y el costo es muy alto. Conozco a mucha

SU DERECHO A SER RICO

gente así. También conozco a mucha gente que no obtiene de su trabajo o profesión lo que busca y quiere.

Por cierto, ¿Se imaginan como se las ingenian los profesionistas como un dentista, un abogado, un médico o un ingeniero para atraer buenos pacientes o clientes? Me refiero a ese tipo extraordinario de pacientes o clientes que pagan su factura de inmediato y todo ese tipo de cosas, ¿saben cómo consiguen eso? ¡Siendo auténticos! Así es, están en lo cierto. Esa es la idea. En otras palabras, el efecto comienza con el profesionalismo de la propia persona. La actitud mental que se tenga con los clientes y pacientes es lo que determina el grado de atracción que despierta en ellos el profesionista. No alejarse de esa forma de ser, es absolutamente necesario. Eso le sucede a un comerciante, le sucede a un hombre o mujer en un puesto de trabajo, o a cualquier otra persona, en cualquier otra área. En otras palabras, si quieren cambiar a la gente, no empiecen con ellos, comiencen cambiando ustedes mismos, cambiando su actitud y verán que los demás lo harán automáticamente. Cuando eso pasa la gente no puede hacer nada al respecto. De hecho, si ustedes son positivos, ninguna influencia de alguien más podrá afectarlos, nadie podrá dañarlos aunque lo intentara. Una persona positiva es siempre el amo y maestro de una persona negativa, pero siempre y cuando ejerza ese derecho de dominancia.

Somos lo que somos actualmente, señoras y señores, debido a dos formas de herencia. Una de ellas la podemos controlar directamente, y la otra no la podemos controlar en absoluto. A través de la herencia física, traemos a este mundo un poco de la suma total de todos nuestros antepasados. Si nos toca nacer con una buena capacidad cerebral, buena presencia física y cuerpos bien dotados, eso está muy bien, pero que pasa cuando nos toca nacer con deformidades físicas y enfermedades hereditarias, no se puede hacer mucho al respecto. En otras palabras, tenemos que aceptar nuestra herencia física tal y como es. Conozco a un hombre que quedó lisiado de sus piernas a causa de la poliomielitis y que tenía un puesto de cacahuates a dos cuadras de la Casa Blanca, y justo en la Casa Blanca, estaba un hombre con el mismo padecimiento, pero administrando la nación más grande del mundo, y logrando hacer de su enfermedad un activo en vez de un pasivo.

La herencia social, sin embargo, es otra cosa. La herencia social consiste en todas las influencias que entran en nuestra vida después de nacer, y quizás esto hasta se remonte a la etapa prenatal, antes de nacer. La herencia social es todo aquello que escuchamos, vemos, nos enseñan, leemos, y todo ese tipo de cosas que influyen en nuestras vidas, y lo más importante de lo que sucede en nuestra existencias es gracias a nuestra relación con la herencia social y a nuestra relación con las cosas de nuestro entorno que podemos controlar. Ya saben, esto de la herencia social, es algo bueno para todos nosotros, porque nos permite reexaminarnos acerca de las cosas vitales en las que creemos y nos permite conocer el origen de esas creencias. ¿De dónde obtenemos nuestras creencias? ¿En que se apoya cualquier creencia? Si pueden ayúdenme. En mi opinión las creencias están apoyadas en evidencias solidas de algo bueno o en supuestas evidencias. Pero créanme que tener una mente abierta y tolerante no lo logré de la noche a la mañana, porque hubo un tiempo en el que fui de lo más intolerante que se puedan imaginar.

Afortunadamente me di cuenta que eso era malo para mí, y ciertamente ser de mente cerrada e intolerante no es nada bueno tampoco para todos ustedes.

Con esto concluye la discusión de la Ley de la Fuerza del Hábito Cósmico, el principio décimo séptimo y último de *Su Derecho a Ser Rico*. Ahora que ya han escuchado toda la presentación de la filosofía del Dr. Hill, les recomendamos que escuchen de nuevo todos los audios, una y otra vez. Tomen su guía de estudio y las cartas que acompañan a estos audios y léanlas. Y después de leer toda la información nuevamente, revisen los materiales de este programa hasta que formen parte de ustedes mismos; o parte integral de su existencia. Nuestra presentación del Dr. Hill en estos audios tiene un carácter histórico, pues forman parte de una especie de álbum clásico de importantes conferencias grabadas en Chicago, en la primavera de 1954, pero la filosofía en sí misma no es estática de ningún modo, ya que hoy en día es tan vital y factible de llevar a cabo como lo fue cuando el Dr. Hill la creó hace años. Es una filosofía que funciona para ustedes, con la misma efectividad que también le ha funcionado a millones de personas: millones de personas que se han beneficiado de sus enseñanzas en el pasado, y millones de personas más que aprovecharán sus enseñanzas en el futuro. Ustedes son algunas de esas personas que sin duda sacarán provecho de esta ciencia del éxito. Ahora les corresponde poner a trabajar esas enseñanzas en su propio beneficio todos los días de su vida, para poder alcanzar la riqueza en todos los aspectos personales y profesionales que siempre han soñado. Por lo pronto, en este momento ya le llevan la delantera a la mayoría de la gente, pues han hecho más de lo que nunca ellos han logrado, dar el primer paso y el más importante. ¡Se han puesto en marcha! para recorrer un nuevo camino de alegrías, satisfacciones y logros que se ha abierto ante ustedes, y les deseamos lo mejor en este viaje.